农民培训精品系列教材

培育和践行社会主义核心价值观
新时代农民必读

张慧君　杨洁　黄敏辉　王建斌　李萍　向汶君　主编

中国农业科学技术出版社

图书在版编目(CIP)数据

培育和践行社会主义核心价值观新时代农民必读 / 张慧君等主编 . --北京：中国农业科学技术出版社，2025. 4. --ISBN 978-7-5116-7302-2

Ⅰ. D616

中国国家版本馆 CIP 数据核字第 2025R6M654 号

责任编辑 陶　莲
责任校对 王　彦
责任印制 姜义伟　王思文

出 版 者 中国农业科学技术出版社
北京市中关村南大街 12 号　　邮编：100081
电　　话 (010) 82109705 (编辑室)　　(010) 82106624 (发行部)
(010) 82109709 (读者服务部)
网　　址 https://castp.caas.cn
经 销 者 各地新华书店
印 刷 者 中煤(北京)印务有限公司
开　　本 185 mm×260 mm　1/16
印　　张 13. 875
字　　数 350 千字
版　　次 2025 年 4 月第 1 版　2025 年 4 月第 1 次印刷
定　　价 59. 80 元

《培育和践行社会主义核心价值观新时代农民必读》

编　委　会

前　言

在新时代的浪潮中，社会主义核心价值观如同一座明亮的灯塔，指引着我们前进的方向。而在广袤的农村大地上，农民作为重要的群体，肩负着践行社会主义核心价值观的重要使命。本书旨在深入探讨社会主义核心价值观与新时代农民之间的紧密联系，为广大农民提供全面而深入的指导。在当今快速发展的社会中，农村的变革与发展日新月异，农民们不仅面临着生产生活方式的转变，也需要在精神层面不断提升自我。社会主义核心价值观的培育和践行，正是满足这一需求的关键所在。

本书共十一章。第一章详细阐述了社会主义核心价值观的基本内涵，农民朋友们由此能清晰理解其核心要义，同时通过了解其历史背景，更好地把握时代脉搏，认识到其在当今社会的重要性与紧迫性以及与新时代农村建设的紧密关联，为农民指明了前进道路。第二章深入探讨了“三农”政策与社会主义核心价值观的结合。“三农”政策为农村发展提供了坚实保障，社会主义核心价值观为政策实施注入了强大精神动力。农民参与其中，能深刻体会其实践意义，从而更加坚定地践行这一理念。第三章梳理了新时代农民的相关概念，强调了素养培育的重要性。农民只有不断提升自身素养，才能更好地与社会主义核心价值观相结合，为农村发展贡献更大力量。第四章探讨了传统文化与社会主义核心价值观的契合之处。从家教家风到伦理思想、德育思想，再到它们与社会主义核心价值观的关系，我们能感受到传统文化的深厚底蕴与强大力量，这也为农民践行社会主义核心价值观提供了丰富滋养。第五章深入分析了农民文化素质的提升对践行社会主义核心价值观的重要性。通过了解现状与问题，找到提升的有效途径，让农民在学习进步中更好地践行社会主义核心价值观。第六章至第九章分别从农村社会主义核心价值观建设、新时代农村治理、农民自治等方面进行了深入探讨。我们看到了社会主义核心价值观在农村各个领域的实践与应用，以及对基层党组织建设、农村合作社发展等的重要作用，这既明确了农民的责任与使命，也为农村发展提供了保障。第十章强调了社会主义核心价值观宣传教育与农民文化建设的重要性。通过创新方式，结合家风家训等传统文化元素，能让社会主义核心价值观更深入人心，让农民在潜移默化中接受并践行这一理念。第十一章从强化“四史”宣传教育，开展“听党话、感党恩、跟党走”宣传教育，加强民族团结进步教育，强化普法与科普宣传，开展诚信宣传教育等方面进行阐述，在农村建设过程中，使新时代农民弘扬时代精神，厚植价值根基。

本书的编写旨在为广大农民朋友们提供一份有价值的读物，希望帮助广大农民更好地理解和践行社会主义核心价值观，从而为农村的发展和社会的进步贡献自己的力量。本书内容系统全面，论述条理清晰、深入浅出，但由于作者水平有限，书中难免会有疏漏之处，恳请广大同行及读者不吝指正。

作　者

2025 年 1 月

目　录

第一章　社会主义核心价值观概述

第一节　社会主义核心价值观的基本内涵

一、国家层面的社会主义核心价值观

国家层面的社会主义核心价值观是社会主义核心价值体系的基础，包含“富强、民主、文明、和谐”四个重要理念。它们不仅代表国家追求的发展目标和方向，也是国家综合实力、社会体制和文化发展的体现。这些价值观引导国家政策制定、社会管理及人民日常生活，促进全社会的共同奋斗和团结一致。

（一）富强

1. 富强的内涵

富强是社会主义核心价值观中极具分量的国家层面价值目标之一，是指国家在经济、科技、军事等方面的综合实力达到一定高度，确保国家的稳定与发展、提升国际地位和国民生活水平。富强不仅是人民生活水平提高的直接保障，还构成了国家长久繁荣、可持续发展的基石。富强主要是指国家在经济、军事、科技等方面的发展水平和国际地位，意味着国家整体实力的提升。它要求国家具备强大的生产力和创新力，保证国家拥有充足的资源来发展经济、维护国防安全，并为人民提供丰富的物质和精神生活。富强不仅是指经济总量的增长，还包含经济结构优化、资源配置合理以及社会全体成员的共享发展成果。

2. 富强的重要性

第一，富强是民生的基础。富强是人民幸福生活的根本保障。只有具备强大经济实力的国家，才能为国民提供良好的生活条件、就业机会以及完善的社会保障体系。富强的国家能够以充裕的资源投入教育、医疗、社会福利和基础设施建设，满足国民对美好生活的需求，提高人民的生活质量。

第二，富强是社会稳定的基石。富强是社会稳定的基础。当国家经济富足、国防坚实，社会成员的生活能够得到充分保障，社会才能实现长治久安。经济发展带动的就业机会和收入增长能有效减小贫富差距，增进社会和谐，从而实现全社会的安定有序。

第三，富强是国家主权和安全的保障。富强的国家在国际政治中拥有更多的独立自主权。经济富强使国家在外交和国际事务中拥有更大的话语权，强大的国防实力也使国家具备自我防卫和保护国民的能力。富强的国家能够有效应对外部威胁，避免外部依赖，维护国家主权、独立与安全。

第四，富强是国际竞争中的优势。在全球化的背景下，富强的国家在国际竞争中具

备较大优势。经济、科技和军事的实力将使国家在全球产业链中占据更高端的位置，进而在国际事务中具有话语权。富强意味着国家在面对国际竞争和压力时更自信，也意味着国家能够为世界的和平与发展贡献力量。

3. 富强与社会主义核心价值观的关系

富强不仅是社会主义核心价值观的核心理念之一，也是其他价值观实现的基础。国家富强是民主、文明、和谐等理念得以发展的根本。只有国家富强，才能在社会内部推动各阶层的团结和谐，进而为国家的长治久安创造条件。在新时代，富强与科技、生态、社会等方面的发展高度关联，构成了社会主义核心价值观的坚实基础。

第一，富强与民主。富强的国家有能力提供更好的公共服务和资源，使民主制度得以更好地实施和完善。通过保障人民的基本生活需求，人民能够更积极地参与民主进程，增强社会的凝聚力和民主治理能力。

第二，富强与文明。富强的国家在物质文明的基础上更有条件发展精神文明。强大的经济支撑可以推动教育、文化产业的发展，为全体国民提供丰富的精神生活。富强能够带动社会文化自信的提升，促使国民在道德文明方面有更高追求。

第三，富强与和谐。富强的国家能够为社会的和谐提供保障。经济发展有助于提高人民的生活水平，减少社会矛盾，促进不同地区和阶层的平等发展。此外，富强也有助于生态环境的保护，实现人与自然的和谐共生，推动绿色发展。

4. 富强的实现路径

实现国家富强需要各方面的共同努力，从经济、科技创新到国家安全等多个领域入手，保障国家富强目标的实现。

第一，推进经济高质量发展。国家要从资源依赖型经济向创新驱动型经济转变，提升经济结构的质量，推动制造业和服务业的现代化。通过科技创新和制度创新，实现经济转型升级，提高经济增长的质量和效益。强化金融服务和资本市场的规范管理，以支撑实体经济发展。

第二，加大科技创新力度。国家需要加大对科技的投入，推动自主创新，避免对外部技术的过度依赖。通过提升科研能力，加强基础科学研究，积极培养科技人才，鼓励企业加大技术研发力度，从而在前沿技术和核心领域取得突破。科技创新还需加强科技成果转化，使其直接应用于社会和产业发展，推动生产力提高。

第三，加快现代产业体系建设。现代产业体系建设能够有效提高生产效率和经济效益。通过支持先进制造业、新一代信息技术、生物医药、航空航天等新兴产业，国家能够推动工业化和信息化深度融合，提高产业链的附加值，增强国际竞争力。同时，加快发展服务业，尤其是金融、教育、医疗等与民生相关的产业，提高经济对社会的贡献力。

第四，建设强大的国防力量。富强的国家必须有坚强的国防力量作后盾，保障国家在国际政治和外交领域的独立性。国家需继续加强国防现代化建设，提升军事科技水平，增强军队的现代化装备、科技含量及战略执行力，以更好地维护国家主权和领土完整。

（二）民主

1. 民主的内涵

民主是指国家政治体制中的人民主权和广泛参与，强调“以人民为中心”，让人民通过法定途径和制度参与国家管理。民主是社会主义核心价值观的重要组成部分，它不仅代表了人民主权的理念，也为我国实现社会进步和和谐发展提供了政治保障。在中国特色社会主义道路上，民主被赋予了广泛的内涵，涵盖了选举、决策、管理和监督等全过程，是人民通过制度化途径参与国家治理、实现意愿表达的主要方式。

2. 民主的重要性

习近平总书记在多个重要场合反复强调，民主是社会主义的生命，没有民主就没有社会主义，就没有社会主义现代化，就没有中华民族伟大复兴。这一论述突出体现了民主在我国政治体系中的核心地位和现实作用。民主不仅是一种制度安排，更是保障人民广泛参与、畅通表达的重要手段，是推动社会各界凝聚力量、维护社会稳定和谐的基石。

中国特色社会主义民主通过创新性的制度设计，确保民主在政治生活的各个环节都有所体现，并得以落地。这种民主注重全过程，从选举到决策、管理和监督，确保了人民的意愿能够真实、有效地在政策和治理中得以体现。习近平总书记在党的二十大报告中指出：“人民民主是社会主义的生命，是全面建设社会主义现代化国家的应有之义”，并对加强人民当家作主制度保障作出全面部署。历史和实践告诉我们，没有民主就没有社会主义，就没有社会主义现代化，就没有中华民族伟大复兴。要发展全过程人民民主，坚持人民当家作主，我们必须坚定不移走中国特色社会主义政治发展道路，健全人民当家作主制度体系，加强人民当家作主制度保障。

3. 民主的实现路径

第一，加强民主制度建设。社会主义民主离不开完善的制度保障。通过制度建设保证公民能够真正参与决策和监督，实现当家作主。例如，完善选举制度，使选举过程更加透明、公正，进一步落实人民的选举权和被选举权。各级政府可以推行民主评议和问政机制，提高民意的反馈力度和效率，保障民众的知情权和参与权。

第二，拓宽公民参与渠道。实现民主需要广泛的参与渠道。可以通过民众代表会议、社区会议、网络平台等方式增加公民的参与度，为公民提供表达和互动的平台，使其能够直接参与公共事务。习近平总书记指出要创新公共参与机制，强调加强社会治理创新，探索民主实践的新途径，进一步保障人民群众的广泛参与。

第三，提升公民的民主意识和法治素养。民主建设离不开公民的素养提升。通过教育和宣传，增强公民的民主意识和法治观念，引导公民以理性、合法的方式表达意见、行使权利。同时加强普法教育，使公民了解法律、尊重法律，使得民主实践能够在法治的保障下有序进行。

第四，强化民主监督，构建透明的公共决策机制。透明的公共决策机制是民主的保障之一。要推行政府信息公开、强化社会监督机制，通过透明化管理消除决策中的不公平现象，确保决策过程符合民众的真实意愿。在此过程中，鼓励公民和社会媒体参与监督，使得公共决策在合法性、合理性上得到多方保障。

4. 民主与社会主义核心价值观的关系

第一，民主与“富强”的关系。民主推动富强，为经济发展提供社会支持和制度保障。民主氛围使公民在参与社会事务和公共治理中产生强烈的国家归属感，激发经济发展的内生动力。公民的积极参与有助于提升政府决策的科学性，推动富强国家的目标。

第二，民主与“文明”的相互促进。民主与文明紧密相连。公民在民主参与中，逐步提高了文明素养和社会责任感。民主的公民社会通过意见和利益的有效表达，推动了文明的进步。文明的普及也使得公民能够理性地参与公共决策，形成民主与文明的良性互动。

第三，民主是实现“和谐”社会的路径。通过民主机制，公民的诉求能够得到合理表达，社会矛盾得以有效化解，从而推动和谐社会的构建。民主的落实为社会各阶层提供了沟通桥梁，使得社会在多样性中寻找到共识和共同发展路径，构建和谐社会环境。

第四，民主作为社会主义核心价值观的基础保障，是社会主义核心价值观的基石之一，保障了其他核心价值的顺利实现。在民主的框架下，个人、社会和国家的关系得以平衡，社会成员的权益能够在法治框架下得到保护，进一步促进了社会主义核心价值观在全社会的落地生根。

（三）文明

文明作为社会主义核心价值观中的重要部分，强调经济、社会和文化领域的协调发展，要求物质文明与精神文明并重。通过提高人民的思想道德水平和文化素质，推动社会文明进步，增强文化自信，为国家的发展提供持续的内生动力。习近平总书记多次强调，新时代中国特色社会主义的建设不仅需要经济上的富足，还需要精神上的充实，真正实现中华民族的“文明复兴”。

1. 文明的内涵

文明的核心在于建设一个物质和精神高度发展、社会和谐的现代化国家。在这种文明的要求下，物质文明与精神文明需要齐头并进。物质文明主要指经济基础设施、科技水平、生活质量等方面的提升；精神文明则侧重于思想道德素质、文化涵养和社会风气。习近平总书记在党的十九大报告中指出，“没有高度的文化自信，没有文化的繁荣兴盛，就没有中华民族伟大复兴。”这表明文明进步在国家复兴中的重要地位。文化自信在习近平新时代中国特色社会主义背景下，不仅是传承中华优秀传统文化的内在需要，更是增强民族凝聚力和向心力的根本手段。

2. 文明的重要性

第一，文明是社会进步和经济发展的基础。文明程度的提升，能够有效地减少社会矛盾，提升人际关系的和谐度，从而形成一个友善、尊重、多元包容的社会氛围。这为经济的持续健康发展提供了良好的社会环境。例如，公众的文明素养直接影响到市场环境的公平和诚信，影响到国家的对外形象和国际吸引力，形成软实力的展示。

第二，文明是人际关系与社会和谐的重要纽带。文明所强调的礼仪、尊重和包容，使得社会成员能够在多元文化、不同利益的环境下建立良好的人际关系。文明程度高的社会，人们尊重他人、包容差异、遵守公共秩序，减少了因冲突导致的矛盾，促进了社会和谐。文明在社会中的普及，能够有效减少家庭、社区及公共场所的暴力和冲突，为建设和谐社会奠定道德基础。

第三，文明是提升国家文化软实力的关键。文明程度的提高直接影响到国家的文化影响力和软实力，塑造了一个国家的国际形象。文明水平的提升可以在全球化竞争中增加国家的吸引力，使得国家在国际事务中获得更多支持和认同。党的十八大以来，以习近平同志为核心的党中央从决胜全面建成小康社会、夺取新时代中国特色社会主义新胜利的战略全局出发，高度重视提高社会文明程度，还在多个场合反复强调要提高人民思想觉悟、道德水准、文明素养，提高全社会文明程度。

3. 文明的实现路径

第一，加强公民道德建设和思想教育。通过广泛的思想道德教育，提高公民的道德素养，引导人们形成良好的道德观念和行为规范。政府在加强公民道德建设方面采取了一系列措施，例如，推进社会主义核心价值观的教育和宣传，特别是在学校、社区、家庭等场所强化文明教育，以此促进公民的思想道德水平提高。

第二，推行文明礼仪规范，营造文明氛围。通过推行文明礼仪规范，倡导文明的社会风尚，规范社会成员在公共场所的言行。各级政府和社会组织通过媒体、公益活动、社会标识等形式大力宣传文明礼仪，涵盖交通礼仪、公共场所礼仪等，强化公民文明意识。习近平总书记在多个场合提到“讲文明、树新风”的重要性，推动形成社会文明的良好风气。

第三，推动文化繁荣，提升社会文化素养。文明不仅是道德素养的体现，还包括文化素养和审美情趣的提升。政府可通过文化繁荣政策推动文化产业发展，鼓励文化创新，提升社会整体的文化素养。例如，加大对公共图书馆、文化活动场所的投入，提供多样化的文化活动，促进浓厚文化氛围的形成，培育民众的文化认同感和文明意识。

第四，促进生态文明建设，倡导可持续发展。生态文明是社会主义文明的核心组成部分，是推动经济、社会、生态协调发展的根本保障。习近平总书记提出“绿水青山就是金山银山”的理念，提倡节约资源和保护环境的社会风尚。通过推进生态保护法、实施绿色生产生活方式，文明价值观得以在与自然的和谐共处中得以延展，实现人与自然的共生发展。

4. 文明与社会主义核心价值观的关系

文明是社会主义核心价值观体系的重要组成部分，与其他价值观一同构成了社会发展与个人提升的整体框架。在社会主义核心价值观的体系中，文明扮演着关键的推动角色，助力实现和谐、民主与富强等其他核心价值。

第一，文明为“富强”提供内在动力。文明不仅促进国家的文化建设，还助力科技和经济的发展。文明水平提升，能够鼓励创新、推动科技进步，为国家的富强提供软实力支撑。例如，文明的教育氛围可以激发创新精神、推动产业创新，进而提升国家的综合竞争力。

第二，文明与“民主”相互促进。文明社会要求尊重和包容多元文化与思想，推动民主社会的实现。公民的文明素养提升，有助于加强公共讨论的理性、包容性，促进民主社会的健康发展。文明的言行规范、民主的制度构建，使得社会成员在沟通和理解中实现良性互动，推动人民对民主制度的理解和支持。

第三，文明为“和谐”社会奠定道德基础。文明素养的提升可以减少社会矛盾、增进人际和睦，为社会和谐提供道德支撑。人际关系中的尊重和包容，促进了社会的和谐发展，为解决社会冲突和矛盾提供了文化和道德支持，使社会在差异与多样中实现共生共融。

第四，文明是实现社会主义核心价值观的关键保障。文明不仅是社会主义核心价值观的内容之一，也是实现其他价值观的关键保障。通过提升全社会的文明水平，国家能够更顺利地实现社会主义核心价值观的全面落实，将文明作为推动其他价值观的重要路径。文明的推广，有助于将社会主义核心价值观的理念内化于心、外化于行，使得整个社会共同进步。

（四）和谐

1. 和谐的内涵

和谐作为社会主义核心价值观中的重要部分，强调在社会各领域实现协调与共存，涵盖人与人、人与社会、人与自然之间的关系。和谐不仅体现在社会的稳定与包容，还注重生态的可持续发展和社会的包容性。具体而言，和谐包括三个层面：社会层面强调人与人之间的相互尊重和包容；生态层面注重环境保护和资源的可持续利用；经济层面则提倡经济发展与社会福利的平衡发展。习近平总书记多次提到，“绿水青山就是金山银山”，指出人与自然的和谐是社会和谐不可分割的一部分。

2. 和谐的重要性

第一，构建和谐社会是稳定与发展的基石。和谐社会是国家长期发展的基础条件，体现为社会秩序的稳定、民生的改善和法治环境的公正。实现社会的稳定与包容，避免极端贫富差距和社会冲突，可以提高国家的凝聚力，增强公民对社会制度的认同感与归属感。社会和谐是中国特色社会主义的本质属性之一，为全面建成小康社会提供了稳定的社会环境。

第二，人与自然的和谐是可持续发展的保障。可持续发展强调资源的合理使用和生态环境的保护。现代化进程中，和谐发展要求对自然环境进行有效保护，以保证资源和生态环境的永续利用，避免在追求短期经济增长过程中破坏生态平衡。习近平总书记提到的“生态文明”思想，将人与自然的和谐共生上升到国家发展的战略高度，呼吁社会各方关注生态环境，为子孙后代留住“绿水青山”。

第三，促进公民和谐相处是国家团结的动力。和谐社会要求每个公民遵循包容、友善、互助的理念，形成良好的人际关系和社会风尚。人与人之间的和谐，不仅减少了因摩擦和矛盾导致的社会问题，更推动了社会的进步和整体幸福感的提升。例如，社区邻里关系融洽、城市公共空间共享，都是和谐社会的具体表现。

3. 和谐的实现路径

第一，推动法治建设与公平正义。通过加强法治建设，确保社会各项制度的公正、公平。健全的法治体系有助于维护社会秩序、平衡利益关系，减少因矛盾导致的社会冲突。例如，严格的环境保护法律和合理的资源分配政策，可以确保人与自然、人与社会的和谐共处。政府推行的生态环境保护法、食品安全法等一系列法治政策，正是为了保障和谐社会的可持续性。

第二，加强社会保障和民生工程。政府在和谐社会的建设中，注重通过民生工程来提高人民生活水平。包括医疗、教育、住房保障、扶贫等一系列民生工程，从基本需求入手，减少贫富差距，提升全民幸福感。例如“精准扶贫”政策通过有效的资源配置，使偏远农村地区的生活水平得到改善，逐步缩小地区差距，形成更为均衡的社会结构。

第三，实施生态文明建设，促进人与自然和谐。在建设和谐社会过程中，生态文明建设起到了至关重要的作用。习近平总书记提出的“绿水青山就是金山银山”理念，明确了生态保护与经济发展的统一性。通过大力推行生态保护政策，如天然林保护、草原生态恢复等，实现人与自然的和谐共生。此外，推行垃圾分类、节能减排等举措，通过宣传与教育，引导公众形成环保意识，为社会的长远发展奠定基础。

第四，弘扬传统美德与现代文明。通过宣传和教育，鼓励人们发扬友善、包容等传统美德，同时接受现代文明观念，使人际关系更加融洽。在社区和公共场合，倡导和谐友善的社会风尚，例如，推广“邻里守望”计划、提倡志愿服务等活动，建立一个互助、友爱、文明的和谐社会氛围。

4. 和谐与社会主义核心价值观的关系

和谐是社会主义核心价值观的关键组成部分，与富强、民主、文明紧密相连，共同构成了中国特色社会主义的价值体系。作为整体，社会主义核心价值观强调实现国家富强、社会和谐和人民幸福，而和谐贯穿其中。

第一，和谐支撑社会稳定，实现“富强”的价值追求。和谐的社会环境能够提供经济发展的稳定基础，为国家富强提供强有力的支撑。通过构建和谐社会，国家可以实现资源的合理分配，推动社会各阶层的共同进步，避免因不公平导致的社会动荡。

第二，和谐是“民主”社会的保障。和谐为民主社会的建设提供了良好基础。在一个和谐的社会中，人民可以通过平等的交流和沟通化解矛盾，实现社会的共识和包容。同时，和谐的价值观念为多元文化和利益的包容提供了制度保障，避免因差异产生对立，形成稳定和有序的社会环境。

第三，和谐与“文明”建设相辅相成。和谐与文明的追求相辅相成，共同推动社会的发展。文明建设推动人们形成包容、友善、尊重自然的观念，而和谐则是文明社会的重要表征。文明促进人们在和谐共处的基础上，形成健康积极的社会风尚，推动物质文明与精神文明的同步发展。

第四，和谐是社会主义核心价值观整体实现的标志。在社会主义核心价值观中，和谐的实现标志着一个成熟、稳定的现代化社会。通过和谐的价值观引导社会的各个领域，从经济发展到文化教育，从社会福利到环境保护，各个方面的协调发展，使社会整体达到可持续的平衡状态。这不仅是社会主义核心价值观的具体体现，更是中国特色社会主义道路上的最终目标之一。

二、社会层面的社会主义核心价值观

（一）自由

1. 自由的内涵

在社会主义核心价值观的层面，自由指的是公民拥有个人的自由权利、生活选择权以及思想表达权，并且在法治框架下，这种自由得到了保障与尊重。自由不仅是现代社会人民生活的重要价值，更是个体对自我生活、工作、文化追求自主选择权的体现。社会主义自由的内涵还在于社会资源的公平分配和社会成员的发展权。正如习近平总书记指出：人民对美好生活的向往，就是我们的奋斗目标，自由作为这一目标的重要组成部分，代表着国家对人民基本自由权利的保护与承诺。

2. 自由的重要性

第一，自由是社会主义社会的核心价值之一。自由是每个公民都渴望追求的基本价值和权利，它不仅代表了个人的成长和幸福，也象征着社会的开放与包容。自由使社会成员的创新、文化多样性和个性化发展成为可能，从而推动社会的整体进步。

第二，自由是公民人格发展的根基。在自由的氛围中，个体能够在合法的前提下表达自己的思想、追求自己的兴趣，实现自身的理想。自由的价值在于尊重和保障每一个体的人格尊严和权利，使每个人都能自由地探索生活的多样性，实现自我价值。

第三，自由是社会公平正义的重要基础。自由与社会公平密不可分。自由的保障使得个人能够在平等的机会下追求自身的发展权利，消除社会中的不公和压迫，从而建立起一个公平公正的社会。自由的实现意味着社会能够为公民提供合理的机会和资源配置，保障每个人的基本权利。

3. 自由的实现路径

第一，加强法治建设，保障公民自由权利。自由应当受到法律的保护和保障，法治社会是实现自由的基本框架。国家应通过立法和司法制度的完善，保障公民的言论、信仰、迁徙、教育等自由权利。同时，严格依法行政，确保自由权利不受侵犯，形成人人平等、自由的法治环境。

第二，保障自由与公共利益的平衡。自由并非绝对无限，而是在公共利益的框架内行使的权利。国家应通过制定公共政策，确保个人自由在不侵害他人和公共利益的前提下得到尊重和保障。政府通过制定合理的社会管理政策，规范社会秩序，为个人自由提供安全稳定的环境。

第三，加强思想文化建设，提升公民自由意识。自由的实现离不开公民的自由意识与责任意识。通过教育和文化传播，引导公民形成尊重他人自由、理性行使自由权利的观念。国家和社会机构可以开展多样的公共教育活动，加强公民对自由内涵和边界的理解，倡导理性、负责任的自由观念。

第四，推动社会经济发展，为实现自由创造条件。自由的实现依赖于基本的物质条件和社会资源的保障。通过社会经济的不断发展，为公民提供充足的教育、医疗、就业等基本服务，使公民在良好的物质基础上实现个人自由。此外，国家应推动经济的公平分配，消除贫困和歧视，为每个公民提供平等的自由实现机会。

4. 自由与社会主义核心价值观的关系

第一，自由与“民主”的关系。自由是民主的前提，民主则是自由的保障。二者相辅相成，民主为公民提供了表达和参与的渠道，使自由在公正、平等的政治框架内得以实现。通过民主机制，公民能够自由地参与国家事务、表达个人意见，从而使自由更具现实意义。

第二，自由与“法治”的关系。自由与法治密不可分，法治是自由的前提和制度保障。法治确保自由的行使在合法的范围内进行，使社会各方权利得到平衡，防止自由的滥用和侵犯。法治保护公民的基本自由不受侵害，同时也规定自由的界限，使其在社会秩序中得以有序实现。

第三，自由是“文明”的基石。自由的实现能够丰富社会文明的内涵，使公民在多元文化中进行自由探索和表达。自由推动文明的多样性发展，增强社会的包容性，使得不同文化、价值观和思想能够并存。文明社会在尊重公民自由的前提下，形成多样化的文化与生活方式，推动社会的进步与和谐。

第四，自由是实现“和谐”社会的必要条件。自由与和谐相辅相成，尊重个人的自由有助于实现社会的和谐。在自由的环境中，公民能够通过合法途径表达诉求，减少社会冲突和不满情绪，促进社会的稳定与和谐。同时，自由的保障使社会成员更加理解和尊重他人的权利，从而构建和谐的人际关系。

（二）平等

1. 平等的内涵

平等作为社会主义核心价值观的重要内容，指的是公民在法律面前一律平等，享有平等的发展机会、平等的权利和尊严。它强调不论个人的社会地位、性别、民族、宗教等差异，每个人都应该受到同等的尊重和待遇。习近平总书记曾强调，要尊重每个人的平等权利，让社会成员都享有平等的参与机会和发展权。这充分体现了社会主义社会中“人人平等”的核心理念。

2. 平等的重要性

第一，平等是社会和谐的重要基石。平等能减少社会分化，促进不同群体间的理解和互信，有利于营造和谐的社会氛围。在平等的环境下，公民更容易团结协作，共同推动社会的进步和发展。

第二，平等是公民权利的基础保障。平等不仅关乎个体的自我价值实现，还关乎社会对公平正义的追求，使公民在政治、经济、教育等方面享有均等的权利和资源。

第三，平等是实现社会正义的前提条件。没有平等，社会正义难以实现。平等的价值观念推动着社会资源和机会的公平分配，减少不合理的阶层分化和特权现象，为社会公正奠定基础。习近平总书记指出，消除贫困、实现共同富裕是我们实现平等的重要任务之一。

3. 平等的实现路径

第一，健全法律保障，推进法律面前人人平等。在法治社会中，法律是保障平等的有力工具。国家应加强法律的制定和实施，确保所有公民在法律面前享有同等的权利，杜绝特权现象，并提供公正的司法程序，保障各方的合法权益。

第二，加强社会公共资源的公平分配。国家应推动教育、医疗、社会保障等公共资源的均衡分配，特别是向贫困地区和弱势群体倾斜，以保障每个人都能享有基本的发展机会和生活保障。通过建立合理的分配制度，有效减少社会不平等现象，进而提升社会整体的幸福感和满意度。

第三，推进就业和收入分配的公平。通过完善劳动法、促进就业机会的公平分配，以及建立合理的收入分配机制，有效缩小贫富差距，减少社会分层现象。为此，国家可以出台相关政策，鼓励企业平等对待所有劳动者，尤其要避免性别、种族、年龄等方面的就业歧视。

第四，提升公民的平等意识和尊重多样性的观念。国家和社会机构应通过教育和宣传，培养公民的平等意识，使其深刻认识到平等不仅是个人发展的基石，也是社会共同进步的保障。鼓励人们尊重多样性、包容不同的文化背景和生活方式，共同营造一个和谐、包容、平等的文化氛围。

4. 平等与社会主义核心价值观的关系

第一，平等与“自由”的关系。平等是实现自由的重要基础。只有在平等的基础上，自由才不会变成强者的特权。平等保障了每个人自由追求幸福的权利，使得自由的实现更加公正和普遍。通过平等，社会成员之间的自由和权利能够互相协调。

第二，平等与“法治”的关系。法治是实现平等的根本保障，法治原则为公民权利的平等提供了有力保障。法治确保任何人都不凌驾于法律之上，也使所有公民的权利能够在平等的法律保护下得以实现。法治的完善与平等观念的普及共同构建了公正、公平的社会基础，为社会的和谐稳定提供了有力保障。

第三，平等与“和谐”的关系。平等是构建和谐社会的重要基石。平等能够减少社会不满与冲突，使不同群体之间的差距缩小，推动社会和谐稳定发展。在一个平等的社会中，不同群体的利益更容易得到协调，各方能够共同发展，共同分享社会发展的成果。

第四，平等是“文明”社会的重要标志。文明社会提倡对所有公民的尊重和平等对待，使社会成员之间关系更加融洽。平等的观念推动社会对弱势群体的关爱，使每个人都能平等地享有权利、履行义务，共同推动社会的整体文明程度提升。

（三）公正

1. 公正的内涵

公正是指在社会中维护公平与正义，确保所有人无论其地位、财富或其他社会背景，都能够平等地享有权利和利益，避免受到偏见和不公的对待。公正不仅体现在法律面前的平等，还包含资源分配、机会获得和社会权利的平等。为了促进社会的整体福祉，我们必须坚定不移地走共同富裕的道路，扎扎实实地推动社会公平正义的实现。在社会主义核心价值观的构建中，公正是一项重要原则，既保障了个人的基本权益，又确保了社会的和谐稳定。

2. 公正的重要性

第一，公正是社会和谐的重要保障。公正能够确保社会成员的基本利益得到维护，从而有效减少社会矛盾和冲突，营造出一个和谐稳定的社会环境。在公正的环境中，人们更愿意相互尊重和信任，从而形成良好的社会风尚，促进社会的整体进步。

第二，公正是实现社会正义的基础。公正为社会中的每个个体提供了平等的权利和发展机会，是实现社会正义的核心基础。通过公正的制度安排，社会资源和机会能够更合理地分配，使每个人都能公平地参与社会生活，减少社会中的特权现象。

第三，公正是促进共同富裕的前提。共同富裕的目标不仅要求社会在保障公民基本生活条件的同时，消除极端贫富差距，还强调公正的制度设计在其中的关键作用。公正的制度能够确保收入分配的合理性和公平性，有效防止财富过度集中于少数人手中，从而为共同富裕奠定坚实基础。

3. 公正的实现路径

第一，完善法律制度，确保司法公正。健全的法律体系和公正的司法程序是实现社会公正的基本保障。国家应不断完善法律体系，确保司法部门的独立性和公正性，确保法律能够公正、无私地维护公民权利。建立公正的司法程序，杜绝司法腐败和偏袒现象。

第二，建立公平合理的社会分配制度。公正的社会分配制度是实现社会资源均衡分配的关键。国家应当完善收入分配结构，通过税收、社会保障等措施减少贫富差距，确保公共资源向社会弱势群体倾斜。公平的资源分配制度不仅能够提升社会的整体幸福感，还能促进社会的和谐稳定发展。

第三，提高公共服务的公平性。教育、医疗、住房等公共服务的公平性是实现社会公正的重要方面。国家应致力于提升公共服务的覆盖面和质量，确保各阶层、各地区的公民都能享受到平等、优质的公共服务。特别是对于农村、贫困地区和弱势群体，应给予更多的政策支持，以缩小地区差异和阶层分化，促进社会的整体进步。

第四，倡导公平正义的社会风尚。公正的观念离不开社会风尚的支持。通过教育宣传、公民道德建设等手段，国家和社会可以倡导公平正义的价值观，使人们在日常生活中遵循公正的原则，推动良好社会氛围的形成。弘扬公平、公正、正义的价值观，使社会中的每个人都能体会到公正的价值与意义。

4. 公正与社会主义核心价值观的关系

第一，公正与“平等”的关系。公正与平等紧密相连，公正的实现离不开平等的保障。平等为公正提供了基础，使社会成员无论其背景如何，都能公平地享有权利和资源。在平等的基础上，公正的理念能够更顺畅地贯穿于社会的各个层面。

第二，公正与“法治”的关系。法治是公正的前提和保障，公正需要在法治的框架内得以实现。法治确保每个公民的权利和义务明确，从而为公正的实现提供了坚实的制度支撑。在法治社会中，公止通过依法治理得以体现，使社会中的每个人在法律的保护下被公平对待。

第三，公正与“和谐”的关系。公正是和谐社会的重要基石。社会和谐的基础是公平和正义，公正能够有效化解社会矛盾，消除因不公而产生的冲突和不满。在一个公正的社会中，社会成员之间的关系更加融洽，社会的凝聚力和向心力更强。

第四，公正是“文明”社会的体现。文明社会以公正为核心价值，尊重每个人的权利和尊严。公正的实现推动了社会的道德进步，使得社会更加尊重人权和包容多样性。公正的社会更能体现社会主义核心价值观，实现物质文明和精神文明的同步发展。

(四) 法治

1. 法治的内涵

法治是指通过法律的规范、执行与保障，实现国家治理、社会管理以及个人行为的规范。社会主义核心价值观中的“法治”强调以法律为准绳，确保人人平等地受到法律的保护和约束。法治不仅意味着依法治国，还包括制度建设、法治教育和法治文化的塑造，体现了现代国家治理的基本原则。法治的目标是建设一个制度完善、程序公正、人民信任的法治社会，为实现社会的和谐与发展提供保障。

2. 法治的重要性

第一，法治是社会稳定的保障。法治社会以法律为根本规范，确保社会运行更加稳定有序。法律的权威确保了社会各阶层、各领域都受到法律的规范和约束，从而有效减少社会中的不公平现象和矛盾冲突，为社会的长久安定提供有力保障。

第二，法治是保护公民权利的基石。法治确保每个公民在法律面前一律平等，保障公民的基本权利。法治为公民提供了明确的权利和义务，人们在法律的框架内自由发展。同时，法治制度能有效预防权力的滥用，为公民的合法权益提供坚实保障。

第三，法治是实现现代治理的基本方式。现代社会的治理越来越依赖法治化管理。通过法律制度建设，政府的管理能够更加规范透明，政府权力受到法律的约束和监督，使治理行为更加有据可循、有法可依。法治建设推动了国家治理体系和治理能力的现代化，是实现科学、合理、高效治理的重要基础。

第四，法治是构建和谐社会的保障。法治为社会中的个人、团体和机构提供了统一的行为准则和评判标准。一个社会只有在法律面前人人平等、公平正义得到彰显时，才能实现公平公正。法治促进了社会成员之间的信任，减少了由不公平引起的矛盾和冲突，有助于构建和谐稳定的社会环境。

3. 法治的实施路径

第一，加强法律制度建设，完善法律体系。完善的法律体系是法治社会的基石。国家需要不断补充和完善法律制度，确保法律条文的科学性、合理性和可操作性。在此过程中，尤其需要关注新兴社会问题、公共管理和公民权利保护领域的立法，使法律体系能够与社会发展需求相契合。

第二，健全司法系统，确保司法公正。司法系统是法律的执行和保障机构。国家应加强司法系统的独立性和公正性，杜绝司法腐败和不公正现象，确保司法机关依法独立公正地行使审判权和检察权。同时，推行阳光司法，让司法过程透明公开，以此增强司法的公信力和权威性，赢得人民的信任和支持。

第三，开展全民法治教育，提升公民法治意识。法治社会需要全体公民对法律的尊重和遵守。通过加强法治宣传教育，让公民了解基本的法律知识和权利义务内容，培养人们自觉遵守法律、运用法律维护自身权益的意识和能力。学校、社区、企业等各个层面都应积极开展法律宣传教育活动，使法治观念深入人心、蔚然成风。

第四，规范行政执法行为，强化依法行政。行政部门是社会管理的重要力量，依法行政是法治社会的基本要求。各级行政机关必须严格依法履行职能、行使权力，避免行政权力的滥用和随意性。通过加强行政执法行为的监督和制约机制建设，使得政府在法律的框架内依法施政，树立依法行政的良好形象和社会公信力。

4. 法治与社会主义核心价值观的关系

第一，法治与“平等”的关系。法治的核心之一就是确保法律面前人人平等，不论社会地位、财富等，所有人都要在法律面前平等接受监督和约束。平等的实现需要在法治社会的基础上才能得以保障，因为法治为平等提供了制度依据和执行保障。

第二，法治与“自由”的关系。法治并不与自由对立，而是自由的护卫者。法治通过规定每个人的权利和义务，为公民自由提供了保护。法治不仅保障了公民的正当权利，也通过限制不合理的自由侵犯行为，保障了他人的自由和社会的秩序。

第三，法治与“公正”的关系。公正是法治社会的核心价值。通过法律的公正执行，确保社会成员的基本权益不受侵犯，公平分配社会资源。法治社会的公正性体现在对弱势群体的保护以及对不公行为的追责上，实现了社会的公平正义。

第四，法治与“和谐”的关系。和谐社会需要通过法治的手段来实现。法治通过保障社会的公平、稳定和秩序，为和谐社会提供了重要的制度保障。法治促进了社会成员之间的相互尊重和信任，减少了因不公产生的矛盾，为构建和谐社会提供了制度基础。

第五，法治是“文明”社会的体现。法治是现代文明的标志，是社会治理现代化的重要途径。法治社会以文明、规范为特征，通过法律的权威来维护社会的良好秩序，使人与人、人与社会的关系更加和谐有序，是文明社会的重要组成部分。

三、个人层面的社会主义核心价值观

（一）爱国

1. 爱国的内涵

“爱国”是社会主义核心价值观的重要组成部分，指的是公民对自己国家的深厚热爱与坚定忠诚。爱国不仅是个人对国家的情感归属，更是对国家统一、领土完整、民族尊严、国家利益的坚决维护和高度认同。爱国要求个人将爱国精神付诸实践，将个人利益与国家利益紧密联系，积极主动地为国家的繁荣和发展贡献力量。

2. 爱国的重要性

第一，爱国是凝聚社会共识的基石。爱国主义作为民族精神的重要组成部分，是维系国家统一、社会稳定的重要力量。它能够在不同阶层、地域和文化背景的民众之间建立共同认同，有助于构建一个团结和谐的社会。

第二，爱国是实现国家发展的动力。在任何国家的现代化进程中，爱国情怀能激发全社会的责任感和使命感，调动广大民众的积极性、主动性和创造性。尤其是在重大挑战面前，爱国主义精神能够激励人们克服困难、迎难而上，推动国家不断向前发展。

第三，爱国是民族复兴的精神支柱。实现中华民族的伟大复兴是中国共产党和全体中国人民的共同理想，而爱国主义则是支撑这一理想的精神支柱。习近平总书记多次强调，要将爱国主义贯穿国民教育全过程，使其成为推动实现中国梦的强大精神动力，坚定不移地推动国家发展和民族振兴。

3. 爱国的实施路径

第一，加强爱国主义教育，培养爱国情怀。爱国主义教育应贯穿于家庭、学校和社会各个层面。在学校教育中，通过思想政治课程、历史课、爱国主题教育活动等方式，帮助学生深入了解国家历史和文化，增强对国家的情感认同。同时，在社会中也要广泛开展爱国主义宣传，激发民众的爱国热情。

第二，塑造积极的国家形象，增强民族自豪感。国家形象对爱国情感的培育具有重要影响。通过经济发展、科技创新、文化繁荣等方面的成就，展示国家的显著进步和辉煌成就，增强国民对国家的自豪感。此外，通过“一带一路”倡议、国际合作等平台展现国家在全球事务中的积极作用，使民众对国家有更深层次的认同。

第三，弘扬英雄精神，树立爱国榜样。英雄和模范人物在爱国教育中具有重要作用。通过宣传历史英雄、革命烈士和时代楷模的事迹，激励民众从他们的精神和行动中汲取力量。政府和社会应大力弘扬英雄精神，传播他们的故事，以激发民众的爱国主义情感，形成全社会崇尚英雄、学习英雄的良好风尚。

第四，推动公民参与社会公益，培育爱国实践。鼓励公民通过志愿服务、公益活动等方式为社会作出贡献，将爱国情怀落实到实际行动中。各级政府和组织可以提供平台，促进民众参与社会事务，为国家的和谐发展与繁荣进步贡献力量。同时，通过公益活动还可以提升个人的社会责任感，使爱国成为一种日常行为。

第五，倡导理性爱国，增强法治意识。爱国情感应以理性为基础，避免盲目情绪化的表达。通过教育和宣传，引导人们以合法、理性的方式表达爱国情感，增强法治意识，自觉遵守法律。在国际事件中，倡导和平交流，维护国家利益的同时尊重国际秩序，体现负责任的大国风范。

4. 与社会主义核心价值观的关系

第一，爱国与“富强”的关系。爱国主义推动个人和集体为国家富强而奋斗。国家的经济发展和科技进步，离不开民众的爱国情怀和不懈努力。个人在各自岗位上为国家作贡献，促进国家的整体富强。

第二，爱国与“民主”的关系。爱国主义不仅关乎国家的独立与发展，也关乎民众对国家政治制度的认同和维护。爱国情怀引导民众通过合理的方式参与公共事务，推进民主建设，使国家治理更加稳定、透明、开放，确保人民的民主权利得到充分保障。

第三，爱国与“文明”的关系。爱国主义表现为对国家文化的热爱和对社会道德的遵从。一个爱国的公民会积极践行文明礼仪，维护国家形象，积极传播正能量。文明社会是国家现代化的重要标志，爱国情怀则是推动文明建设、促进社会和谐有序发展的不竭动力。

第四，爱国与“和谐”的关系。爱国主义为社会和谐提供了情感基础。爱国情怀激发社会成员之间的互助和团结，使个人利益与集体利益、国家利益有机结合，实现人与人、人与社会之间的和谐发展，构建更加美好的社会。

第五，爱国与“法治”的关系。法治是爱国的行为准则之一。真正的爱国情怀要求人们在法治框架内行事，以合理合法的方式表达爱国诉求，维护社会秩序和公共利益。通过法治手段保障国家的稳定和发展，是爱国情怀在新时代背景下的具体体现。

（二）敬业

1. 敬业的内涵

“敬业”是社会主义核心价值观中个人层面的重要内容，指的是个人在自己的岗位上全心投入、尽职尽责，并通过不断提升专业技能、提高工作质量来实现个人价值。敬业不仅是对自己工作的认可与热爱，更是对社会和国家责任的体现。它要求每个人以认真、严谨、专注的态度去对待工作，不断追求卓越，发挥自身的最大潜能。

2. 敬业的重要性

第一，敬业是个人发展的基础。敬业能够提升个人的专业能力和工作效率，使人们在岗位上获得更高的成就感与满意度。在职场中，敬业态度有助于个人的成长与晋升，使其能够在所从事的领域中不断积累经验、实现自身价值。

第二，敬业是社会进步的重要动力。一个社会的进步和繁荣离不开每个个体的努力与付出。当每个人都以敬业精神对待自己的岗位，社会资源将得到更有效的利用，整体效率与生产力得以提升。这种态度是推动社会经济和文化发展的动力之一。

第三，敬业是构建和谐社会的保障。敬业精神不仅提高工作质量，也减少了由于疏忽或失误带来的社会问题。当人们能够忠于职守、尽心尽力，社会治理与服务将更完善，社会秩序和谐有序，人民的安全感和信任感也随之增强。

3. 敬业的实施路径

第一，在教育阶段培养敬业精神。敬业精神的培养应从青少年时期开始。在学校教育中，通过课程内容、社会实践和校园活动的设计，让学生初步树立敬业的态度，学习如何认真对待每一项任务。教育引导学生理解敬业的重要性，并将其视为一种责任感。

第二，加强职业培训，提升专业技能。在职业生涯中，通过系统化的职业培训帮助员工不断提高专业技能，使他们能够更好地胜任工作。企业和机构可以提供相关的培训课程，帮助员工更新知识、掌握新技能，以应对岗位的各种需求。同时，个人也应注重自身学习，追求岗位能力的提升。

第三，增强职业认同感，建立工作责任心。敬业精神需要以高度的职业认同感为支撑。社会、单位和个人都应增强对职业的认同，将岗位视为实现人生价值的舞台。同时，组织文化、职业道德教育等都应强化员工的责任意识，激励他们自觉、认真地履行岗位职责。

第四，推崇敬业模范，树立榜样。通过表彰和宣传敬业模范，展示优秀的敬业榜样，以激励和引导他人。在各行各业中评选出具有突出敬业精神的个人或团队，并通过宣传他们的事迹，让敬业精神在全社会形成风尚，激励更多的人自觉践行敬业精神。

第五，倡导工匠精神，鼓励创新与精益求精。工匠精神是一种极致的敬业态度，倡导人们在岗位上不断追求完美与创新。无论从事何种职业，都应提倡精益求精的态度，不断提升自身的专业水准，以创新和品质为导向。政府、企业和教育机构可以通过各种形式鼓励工匠精神，推动敬业理念的深入。

4. 敬业与社会主义核心价值观的关系

第一，敬业与“爱国”的关系。敬业是爱国的具体表现。每个人在自己岗位上尽职尽责，为社会和国家发展贡献力量，体现了对国家的热爱与忠诚。敬业精神能够促进国家繁荣，为实现民族复兴目标做出具体贡献。

第二，敬业与“富强”的关系。社会的富强依赖于高效和高质量的生产与服务，而敬业精神正是保证工作高效、高质的关键。每个人敬业的工作态度能推动经济进步，促进国家的整体发展，从而实现富强的国家目标。

第三，敬业与“文明”的关系。敬业精神体现了个人对工作的尊重和对他人的负责，营造了一种尊重劳动、追求卓越的文化氛围。这种态度是文明社会的核心要求之一，能够提升社会整体道德水平，促进文明社会的建设。

第四，敬业与“和谐”的关系。敬业精神有助于构建和谐的人际关系和社会秩序。当人们认真履行岗位职责，减少了工作中的失误与纠纷，社会中人与人、人与社会的关系会更为融洽，有助于社会和谐稳定。

第五，敬业与“公正”的关系。敬业精神也是实现公正的重要保障。当每个人在岗位上都能够公正、负责地处理事务，社会的公正和透明度将会提升。敬业不仅关乎个人发展，更与社会的公正环境息息相关。

（三）诚信

1. 诚信的内涵

诚信作为社会主义核心价值观个人层面的重要内容，是指真诚待人、信守承诺。它包括对他人的信任和忠诚，同时也要求个人在行为上保持真实、可靠。诚信不仅是人与人之间关系的基石，也是人与社会关系的核心。诚信要求个体在工作、生活中言行一致，忠实于自己的承诺，做到对他人、对社会诚实守信。

2. 诚信的重要性

第一，诚信是社会信任的基础。诚信在个人、组织和社会之间建立了信任桥梁，使人与人之间的交往更加可靠，合作更为顺畅。当人们能够信守承诺、诚实守信时，社会的信任度与和谐度将得到提升。

第二，诚信是经济活动顺利开展的保障。在经济活动中，诚信是契约精神的体现，能够促进市场的良性运转。信用体系的健全能够减少违约行为，降低交易风险，使经济活动更具效率和可持续性。诚信企业往往能树立良好的品牌形象，从而获得市场的长期认可。

第三，诚信是个人道德的核心要求。诚信是道德的体现，反映了个人的责任感和道德操守。无论在家庭、社会还是工作中，诚信都决定了一个人的声誉和受人尊敬的程度。个人的诚信不仅关乎其自身形象，更对社会风气产生积极影响。

第四，诚信是法治社会建设的关键要素。法治与诚信相辅相成。诚信能够增强人们对法律和制度的尊重，使社会治理更加稳定。法治建设通过法律保障诚信，激励诚实守信的行为，形成社会自觉的诚信氛围。

3. 诚信的实施路径

第一，加强诚信教育。从学校教育阶段入手，向学生传授诚信的理念，使其理解诚信的重要性并培养诚实守信的品格。通过家庭、学校和社会的共同引导，使诚信意识在青少年时期就扎根，成为其道德行为的基础。

第二，建立完善的社会信用体系。社会信用体系能够有效记录个人和企业的信用信息，通过奖励守信、惩戒失信来激励诚信行为。政府和企业可以通过信用评分、守信奖励等措施引导社会成员在经济活动中严格遵循信用原则，促进社会诚信风气的形成。

第三，推崇诚信模范，树立榜样。通过宣传诚信模范事迹，让诚实守信成为人人向往的社会风尚。各行各业都可以树立诚信典范，并将其先进事迹向社会推广，增强诚信行为的影响力，使人们在实践中学习和践行诚信。

第四，法律法规的完善与落实。通过立法、执法来保障社会诚信体系的运行。通过法律手段保护诚信行为、打击失信行为，确保守信者利益不受侵害。法律和制度能够在诚信道德基础上提供保障，促进社会的有序与和谐。

第五，强化个人与企业的自我约束。诚信不仅需要外在的约束和激励，也需要个人和企业的自我管理。个人和企业应以道德为准绳，做到诚实守信。对企业而言，诚信是其立足市场的根本，能够帮助其赢得长期信任；对个人而言，诚信是其社会声誉的体现。

4. 诚信与社会主义核心价值观的关系

第一，诚信与“爱国”的关系。诚信是爱国的具体体现之一，诚实守信的行为能够增强社会凝聚力，推动国家的整体进步。每个人在本职岗位上坚守诚信，展现出强烈的责任感与自觉性，正是为国家的发展和社会的和谐贡献力量的具体表现。

第二，诚信与“富强”的关系。诚信作为市场经济的基础，对国家经济的稳定发展起着关键作用。一个诚信的市场环境能够促进经济的良性发展和资源的有效配置，有助于实现国家的富强目标。

第三，诚信与“文明”的关系。诚信行为体现了个人与社会的道德水准，是文明社会的标志之一。诚实守信让人与人之间、人与社会之间建立信任，减少了社会摩擦，提升了社会的整体文明程度。

第四，诚信与“法治”的关系。诚信与法治共同构成社会的稳定基石。法治为诚信提供了保障和约束，而诚信则促进了人们对法治的自觉遵守，增强了法律的权威性。通过法律手段维护诚信行为，也推动了社会公平正义的实现。

（四）友善

1. 友善的内涵

友善作为社会主义核心价值观中个人层面的基本要求，是指个体在社会交往中应具有的友好、包容、助人的精神。它不仅体现在与他人的关系上，还涉及人与自然、社会的和谐相处。友善强调尊重、理解、关心他人，倡导互助合作，是构建和谐社会的重要品质。

2. 友善的重要性

第一，友善是社会和谐的重要保障。友善有助于缓和矛盾、化解冲突，促进个人与群体之间的和睦共处，使社会关系更为融洽。友善的人际交往能够增进社会凝聚力，营造温暖友爱的社会氛围。

第二，友善是公共生活的文明标志。友善反映了社会成员的道德素养和文明程度，是人们在公共生活中表现出的尊重与理解。友善的行为推动了社会成员之间的互信与包容，为公共生活增添了和谐与温暖的色彩。

第三，友善是个人成长和幸福的源泉。友善不仅是社会的需要，也是个体获得幸福感的重要因素。友善的态度和行为能带来积极的情感回馈，增强幸福感和归属感，并促进个人的身心健康。

第四，友善有助于营造人与自然和谐共处的环境。友善不仅包括人与人之间的善意互动，还包括人与自然的友好关系。友善的态度鼓励人们珍爱环境、保护生态，有助于实现可持续发展。

3. 友善的实施路径

第一，加强友善教育与宣传。从学校、社区等基础单元入手，将友善教育纳入日常教育中，使人们自幼接受友善价值观的熏陶。通过宣传友善的典型事迹和感人故事，使友善精神深入人心，激励更多人践行友善。

第二，推崇友善模范，树立社会榜样。通过树立友善模范并宣传其事迹，营造见贤思齐的社会氛围。在各领域挖掘和推广友善典范，让社会成员意识到友善的力量，从而激发更多人去学习和实践友善。

第三，完善公益和志愿服务体系。友善不仅停留在日常言行中，更体现在助人为乐的社会实践中。通过建立完善的公益、志愿服务体系，吸引更多人参与到帮助弱势群体、保护生态的活动中，让友善在行动中得到彰显。

第四，构建和谐的社区和邻里关系。社区是友善关系的重要承载地。通过组织邻里活动、志愿服务等方式增进社区成员之间的互动，化解矛盾，提升互助意识，营造友善的社区氛围，使每个社区成员都能感受到来自他人的关怀与支持。

第五，尊重和保护自然，倡导绿色生活。友善不只限于人际关系，也涵盖人与自然的相处之道。推崇绿色环保的生活方式，促进资源节约和生态保护，通过具体行动展现出对自然的友善态度，达到人与自然的和谐共处。

4. 友善与社会主义核心价值观的关系

第一，友善与“和谐”的关系。友善是实现社会和谐的重要条件。友善的行为能够帮助社会成员减少隔阂和误解，使个体和集体之间的关系更加融洽，有助于和谐社会的构建。人与人之间的友善互动促进了社会稳定与和睦。

第二，友善与“文明”的关系。友善是文明社会的重要标志之一，体现了个体的高尚道德。友善待人是文明的具体体现，友善的举止不仅是对他人的尊重，也是自身素养的体现。友善推动了社会公共文明的发展，提升了社会整体的道德水平。

第三，友善与“法治”的关系。友善为法治社会奠定了和谐的基础，使得法律制度更易在友好、公正的氛围中推行。法治为友善提供了规范和保障，而友善则通过尊重法律、规范自身行为来配合法治，使社会关系更为和谐稳定。

第四，友善与“诚信”的关系。友善与诚信相辅相成。友善体现了个体的道德修养和对他人的尊重，而诚信则是友善的具体实践。诚信行为为友善提供了信任基础，友善互动则加强了人与人之间的互信关系，进一步巩固了社会的和谐与稳定。

第二节　社会主义核心价值观提出的背景

社会主义核心价值观的提出是中国共产党在探索中国特色社会主义道路中形成的重大理论创新，根植于中国的历史传统、社会发展需求和全球现代化浪潮，形成了与中国国情相适应的价值体系。以下从历史、社会和国际背景三个方面探讨其提出的背景。

一、历史背景

社会主义核心价值观的提出是中国共产党在长期历史积淀和现代发展需求交相辉映下形成的重要思想成果。其历史背景可以追溯到中华文明的传统价值观，结合近现代的历史进程和新中国成立以来的社会发展，是多重历史因素共同作用的结果。

（一）中华传统文化的价值观积淀

中国的传统文化在几千年的历史发展中形成了稳固的价值观体系，以儒家文化为主导，提倡“仁、义、礼、智、信”等道德规范。这些价值观强调个人修身、家庭和谐、社会秩序和国家统一，是中华文明延续至今的重要精神支柱。古代中国的“礼治”和“德治”观念，奠定了个人、家庭和社会间关系的基本规范，如“己所不欲，勿施于人”“修身齐家治国平天下”等名句，突出了爱国、诚信、仁爱、礼让等传统美德。这些传统理念在中国社会形成了深厚的文化根基，为社会主义核心价值观的提出和认同提供了重要的文化背景。

特别是儒家提出的“修身、齐家、治国、平天下”，它强调个人道德和社会和谐的统一，这与社会主义核心价值观中的“爱国”“敬业”“诚信”等内容在价值追求上高度契合。这种传统与现代的有机结合，使社会主义核心价值观在中国社会更易于被接受和传承。

（二）民族复兴的历史使命

鸦片战争后，中国逐步沦为半殖民地半封建社会，国家积贫积弱，社会道德和价值观体系受到外来文化的冲击，传统文化体系面临崩溃的边缘。这种背景下，中国社会开始反思自身的不足，萌生了强国富民的思想需求。此后，随着太平天国、洋务运动、戊戌变法、辛亥革命的兴起，中国社会不断探索强国之路，试图在西方文化与本土传统文化间找到一条复兴之道。

“五四运动”中，中国知识分子高呼“德先生（民主）”“赛先生（科学）”口号，标志着中国社会开始接纳西方思想，特别是民主、科学、平等等思想的传入。这些理念的传入，不仅丰富了中国社会的思想体系，也为社会主义核心价值观的提出提供了重要的现代性支持。在新民主主义革命期间，以毛泽东为代表的中国共产党人进一步把马克思主义基本原理与中国实际相结合，逐步构建了中国的社会主义思想，为社会主义核心价值观的形成奠定了思想基础。

（三）新中国成立后的社会主义建设探索

新中国成立初期，中国共产党着力建设社会主义制度，重建国家、社会和个人的关系，开始探索符合中国国情的社会主义核心价值体系。1954 年通过的《中华人民共和国宪法》明确了人民民主专政和社会主义制度，强调了全心全意为人民服务、集体主义、爱国主义和社会主义等核心价值观念，有力推动社会形成统一的价值观念。

自 20 世纪 50 年代中期起，中国进入全面社会主义建设阶段，提出了一系列社会主义价值观念。党和国家通过社会实践，建立了具有社会主义特色的价值体系。在这一时期，集体主义、爱国主义等价值观在大规模的志愿服务和群众运动中得到了大力弘扬，为社会主义核心价值观奠定了初步的理论框架。这一时期的价值观以服务人民、国家利益为核心，强调社会主义制度的优越性和国家的团结。

（四）改革开放后的社会变革与价值观转型

1978 年，党的十一届三中全会拉开了改革开放的序幕，中国开始探索市场经济体制，社会结构随之发生深刻变化。市场经济的快速发展激发了经济活力，推动了经济的持续繁荣；但与此同时，个人利益逐渐被凸显，社会价值观念呈现出多元化的趋势。这种变革一方面激发了经济活力，推动了经济发展；另一方面，个人主义、拜金主义、享乐主义等现象逐渐浮现，导致了社会信任危机和道德滑坡。为应对这些新问题和新挑战，中国共产党在 20 世纪 80 年代提出加强社会主义精神文明建设，开始在全社会大力倡导爱国主义、集体主义和社会主义道德。

随着改革的深入和社会的转型加速，利益格局不断调整，价值观多元化问题更加凸显。1996 年颁布的《公民道德建设实施纲要》提出“爱国守法、明礼诚信、团结友善、勤俭自强、敬业奉献”等基本道德规范，并对全社会提出了具体的道德要求。这些道德规范的提出和践行，为社会主义核心价值观的逐步成型和广泛认同奠定了坚实基础。特别是爱国、敬业、诚信等价值观，逐渐成为全社会广泛认同和践行的核心内容。

（五）社会主义核心价值体系的提出与深化

进入 21 世纪，中国社会的变革速度进一步加快。2006 年，党的十六届六中全会首次提出“社会主义核心价值体系”概念，指出这一体系是社会主义意识形态的本质体现，涵盖了“马克思主义指导思想、中国特色社会主义共同理想、民族精神和时代精神、社会主义荣辱观”四大方面。该体系在提倡国家统一、民族团结、社会和谐的基础上，逐步构建了社会主义核心价值观的基本框架，为新时代的社会主义核心价值观发展提供了深厚理论支撑。

（六）社会主义核心价值观的正式提出与新时代的深化

2012 年党的十八大报告首次将“富强、民主、文明、和谐，自由、平等、公正、法治，爱国、敬业、诚信、友善”提炼为社会主义核心价值观，明确了国家、社会、个人三个层面的价值要求。这一体系既体现了中华文化的传承，又吸收了现代文明的成果，成为新时代中国社会的广泛共识。

在习近平新时代中国特色社会主义思想的引领下，社会主义核心价值观被不断深化和推广。习近平总书记多次强调社会主义核心价值观的重大意义，指出这是国家软实力的重要组成部分，是实现中华民族伟大复兴的精神力量。政府通过教育引导、舆论宣传、文化熏陶、实践养成、制度保障等多渠道、多形式推动社会主义核心价值观的普及，使之深入社会生活的方方面面，成为社会共识和共同实践。

二、社会背景

社会主义核心价值观的提出，不仅有深厚的历史积淀，也源自社会现实背景的推动。在社会主义发展进程中，全球化带来的文化多元性、市场经济的发展需求以及社会道德滑坡问题等都要求树立共同的价值观，促使社会主义核心价值观的形成。

（一）全球化与文化多元化的冲击

随着改革开放和全球化进程的深入，中国与世界的交流日益频繁，西方价值观念如个人主义、自由主义、消费主义等开始在中国流行，对中国传统价值观和社会主义意识形态构成冲击。文化多元化带来思想观念的多样化，这在一定程度上促进了社会的创新与发展，但同时也加剧了价值观念的分化，社会中一些个人主义、功利主义现象凸显，对社会的价值共识构成了挑战。

在全球化的冲击下，如何形成统一的价值观念，如何坚持社会主义道路自信、理论自信、制度自信和文化自信成为中国面临的一项重大课题。因此，社会主义核心价值观的提出旨在回应全球化带来的文化冲击，既继承中国传统优秀文化，又结合社会主义和现代性要求，为中国社会提供思想指引，增强中华民族的凝聚力。

（二）市场经济体制下的社会转型需求

市场经济的深化改革为中国带来了巨大的经济活力，也在推动社会结构变迁的同时带来了新的价值观和道德问题。市场经济的自利性特点使一部分人开始过分追求个人利益，导致了拜金主义、享乐主义、诚信危机等社会问题。一些不良的经济现象，如虚假广告、食品安全问题、商业欺诈等，影响了社会的公信力和秩序，破坏了社会的公平和正义。

在这种背景下，社会主义核心价值观的提出不仅是道德教化的需求，更是市场经济环境下社会转型的迫切需求。社会主义核心价值观中的“诚信”“公正”等要求，不仅是经济活动的基本准则，也为市场经济健康发展提供了价值引领，有助于促进经济秩序和社会关系的稳定。

（三）社会分化带来的价值观多样化与道德滑坡

社会分化使得各阶层在思想意识、生活方式和利益诉求上呈现出多元化趋势，城乡之间、区域之间、不同职业群体间的差异日益显著。随着生活节奏的加快和社会流动性的增强，传统的家庭纽带、社会关系日益淡化，某些情况下人际关系也趋向功利化。特别是在利益冲突加剧时，社会诚信危机、道德滑坡等现象愈发严重。

面对这些问题，社会主义核心价值观的提出旨在引导社会成员形成共识性的价值观念，以求在多元化的社会中形成主流价值观，重塑社会信任，增强社会的和谐稳定。它在社会中倡导爱国、敬业、诚信、友善等观念，通过价值观念的统一，促进社会成员的道德自觉，解决社会转型带来的道德危机问题。

（四）提升国家软实力的战略需求

随着中国国际地位的不断提升，中国在全球事务中扮演的角色日益重要。在国际竞争中，国家形象和软实力的影响力愈发凸显，而价值观作为国家文化软实力的重要组成部分，能够影响世界对一个国家的认知和认同。社会主义核心价值观的提出，是提升国家软实力、塑造良好国际形象的战略选择。

通过树立与推广社会主义核心价值观，中国不仅能够巩固自身的社会团结和凝聚力，也向国际社会展示其独特的价值追求，推动中国特色大国形象的树立，增强国际社会对中国的理解和认同。

（五）新时代中国特色社会主义的发展需求

中国特色社会主义进入新时代，国家发展更加关注人的全面发展和社会的全面进步。随着国家的综合实力不断提升，社会需求也从追求经济发展、物质满足转向对公平正义、法治、公德等更高层次的需求。社会主义核心价值观的提出，既是适应新时代发展需求的回应，也是实现民族复兴和中国梦的思想基石。

习近平总书记在多个场合指出，社会主义核心价值观是实现中华民族伟大复兴的精神力量。新时代下，社会主义核心价值观成为人民的共同思想基础，为社会发展提供价值导向，为实现全体人民的共同幸福提供精神支柱。

三、国际背景

社会主义核心价值观的提出，不仅源于国内发展的需求，也受到国际环境和全球趋势的深刻影响。随着国际格局的不断演变和全球化进程的加快，中国面临着来自国际社会的多重挑战与机遇，尤其是在文化软实力、意识形态竞争以及全球治理等方面。在此背景下，社会主义核心价值观作为中国的国家精神和价值理念，既是对全球趋势的回应，也是塑造中国国际形象、提升国际地位的战略选择。

（一）全球化带来的文化交流与意识形态竞争

全球化进程加速了各国在经济、科技、文化等方面的交流，跨国界的思想传播和文化冲击使世界多样性日益丰富。同时，西方国家通过全球化输出其价值观、生活方式和意识形态，对发展中国家及社会主义国家的社会观念、经济政策产生了深远影响。例如，自由民主、个人主义等西方价值观念通过各种渠道进入中国，对部分民众产生了潜移默化的影响。

在这样的国际背景下，中国不仅需要应对外来价值观的影响，还需要形成具有本土特色和普遍吸引力的社会主义核心价值观，作为国家发展的指导思想和社会共识的基础。社会主义核心价值观的提出，既是对本国社会文化的有力保护，也是对多样化全球文化的有益补充，彰显了中国坚持走社会主义道路、形成独特价值观念的坚定信心。

（二）新兴国家崛起与全球治理的价值观冲突

随着中国、印度、巴西等新兴国家的迅速崛起，全球治理的权力格局正在发生深刻变化。新兴国家在政治、经济、文化等方面逐渐拥有更多的话语权，对西方主导的国际秩序提出了挑战和补充。这一过程中，不同国家间的价值观冲突愈发明显，特别是围绕人权、民主、公平等议题的争论。

社会主义核心价值观的提出，是中国在国际上明确表达自身立场、为全球治理贡献中国智慧的体现。通过“公平”“法治”“和平”等社会主义核心价值观的传播，中国倡导构建“人类命运共同体”，主张国际关系中平等相待、互不干涉的原则，反对强权政治和单边主义。社会主义核心价值观不仅成为中国应对国际价值观冲突的思想工具，也向世界展示了中国对和平与发展的坚定追求。

（三）国际形象塑造与文化软实力提升的战略需求

国家的软实力，包括文化吸引力、政治理念和价值观，是国家国际形象的重要组成部分。随着中国在国际社会中影响力的提升，树立正面的国家形象、提升文化软实力成为国家发展的关键重要目标之一。然而，西方国家对中国的误解和偏见仍然存在，部分国际舆论对中国的意识形态持保守态度。因此，通过树立并推广社会主义核心价值观，中国能够向国际社会展示一个积极、自信、开放的国家形象。

社会主义核心价值观中的“民主”“文明”“和谐”等理念，展现了中国社会的精神追求，使世界了解中国对美好生活的向往。这不仅有助于在国际社会中塑造中国的良好形象，提升文化软实力，还能够增加其他国家对中国制度和道路的理解与认同。

（四）应对全球性问题的共同价值需求

当今世界面临着诸多全球性问题，如气候变化、贫富差距、地区冲突等，需要国际社会的共同努力与协调。传统的国际秩序和治理模式在面对这些问题时效果有限，因此，新的治理理念和价值观逐渐被国际社会所期待。中国倡导的“富强、民主、文明、和谐”等社会主义核心价值观，强调共同繁荣、公正治理和人与自然和谐共生，为全球治理提供了新的思路和范式。

特别是“和谐”与“公平”理念，倡导在各国共同努力下实现世界的可持续发展与和谐共生，这为全球性问题的解决提供了中国方案。这些理念强调国家间的平等相待、互利共赢，以及共同应对全球性挑战的重要性，体现了中国对全球治理的深刻理解和积极贡献。

（五）世界多极化与多样化发展趋势

国际社会日益多极化，各国在文化、价值观、发展模式上愈加多元。西方主导的价值观不再是国际社会的唯一标准，世界对多样化发展和多元文化的包容性愈发增强。社会主义核心价值观的提出，体现了中国坚持自身发展道路的信念，表达了中国对多样化的尊重和对构建更加多元化的国际关系的支持。

这一过程中，中国不仅要强化对本国人民的价值引导，也要对外展示自己独特的社会主义核心价值观。社会主义核心价值观展现了中国对和平、发展、公正的承诺，符合多样化、包容性的国际发展趋势，为国际社会注入了一股不同于西方的思想活力。这些价值观不仅是中国自身发展的精神支柱，也是推动世界多样化和构建人类命运共同体的重要力量。

四、理论与政策支持

社会主义核心价值观作为中国特色社会主义发展的重要指导思想，源于马克思主义理论的基础支撑，并结合了中国特色社会主义的实际国情与需求。在政策层面上，各级政府和部门围绕社会主义核心价值观进行了具体的政策设计和执行，以实现理论与实践的有机结合。理论和政策支持为社会主义核心价值观的推广提供了强大后盾，确保其在各个层面有效落实，推动社会的全面进步。

（一）理论支持

1. 马克思主义价值观理论

马克思主义理论是社会主义核心价值观的根本思想来源。马克思主义认为，社会价值观的形成和发展受社会经济基础的影响，并服务于社会整体发展需求。在马克思主义价值观理论中，注重对个体和群体利益的结合与协调，倡导自由、公平、正义等观念，强调以人为本、追求全人类共同解放的价值理念。这些思想为社会主义核心价值观中的“自由”“公正”等内容奠定了理论基础。

2. 毛泽东思想、邓小平理论、“三个代表”重要思想、科学发展观

中国共产党历代领导人在不同时期对马克思主义进行了丰富和发展，创立了毛泽东思想、邓小平理论、“三个代表”重要思想等重要理论。毛泽东提出要实现全体人民的幸福和中华民族的伟大复兴，强调社会和谐与国家富强。邓小平提出改革开放，强调经济建设，确立“以经济建设为中心”的基本国策，为社会主义核心价值观中的“富强”提供了理论依据。“三个代表”重要思想则在保持党的先进性、推动社会发展等方面，丰富了社会主义核心价值观的内涵，强调了党要始终代表中国先进社会生产力的发展要求、代表中国先进文化的前进方向、代表中国最广大人民的根本利益。科学发展观倡导以人为本、全面协调可持续发展，为社会主义核心价值观中的“文明”“和谐”提供了理论指导。

3. 习近平新时代中国特色社会主义思想

习近平新时代中国特色社会主义思想则进一步强化了社会主义核心价值观在新时代的重要性，明确提出要以富强、民主、文明、和谐作为国家层面的价值目标，自由、平等、公正、法治作为社会层面的价值取向，爱国、敬业、诚信、友善作为公民个人层面的价值准则，形成了一套完整的社会价值体系。这一思想不仅系统地阐述了社会主义核心价值观的时代意义，还明确了建设社会主义核心价值观的目标与路径。

（二）政策支持

1. 党的重要政策与方针

党的十八大首次提出了社会主义核心价值观的基本内容，并将其分为国家、社会和

个人三个层次，进一步明确了其重要的指导意义。党的十九大报告中进一步提出了新时代中国特色社会主义的战略布局，并将践行社会主义核心价值观纳入国家发展规划的重要内容。此外，党的十九届四中全会中也强调了社会主义核心价值观在国家治理体系和治理能力现代化中的重要作用，要求建立健全有利于社会主义核心价值观培育、践行和弘扬的制度体系。

2. 法律和制度保障

国家通过制定和完善法律制度，为社会主义核心价值观的实施提供保障。社会主义核心价值观中涉及的法治、公平、正义等内容在《中华人民共和国宪法》《中华人民共和国民法典》《中华人民共和国刑法》等法律中得到了体现。例如，《中华人民共和国宪法》明确规定了公民在法律面前一律平等、国家尊重和保障人权等基本原则，体现了公平、正义的价值理念；《中华人民共和国刑法》则通过惩治犯罪行为，保护公民的合法权益，维护社会的公平正义。这些法律制度从不同方面维护社会主义核心价值观的实施效果，使其在全社会得到广泛遵循。

3. 教育与宣传政策

教育部将社会主义核心价值观纳入中小学和大学的教育体系，通过教材、课程设计及校园活动的方式，将社会主义核心价值观渗透到学生的学习和生活中。同时，国家通过媒体和公共宣传平台，推广社会主义核心价值观，特别是在传统节日、纪念日等节点，通过举办各种宣传活动，弘扬爱国主义、敬业精神等价值理念，以此培养社会的价值认同。

4. 农村与社区基层政策支持

针对农村和社区的特殊性，政府制定了适合的推广和支持政策。例如，农村地区通过乡村振兴战略、文化礼堂等形式，将社会主义核心价值观与村规民约、乡风文明建设结合，强化农民的价值认同。在社区层面，政府通过设置"核心价值观长廊"、文化墙等设施，以及开展各种文化活动，让居民在日常生活中接触到社会主义核心价值观的内容，逐渐将其内化为自己的行为准则。

5. 网络和新媒体政策支持

随着网络的普及和新媒体的发展，政府在网络平台上加强对社会主义核心价值观的传播，形成线上线下同步推进的局面。例如，利用微博、微信、短视频等平台，通过信息发布、线上互动、网络文化活动等方式，将社会主义核心价值观融入网民的日常生活中。同时，政府出台《网络信息内容生态治理规定》等法律法规，清理网络不良信息，营造健康的网络环境，确保社会主义核心价值观在网络空间的正能量传播。

6. 理论与政策支持的综合效应

在理论和政策的双重支持下，社会主义核心价值观在中国社会中得到了有效传播和落实。这种支持不仅使社会主义核心价值观的内容在不同场景中落地生根，形成全社会的普遍共识，还通过实际政策的执行，确保社会主义核心价值观在中国的制度体系中得到进一步巩固和深化。

第三节　社会主义核心价值观与新时代农村建设

一、农村建设中的价值观体现

在农村建设中，社会主义核心价值观的体现贯穿于经济、文化、生态、社会治理等多个层面，成为推进全面小康和乡村振兴的重要思想指引。习近平总书记多次强调社会主义核心价值观在农村振兴中的重要性，指出要把乡村振兴战略作为新时代“三农”工作总抓手，推动农业全面升级、农村全面进步、农民全面发展。在农村建设的实践中，社会主义核心价值观既是指导原则，也在实践中不断深化和体现。

（一）经济发展中的价值观体现

在推动农村经济发展的过程中，社会主义核心价值观的“富强”理念直接引领了发展方向。习近平总书记在全国脱贫攻坚总结表彰大会上指出，消除贫困、改善民生、逐步实现共同富裕，是社会主义的本质要求，是我们党的重要使命。通过扶持合作社、集体经济以及特色产业，农村经济发展不仅促进了“富强”的实现，还体现了“平等”和“公正”的精神。例如，在农村脱贫攻坚和产业振兴过程中，政府加强对贫困地区的支持力度，推进产业升级和经济结构调整，确保农民能够共享经济发展成果。

（二）文化建设中的价值观体现

在农村文化建设中，社会主义核心价值观中的“文明”理念尤其重要。习近平总书记在全国宣传思想工作会议上强调，坚持为人民服务、教育人民、引导人民，为群众提供健康向上的精神文化生活。农村地区通过村文化大院、农民夜校、文化讲座等方式传播社会主义核心价值观，使得爱国、诚信、友善等观念深入人心。例如，许多地方鼓励农民将传统家风家训和社会主义核心价值观结合，利用家族聚会、传统节庆等活动宣传文明和诚信等价值观，逐渐培育起村民的文化认同感，形成健康的乡村文化氛围。

家风家训作为农村文化的重要组成部分，也成为践行社会主义核心价值观的有效途径。在基层活动中，村庄通过“好人榜”、表彰孝敬长辈和助人为乐的村民，不断弘扬诚信友善的精神，形成村民之间互信互助、和谐共处的文化氛围，展现出“文明乡风”的美好图景。

（三）社会治理中的价值观体现

农村治理中的社会主义核心价值观，特别是“民主”“法治”“公正”观念，为实现农村自治提供了方向。习近平总书记在多个场合指出，法治是实现国家治理体系和治理能力现代化的重要支撑。在农村，村民自治和村务公开制度深入推进，充分展现了民主和公平的治理理念。农村基层组织通过推行村民议事会、村民大会等机制，提升村民参与公共事务的能力和积极性，使村民在日常治理中更具认同社会主义核心价值观。例如，许多村庄通过制定村规民约、成立调解委员会等方式，在法律框架下处理邻里纠纷，进一步增强了村民对法治和公正的认知。

在这一过程中，基层党组织也发挥着核心领导作用。要坚持和加强党对农村工作的全面领导，农村基层党组织通过“学法用法”活动、“法律进村”行动等，持续增强村民的法治意识，将社会主义核心价值观的“法治”和“公正”融入日常治理中，确保农村社区的安定团结。

（四）生态建设中的价值观体现

农村生态建设中，社会主义核心价值观的“和谐”理念得到广泛体现。习近平总书记指出，“绿水青山就是金山银山”，这强调了生态文明建设的重要性。农村的美丽乡村建设、生态农业发展等措施，都是这一理念的生动实践。许多农村通过推广节水、节能和有机农业的方式，有效减少了对环境的破坏，实现人与自然的和谐共生。村民通过参与生态保护活动，如垃圾分类、河流清理和绿化造林，不断增强生态保护意识，形成保护自然、爱护家园的良好习惯。

此外，在生态环境保护中，农村也广泛践行了“文明”“和谐”的价值观。例如，农村广泛推广生态农业和可持续农业技术，鼓励农民通过无农药、低污染的种植方式来减少对土壤和水资源的破坏，保护农村生态环境。同时，农村地区的各类环境教育活动和保护宣传也在潜移默化中传递着社会主义核心价值观，使村民逐渐意识到保护环境是每个人的共同责任。

（五）乡村振兴中的价值观体现

乡村振兴战略中，社会主义核心价值观为农村建设提供了重要的价值导向。习近平总书记多次指出，产业兴旺、生态宜居、乡风文明、治理有效、生活富裕是乡村振兴的总要求。这一战略不仅关乎经济复兴，更是文化、生态、治理的全面提升。政府在推动乡村振兴过程中，通过完善政策支持、推进基础设施建设、提升农村教育等举措，鼓励村民在经济生活、家庭生活中践行社会主义核心价值观，让社会主义核心价值观在农村落地生根。

二、社会主义核心价值观对乡村振兴的推动作用

社会主义核心价值观是乡村振兴的思想基础和重要推动力，其在乡村振兴中发挥的作用体现在经济、文化、生态、治理等多个维度，贯穿于政策制定、农民素质提升、社会风气改善等方面，为实现全面小康、推动乡村的繁荣进步提供了重要的价值导向。以下具体探讨社会主义核心价值观对乡村振兴的推动作用。

（一）在经济发展中的推动作用——促进产业兴旺，实现共同富裕

社会主义核心价值观中的“富强”理念为农村经济发展指明了方向，强调实现农村的共同富裕和经济繁荣。习近平总书记在河北省阜平县考察扶贫开发工作时，指出，全面建成小康社会，最艰巨最繁重的任务在农村，特别是在贫困地区。通过扶贫政策、产业扶持、农业现代化等措施，社会主义核心价值观引领农村产业从传统种植、养殖逐步向特色产业、生态农业、乡村旅游等多元化方向转型。例如，发展农产品深加工和农副产品特色品牌，推动农业产业链延伸，使农民能够在经济发展中获得实实在在的收益，

实现乡村产业兴旺和农民生活富裕。

此外，社会主义核心价值观中的“平等”和“公正”原则也在乡村振兴中得以体现，并为促进贫困村和贫困户的经济振兴提供了政策保障。精准扶贫政策在全国各地农村的推广，进一步缩小城乡发展差距，增强了农村地区的自我发展能力，体现了社会主义核心价值观对乡村经济发展的深层次支撑。

（二）在文化振兴中的推动作用——推动乡风文明和文化传承

社会主义核心价值观中“文明”“诚信”“友善”等理念在乡村振兴中的文化建设方面得到了生动体现。乡村文化振兴不仅关注经济发展，还强调乡风文明和文化传承。要积极弘扬社会主义核心价值观，加强农村思想道德建设，提高农民思想觉悟、道德水准和文明素养。这一要求使得社会主义核心价值观的教育和实践融入乡村振兴的文化建设之中。例如，通过举办村民议事会、乡村道德讲堂、农民夜校等活动，加强社会主义核心价值观的传播，使农村在潜移默化中培育出尊老爱幼、邻里和睦、崇德向善的风气。

此外，弘扬传统家风家训和地方文化也为社会主义核心价值观在农村落地生根提供了载体。在一些地方，村落设立“家风家训墙”，以通俗易懂的形式宣传诚信、友善、互助等理念，形成健康向上的村风民风，逐渐推动农村社会的文明进步。

（三）在生态振兴中的推动作用——促进美丽乡村建设和可持续发展

在生态振兴方面，社会主义核心价值观的“和谐”理念为农村生态保护和绿色发展提供了思想引导。习近平总书记多次强调“绿水青山就是金山银山”的发展观，强调实现经济与生态的协同发展。农村地区的生态资源丰富，但保护与利用亟待平衡。社会主义核心价值观的引领作用在于指导农村地区重视环境保护、生态农业、可持续发展。例如，通过推广环保技术、加强生态农业项目、建设生态宜居的美丽乡村，农村逐渐形成生态优先、绿色发展的理念，推动农村从粗放型农业向生态友好型、资源节约型农业转型。

此外，在农村环境治理方面，村规民约也成为推动社会主义核心价值观在农村实践的载体。例如，一些农村地区通过制定和执行村规民约，规范村民的行为，保护生态环境，促进乡村的可持续发展。

（四）在乡/农村治理振兴中的推动作用——推动基层治理体系和治理能力现代化

在农村治理方面，社会主义核心价值观的“民主”“法治”“公正”理念提供了价值支持，推动乡村治理的规范化和法治化。农村作为基层社会单元，治理体系和治理能力的提升是乡村振兴的重要一环。习近平总书记多次强调，法治是国家治理体系和治理能力现代化的重要依托。社会主义核心价值观引导下的乡村治理，不仅仅是管理层面的问题，更是如何提高村民主体地位、推进民主治理的要求。通过推动村民自治、推进村民代表大会制度和议事规则，社会主义核心价值观在村庄治理中得到了实践，使得农民在参与公共事务中增强了民主意识和责任意识。

在一些地方，乡村通过设立村民议事会、纠纷调解委员会，确保治理中体现民主、公正的原则。此外，法治宣传和法律服务也逐步下沉到村镇，推进“法治乡村”建设，通过法律知识普及和法治教育，确保治理中做到公平、公正、公开，提升了村民对治理过程的信任感。

（五）提升农民生活水平和素质的推动作用——促进生活富裕和幸福感提升

社会主义核心价值观的倡导还体现在改善农村公共服务和提升农民生活质量的举措上，直接推动农民生活水平和生活素质的提升。国家在乡村振兴战略中，重视教育、医疗、社会保障等公共服务的建设和普及。例如，通过推进城乡教育资源的共享、鼓励青年返乡创业等途径，提高农民的受教育程度，增强就业机会，为农村居民提供更好的医疗服务和养老保障。社会主义核心价值观的“诚信”“敬业”等观念进一步促进了农村生产力的发展，增强了农民对工作和生活的信心与积极性。

第二章 “三农”政策与社会主义核心价值观的结合

第一节 “三农”政策的核心内容

习近平总书记高度重视农业、农村和农民问题，将其视为实现中华民族伟大复兴的关键内容。从2012年以来，习近平总书记提出了一系列关于“三农”工作的政策与方针，旨在确保国家粮食安全、改善农民生活、推动乡村振兴。为进一步系统阐述这一思想，中共中央党史和文献研究院编纂了《论“三农”工作》一书，收录了习近平总书记2012年至2022年间关于“三农”问题的重要文稿61篇，为新时代“三农”工作提供了重要指导和方针。

一、“三农”政策的基本方针

（一）农业农村优先发展

党的十八大以来，以习近平同志为核心的党中央始终坚持把解决好“三农”问题作为全党工作的重中之重，把脱贫攻坚作为全面建成小康社会的标志性工程，启动实施乡村振兴战略。习近平总书记指出，全党同志务必深刻认识实施乡村振兴战略的重大意义，把农业农村优先发展作为现代化建设的一项重大原则，把振兴乡村作为实现中华民族伟大复兴的一个重大任务，以更大的决心、更明确的目标、更有力的举措，书写好中华民族伟大复兴的“三农”新篇章。在资金投入、政策保障上优先满足农业和农村的发展需求，实施惠农富农的政策导向。例如，习近平总书记在2020年中央农村工作会议上强调，稳住农业基本盘、守好“三农”基础对于应对国内外复杂局面具有重要意义。这一优先发展的方针不仅有助于提升农业生产力，还促进了农村基础设施的改善，增强了农民生活的稳定性和幸福感。

（二）城乡融合与协调发展

城乡融合发展是习近平总书记“三农”政策的重要组成部分。习近平总书记指出，农村经济的健康发展与国家整体经济现代化紧密相连。通过新型城镇化发展与农业现代化的同步推进，逐步打破城乡二元结构，让农村能够享有与城市类似的公共服务和经济发展机会。这一政策的实施有助于形成城乡互促、工农互补、协调发展的新格局，为实现共同繁荣提供了新的动力。

（三）粮食安全与农业现代化

习近平总书记强调，“确保中国人的饭碗牢牢端在自己手中”。粮食安全是国家安全的重要组成部分。为此，习近平总书记提出“藏粮于地、藏粮于技”的战略方针，要求加强耕地保护、完善粮食储备体系，并大力推进农业科技创新。他特别指出，粮食安全必须遵循“以我为主、立足国内、确保产能”的原则，减少对国际市场的过度依赖。习近平总书记还强调，只有加强种质资源保护与利用、不断提升农业科技水平，才能确保粮食生产的自给自足，为国家安全提供坚实保障。

（四）乡村治理体系的现代化建设

乡村治理体系的现代化建设是农村经济社会进步的坚实保障。习近平总书记提出要建立“党组织领导、村民自治、法治与德治相结合”的乡村治理体系，强调通过加强基层党组织的领导核心作用，提升农民的自我管理意识和能力，形成以农村基层党组织为领导核心的治理格局。2017 年，习近平总书记在十九大报告中提出“治理有效”的要求，并强调要传承和弘扬“枫桥经验”，推动乡村形成“自治、法治、德治”相结合的现代治理模式，以实现农村社会的和谐稳定与长期发展。

（五）农村基本经营制度的巩固与创新

农村基本经营制度是保障农民权益的基石。习近平总书记在多次讲话中强调要坚持家庭承包经营制度不动摇，并以此作为农村政策的核心。为进一步深化农村经营体制改革，习近平总书记倡导“三权”分置模式，通过将土地所有权、承包权和经营权分离，使农民在土地上的合法权益得到保障的同时，进一步优化农业资源配置，提升农业产业的经济效益。

二、乡村振兴战略与“三农”政策的联系

习近平总书记提出的乡村振兴战略，是对新时代“三农”政策的延续、深化和拓展，体现了中国共产党从“脱贫攻坚”到“全面小康”再到“乡村振兴”的战略转移和深化。乡村振兴战略的提出，不仅强化了“三农”政策的实施力度，也进一步丰富了其内涵，为新时代农村发展指明了方向。

（一）乡村振兴的五大目标

习近平总书记明确指出乡村振兴要实现“产业兴旺、生态宜居、乡风文明、治理有效、生活富裕”五大目标。这些目标充分体现了“三农”政策的延续性，涵盖了从经济、社会、文化到生态的全面发展诉求，构建了“三农”工作的新蓝图。例如，在“产业兴旺”方面，通过现代农业产业链的延伸和深化，提高农业的市场竞争力；在“生态宜居”方面，实施农村人居环境整治、乡村绿色发展等政策，以改善农民的生活环境和生活质量。这些措施与乡村振兴的五大目标紧密相连，共同构成了新时代“三农”工作的新蓝图。

（二）产业振兴与经济基础的提升

产业振兴是乡村振兴战略的首要任务，通过农业与第二、三产业的深度融合发展，提升农业附加值，增加农民收入，并夯实农村经济基础，可有效预防返贫现象的发生。

在实施乡村振兴战略的过程中，习近平总书记积极倡导发展农产品加工业、农村电子商务、乡村旅游等多元化产业，为农民提供更多就业和创业机会，进而推动乡村经济的可持续发展。

（三）巩固脱贫攻坚成果，衔接乡村振兴

脱贫攻坚战是“三农”政策的重要组成部分，习近平总书记在全国脱贫攻坚总结表彰大会上宣布我国消除绝对贫困，完成了脱贫攻坚的历史任务。脱贫摘帽并不是终点，而是乡村振兴的新起点。习近平总书记强调要建立健全防止返贫的监测机制和帮扶机制，确保脱贫地区不再返贫。在脱贫成果的基础上，乡村振兴战略继续推动农村经济发展，增强农村的内生发展动力，确保贫困群众共享乡村振兴的成果。

（四）城乡融合发展，打破二元结构

城乡融合发展是乡村振兴的重要内容。党的二十大报告提出，要全面推进乡村振兴，坚持农业农村优先发展，巩固拓展脱贫攻坚成果，加快建设农业强国，扎实推动乡村产业、人才、文化、生态、组织振兴。这是以习近平同志为核心的党中央对新时代“三农”工作作出的新研判、新部署和新要求，为推动乡村振兴、实现农业农村现代化提供了坚实的理论基础和明确的行动纲领。城乡融合发展要求我们加强农村基础设施建设，推动公共服务向农村延伸，形成城乡要素平等交换和公共资源均衡配置的新格局，从而打破长期以来的城乡二元结构，有效缩小城乡差距。

（五）文化振兴与乡村社会建设

乡村振兴不仅仅是经济的发展，更涉及乡村文化的繁荣。习近平总书记强调要“提高乡村社会文明程度”，积极推动乡风文明建设，将中华优秀传统文化深度融入农村社会，努力塑造淳朴的民风和良好的家风。通过农村文化服务中心、乡村书院等文化设施的建设，不断提升农村社会的文明素质，为乡村振兴提供坚实的社会文化基础。

（六）生态振兴与绿色发展

绿色发展是乡村振兴的关键目标之一，习近平总书记提出要“坚持绿色发展，让良好生态成为乡村振兴的重要支撑”。通过加强生态文明建设，深入开展农村人居环境整治、垃圾分类、污水处理等环保工作，努力打造生态宜居的美丽乡村。这不仅极大地改善了农村生态环境，也为乡村旅游、生态农业等绿色产业的蓬勃发展提供了有力条件。

（七）乡村治理体系与组织振兴

乡村振兴战略的有效实施离不开健全完善的乡村治理体系的构建。习近平总书记明确提出，要“建立健全现代乡村社会治理体制”，并强调要充分发挥农村基层党组织在乡村治理中的领导核心作用，创新和完善村民自治机制，积极推广“枫桥经验”，通过法治、德治、自治三者有机结合的方式，确保乡村治理的长效稳定和持续发展。

第二节 "三农"政策中的社会主义核心价值观实践

一、"三农"政策如何体现社会主义核心价值观

（一）坚持以人为本，提升农民幸福感

社会主义核心价值观的基础在于以人为本，关注民生。习近平总书记的"三农"政策始终以农民利益为核心，重视农民的生存权和发展权。例如，粮食安全政策在确保国家粮食安全的同时，也关注到农民的劳动价值，通过政府补贴、粮食收储等措施，保障农民的基本收益。此外，农村人居环境整治、公共服务均等化等政策，不断提升农民的生活条件，使他们享有与城市居民相当的生活品质，进一步增强了农民的幸福感和满足感。

（二）追求公平公正，缩小城乡差距

公平正义作为社会主义核心价值观的重要组成部分，在"三农"政策中得到了充分体现。这些政策旨在缩小城乡差距，推动共同富裕。城乡一体化政策不仅打破了城乡二元结构，还促进了资源、公共服务等要素向农村地区的倾斜，极大地增强了农村的经济活力。此外，土地"三权"分置政策在尊重农民土地承包权的基础上，允许土地流转，从而推动了农村土地的合理化配置，实现了城乡要素的自由流动和高效利用。

（三）弘扬敬业精神，推动农村文化建设

社会主义核心价值观中的"敬业"在农村得到了积极实践，习近平总书记提出要推进乡村文化建设，将农村文化作为振兴乡村的重要组成部分。通过弘扬中华优秀传统文化，开展文明村镇创建活动，注重家风建设，倡导劳动精神，形成良好的社会风气。这不仅提升了农民的文化素养，也在无形中增强了村民的凝聚力和向心力，为农村的社会治理和经济发展提供了有力支持。

（四）强化爱国精神，落实粮食安全政策

习近平总书记始终强调粮食安全是国家安全的重要组成部分，是保障人民生活的重要基础。"五谷者，万民之命，国之重宝。"粮食生产是安天下、稳民心的战略产业。习近平指出："我国是个人口众多的大国，解决好吃饭问题始终是治国理政的头等大事。"通过"藏粮于地、藏粮于技"政策的推行，落实粮食自给自足战略，保障粮食供给的稳定性。这一政策体现了社会主义核心价值观中的爱国精神，将粮食安全作为每个公民的责任，倡导节约粮食、珍惜资源的观念，让农民切实感受到自身生产活动的国家价值。

（五）法治与德治并重，构建良好的乡村治理体系

乡村治理的现代化建设是"三农"政策的重要内容，体现了法治与德治的双重价

值。习近平总书记在农村社会治理中强调要完善乡村治理体系，健全自治、法治、德治相结合的模式。通过推广“枫桥经验”、推进村规民约，树立“村事村办”的自我管理机制，增强村民的法治意识和道德自律，推动农村社会治理的良性发展。这不仅促进了社会稳定，也使得社会主义核心价值观在农村基层得到了实际践行。

二、惠农政策与农民利益的保障

（一）农业补贴政策，稳定农民收入

农业补贴政策是保障农民利益的重要举措，通过对粮食种植、农业机械化等方面的补贴，减少农民的经济负担，提高农业生产的积极性。特别是对于贫困地区的农民而言，农业补贴不仅是收入的来源，更是生活保障。习近平总书记指出，惠农政策要惠及每一个农民，这不仅体现了国家对农民利益的重视，也在一定程度上有效减少了农村贫困现象。

（二）多渠道增收政策，促进农民财产性收入

增加农民的收入是“三农”政策的核心任务之一，习近平总书记提出要通过产业融合、农产品加工业、电子商务等途径，拓宽农民增收渠道。例如，乡村旅游、电商平台的建立使农产品销路更加畅通，农民从中受益，实现收入增长。此外，农村金融政策的完善，例如为农民提供贷款支持等，使农民能够在创业和生产中获得更多资金，进一步实现自主增收。

（三）土地流转政策，保障农民土地权益

土地流转政策是保障农民利益的关键措施之一。习近平总书记提出要通过土地“三权”分置政策，将土地所有权、承包权和经营权分离，以提高土地利用效率，同时确保农民的承包权益。在土地流转过程中，国家积极引导农民进行合法、有偿流转，鼓励农民参与规模化经营，以获得更多收入。这一政策不仅提升了农村土地的经济效益，也在制度上保障了农民的基本权益，使他们成为土地流转的受益者。

（四）农产品收储政策，保障农民生产效益

国家对主要农产品实施最低收购价政策，确保粮食等重要农产品价格的稳定，减小市场波动对农民收益的影响。这一政策在一定程度上帮助农民规避了市场风险，使其生产效益得到保障。同时，“优质优价”政策鼓励农民种植优质农产品，提高市场竞争力，让农民获得更高的收益，从而激发农民的生产积极性，推动了农业现代化进程。

（五）完善社会保障，提升农民生活质量

2021 年 3 月 7 日，习近平总书记参加十三届全国人大四次会议青海代表团审议时指出：“要着力补齐民生短板，破解民生难题，兜牢民生底线，办好就业、教育、社保、医疗、养老、托幼、住房等民生实事，提高公共服务可及性和均等化水平”。习近平总书记在“三农”政策中提出要提高农村医疗保障、养老保险等公共服务水平，为农民提

供更全面的社会保障体系。这一惠农政策有效提升了农民的生活质量，使其不再依赖农业生产收入来保障日常生活，减轻了农民的生活压力。同时，通过建立农村低保、临时救助等多种政策，帮助困难农民解决急需问题，提升他们的获得感和幸福感。

（六）扶贫与乡村振兴政策的有效衔接

扶贫政策的目标不仅是帮助农民脱贫，还要使脱贫成果得以长期巩固，为乡村振兴打下坚实基础。习近平总书记提出了脱贫与乡村振兴衔接的方针，通过继续扶持产业发展、加强基础设施建设等措施，确保脱贫地区的农民在乡村振兴中享受到更多成果。这一政策通过巩固和拓展脱贫成果，为脱贫地区带来持续的发展动力，保障了贫困农民的长远利益。

第三节　农民在“三农”政策中的社会主义核心价值观践行

在新时代“三农”政策的推动下，社会主义核心价值观得以在农村广泛传播并生根发芽。农民在“三农”政策的支持下，积极投入文化建设，逐步增强文化自信，推动社会主义核心价值观的实践和发展。以下将从“三农”政策对农民文化建设的促进和农民自觉践行社会主义核心价值观两个方面的实例进行详细探讨。

一、“三农”政策对农民文化建设的促进

“三农”政策不仅着眼于经济发展和基础设施改善，还高度重视农村文化建设，促进农民文化素养的提升，使得社会主义核心价值观能够在农村扎根。

（一）乡村文化振兴政策带动传统文化传承

习近平总书记提出了“乡村文化振兴”的理念，将乡村文化作为振兴农村的重要一环。通过文化振兴，农村地区不仅推动了文化资源的保护与发展，也为社会主义核心价值观的传播提供了良好环境。例如，政府支持恢复和保护乡村传统节日、文化遗产和民俗活动，让农民在日常生活中能够感受到优秀传统文化的价值，同时增强文化自信，培养农村居民的爱国情怀和敬业精神。

（二）公共文化设施建设与文化活动的开展

在“三农”政策的支持下，农村地区的文化基础设施得到显著改善。各地普遍建立起乡村文化站、农家书屋、文化广场等设施，为农民提供了丰富的文化资源。通过组织读书活动、文艺演出、道德讲堂等文化活动，社会主义核心价值观的内容在农民日常生活中逐步普及，帮助农民在文化活动中体会诚信、友善、敬业、爱国等价值观的深刻内涵。例如，许多村镇定期举办“道德模范”评选活动，宣传好人好事，树立正能量榜样，引导农民尊重并自觉践行社会主义核心价值观。

（三）推动移风易俗，促进文明乡风

移风易俗是农村文化建设中的重要内容之一。习近平总书记指出“创新用好村规民

约等手段，倡导性和约束性措施并举，绵绵用力，成风化俗”。要通过村规民约、家风建设等手段，让文明风尚在农村广泛传播。许多地方的村民自发制订村规民约，倡导婚丧简办、邻里互助等文明行为，抵制铺张浪费、厚葬薄养等不良风俗。在此过程中，社会主义核心价值观中的勤俭节约、孝老爱亲等观念逐渐成为农村社会的主流，农民的思想观念和生活方式发生了积极转变，营造出文明、和谐的社会氛围。

（四）家庭教育和家风建设的推广

在“三农”政策的支持下，农村地区家庭教育和家风建设逐步受到重视。习近平总书记多次提到家风的作用，指出好的家风是社会主义核心价值观在家庭层面的延续。许多乡村通过举办“好家风”座谈会、开设家庭教育课堂等活动，宣传“尊老爱幼、夫妻和睦、邻里团结”的优良家风，让社会主义核心价值观渗透到每个家庭。这样的文化建设不仅提升了农民的道德修养，还增强了家庭的凝聚力和社会的稳定性。

二、农民自觉践行社会主义核心价值观的实例

在“三农”政策的推动下，许多农民开始自觉践行社会主义核心价值观。他们在生产和生活中，将爱国、敬业、诚信、友善等社会主义核心价值观付诸实践，展现出新时代农民的风貌和素质。

（一）爱国情怀体现在粮食安全保障中

在习近平总书记的粮食安全政策指导下，许多农民将“端稳中国饭碗”作为自己的责任和使命。比如，在农业生产过程中，他们积极采用先进技术，实施科学种植，以确保粮食生产的稳定。同时，一些农村地区还通过开展“爱粮节粮”宣传活动，倡导节约粮食，反对浪费。这种爱国情怀体现在农民对粮食生产的用心与节约意识上，反映了社会主义核心价值观中的爱国精神。

（二）诚信经营，树立优良的农产品品牌

在“三农”政策的支持下，不少农村地区呈现出特色农产品品牌化的发展态势，农民在农产品生产和销售过程中更加注重诚信经营。例如，许多果农严格遵守无公害生产标准，以诚信和优质产品赢得消费者的广泛信任。此外，一些地方还涌现出“农产品诚信合作社”，将诚信作为合作社的基本原则，让成员遵守生产质量标准、价格公道等承诺，从而确保农产品的卓越质量。这种诚信行为不仅促进了农村经济的发展，也树立了农村社会的良好风气。

（三）敬业奉献的精神在农业生产中的体现

农民在农业生产中表现出的敬业精神，充分体现了社会主义核心价值观的要求。在农忙季节，许多农民日夜辛劳，力求将作物照顾得无微不至，以获得好的收成。特别是在发展乡村旅游、农村电商等新兴领域中，一些农民展现出极高的创业精神和敬业态度。例如，一些农户在发展农家乐过程中，不断学习经营技巧，改进服务质量，为游客提供优质的服务，将敬业精神融入农业创业的各个环节中，推动了农村经济的多元化

发展。

（四）友善互助，形成和谐乡村关系

社会主义核心价值观中的“友善”在农村社会得到了积极实践。许多地方的村民之间形成了紧密的互助关系，如农忙时节的相互帮工、突发事件中的互助救济等。又如，一些村庄成立了互助小组，帮助有困难的村民开展生产活动。还有许多地方积极推动邻里和睦的生活方式，倡导邻里间互帮互助，尊老爱幼。这些行为不仅提升了村民之间的友好关系，还增强了农村社区的凝聚力和社会稳定。

（五）村级道德模范引领社会正气

为了鼓励村民践行社会主义核心价值观，许多农村地区开展了“道德模范”“文明家庭”等评选活动，表彰那些在日常生活中积极践行社会主义核心价值观的村民。例如，一些农村中的“孝老爱亲”模范、节俭模范和乐于助人的模范家庭，成为当地村民的榜样，带动了村民的道德素养提升。这样的活动弘扬了正能量，也使社会主义核心价值观在农村得到了具体落实，让农民在实际行动中践行社会主义道德规范。

第三章　新时代农民概述与社会主义核心价值观的结合

第一节　新时代农民的相关概念

习近平新时代中国特色社会主义思想对农村发展和农民素质提出了新的要求。新时代的农民，不仅是传统意义上的农业生产者，更是在新型城镇化、农业现代化和乡村振兴进程中的重要参与者和推动者。以下从新时代农民的定义、社会角色和功能两个方面，深入分析新时代农民在农村发展中的地位与作用。

一、什么是新时代农民

新时代农民是指在习近平新时代中国特色社会主义思想指引下，具备更高文化素质、接受过现代农业技术培训，并且拥有市场意识和创新精神的农村劳动者。他们不仅从事农业生产，还在农村产业、文化和社会治理等领域中发挥着重要角色。新时代农民与传统农民相比，不再局限于传统农业劳作的身份，而是成为推动乡村振兴、促进城乡融合的中坚力量。新时代农民的成长不仅源于政策支持和社会变革，更是现代科技与农业结合的结果。

（一）文化素质的提升

传统农民多因受教育程度低而局限于农业劳作，对农业知识的掌握多以经验积累为主，技术水平有限。然而，新时代农民在教育上得到了更多支持，他们具备了更高的文化素质，接受了现代农业技术和职业技能的系统培训。例如，许多农村地区开设了农民职业技能培训班，通过种植管理、农业机械使用等专业化培训，使农民掌握更科学的种植和养殖技术，减少了生产中的资源浪费和环境污染，提高了农作物的产量和品质。

在新时代的政策支持下，农村的教育资源和技能培训逐步向农民倾斜，特别是国家推行的“农民大学生培养计划”提供了新的学习机会。越来越多的青年农民进入农业职业学校和技术培训机构，学习现代农业的专业知识和管理技能。农民通过参加培训班、农业讲座、学习推广等形式，掌握了现代化农业知识和技能，不再依赖“天时地利”，而是能够结合科学方法管理农田和牲畜。这种转变使得农民能够更高效地进行农业生产，显著提升了农村整体的文化水平和农民的文化素养。

（二）多元化角色的承担

新时代农民不仅是农业生产者，还在乡村振兴进程中担任起了更多角色，成为乡村文化的传承者、农村社会治理的参与者以及乡村经济发展的带头人。他们在推动乡村产业发展、弘扬乡村文明、促进农村社会治理方面展现出积极的担当意识，逐步成为乡村社会的中坚力量。

通过合作社、家庭农场等形式，新时代农民逐步实现了农业的规模化、标准化和市场化，打破了以往“自给自足”的生产模式。农民合作社作为农村经济组织的重要形式，既能帮助农民更好地应对市场波动风险，又促进了农业资源的集中和优化配置。家庭农场的兴起使一些农户得以实现农产品的深加工，从而提升了产品附加值，促进了乡村产业的多样化发展。此外，新时代农民在农村治理中发挥积极作用，例如，参与村委会、协助村务管理，成为乡村治理中的重要一环。随着社会治理模式的转变，新时代农民已不再是被动的接受者，而是成为乡村公共事务管理的主动参与者。

（三）新型思维与市场意识

传统农民的经营模式通常依赖于世代相传的经验，市场意识较为薄弱，难以在现代农业经济环境中适应。然而，新时代农民积极拥抱互联网和新兴技术，将现代市场意识融入农业生产和经营中，利用市场规律，合理分配资源，提高生产效益。通过互联网和电商平台，新时代农民实现了农产品的线上销售与推广，甚至将农村的特色产品推向更广阔的城市市场。例如，一些农户通过开设网店、直播带货等方式，将当地特产销往全国，实现了线上线下的多渠道销售。

新时代农民还积极参与市场经济，逐步摆脱传统的依赖性思维，主动融入现代化农业经济链条。通过参与农业展销会、电子商务培训、农产品品牌打造等活动，新时代农民逐步意识到农产品的附加值和品牌价值的重要性。他们将市场需求与生产相结合，不再局限于简单的种植和养殖，而是考虑消费者的需求、市场的动向，不断调整自己的生产方向和策略。新时代农民在这种转变中逐渐提升了自己的市场意识，懂得如何利用市场环境来实现增收，推动了农村的产业升级。

（四）创新与开放意识

新时代农民表现出较强的创新精神，他们善于利用信息技术和智能设备来改进农业生产方式，提高效率和效益。例如，许多新时代农民在生产过程中应用无人机喷洒农药、精准灌溉系统、智能化养殖管理平台等现代化手段，逐步实现了农业的自动化和智能化。无人机在农业中逐步得到推广，不仅可以高效地喷洒农药、监控作物生长情况，还可以进行数据采集，帮助农民更好地分析和管理农田。智能化的养殖管理系统能够实时监控牲畜的健康状况，实现精准喂养和病情预警，从而减少了人力成本，提高了管理效率。

此外，新时代农民在创新的同时，还具备了更强的开放包容意识，主动引进外来技术和先进管理理念。许多农户通过引进新技术和新品种，提高了农业的整体效益。一些农村地区还通过与科研机构和大学合作，开展农业技术研究和推广活动。例如，有些农民积极参与“订单农业”，与城市超市、餐馆建立合作关系，按需种植蔬菜、水果等农产品，既保证了市场需求的稳定性，也提升了农业生产的市场化程度。这种创新与开放的意识使新时代农民能够更好地应对市场变化和生产挑战，推动农村经济的现代化转型。

二、新时代农民的社会角色与功能

新时代农民的角色与功能日益多元化，他们不仅是农业劳动者，也是农村经济发展、社会治理、文化传承的重要力量。新时代农民在农村社区的地位和作用显著增强，主要体现在乡村振兴的主力军、社会治理的参与者、乡村文化的传承者、环境保护的实践者、新型合作关系的推动者和城乡融合的连接纽带等多个方面。

（一）乡村振兴的主力军

在习近平新时代中国特色社会主义思想指引下，乡村振兴战略成为农村经济和社会发展的核心任务，而新时代农民则是这一战略的主力军。作为农业生产的主体，农民不仅是粮食安全和农村经济的支撑力量，更在推动农村产业结构优化、实现农业现代化、促进城乡融合等方面发挥着无可替代的作用。新时代农民的积极参与和努力，使得乡村振兴战略在农村发展中得以落地生根，为全面建设社会主义现代化国家提供了坚实基础。

1. 产业发展引领者

新时代农民通过创新产业模式、优化生产结构，成为农村产业发展的引领者。与传统农业不同的是，新时代农民不再局限于小规模、单一的生产模式，而是依托现代化的农业技术、金融支持和市场信息，逐步向规模化、集约化和高附加值的产业方向发展。他们通过创办农业合作社、发展家庭农场，借助电商平台拓展市场，将优质农产品推向更广阔的市场，为乡村振兴奠定了产业基础。

（1）合作社与家庭农场的兴起

合作社和家庭农场的发展成为现代农业的标志性模式。新时代农民通过合作社实现资源的集中使用，能够有效降低成本、提高生产效率，同时增强市场谈判能力。合作社不仅帮助农民克服了生产规模小、资金不足等瓶颈，还实现了生产标准化、品牌化，带来了更高的市场溢价。家庭农场则是新时代农民自主创业的重要形式，许多农民通过家庭农场实现种养结合、农产品加工、观光农业等多样化经营，为自己和周边农户创造了增收机会。

（2）电商与农产品品牌化

新时代农民逐步将农产品从传统的单一销售模式转向品牌化经营，通过网络电商平台和社交媒体推广，将本地特色产品推向更大市场。例如，在一些特色农产品地区，农民通过直播销售的方式，吸引了全国甚至全球的消费者，从而打开了销售渠道。农产品品牌化使得农产品价格更稳定，收入更可预期，带动了农村电商的蓬勃发展。

2. 乡村旅游的推动者

新时代农民在乡村振兴战略中积极推动乡村旅游的发展，将农村的自然资源、特色文化、农耕体验转化为旅游资源，吸引城市游客来到乡村体验独特的生活方式。通过开发生态旅游、打造特色民宿、推广乡土文化等方式，农民不仅为乡村带来了新的经济增长点，还促进了农村的生态保护和文化传承。乡村旅游的兴起，不仅满足了城市居民对休闲度假的需求，也为农民创造了大量就业机会和增收渠道。

(1) 生态旅游和文化体验

许多农民利用农村得天独厚的自然环境，开发生态旅游项目，如观光农业、乡村农家乐、农田采摘等。生态旅游不仅让城市游客体验到乡村的自然之美，还促进了绿色农业的发展，减少了农村对环境的破坏。例如，一些农民将原生态农田改造成花田、采摘园，吸引游客进行采摘、拍照等活动，不仅带动了村庄的经济收入，还提升了农村的生态价值。

(2) 乡村民宿与特色民俗展示

许多农民在国家政策的支持下，利用闲置的农房开办乡村民宿，将传统的乡村生活与现代化设施结合，打造出具有地方特色的乡村住宿体验。这种民宿模式不仅为城市游客提供了独特的住宿选择，也为农村经济注入了新活力。与此同时，许多村庄还通过举办农耕文化体验、手工艺展示等活动，推广乡土文化，让游客体验农村的传统习俗和生活方式，增加了旅游的趣味性和吸引力。

3. 农产品加工业的带动者

随着乡村振兴战略的推进，新时代农民在农村产业链中不仅仅是生产者，越来越多的农民开始涉足农产品加工，将初级农产品转化为高附加值的产品，带动了农村的加工业发展。农产品加工业的兴起，不仅增加了农产品的市场价值，还提供了人量的就业机会，使得农村经济结构更加多元化。

(1) 农产品加工与销售

许多新时代农民通过农产品加工延伸了农业的产业链，逐步建立起加工与销售一体化的生产模式。例如，果农将新鲜水果加工成果干、果酱，粮农将谷物加工成米粉、糕点等，使农产品的保质期更长、市场空间更广。农产品加工提升了产品的附加值，使农民的收益不再单纯依赖产量，提高了农村的整体经济效益。

(2) 区域性特色产业的开发

在地方政府的支持下，新时代农民利用当地的特色资源，发展区域性的特色产业，形成了独特的品牌效应。例如，一些地区的农民发展茶叶种植和加工、蜂蜜制作、辣椒深加工等特色产品，使农村特色产品形成了产业集群，进一步推动了农村经济的繁荣。

4. 科技兴农的先行者

在乡村振兴过程中，科技的引入使得农业生产效率显著提升，新时代农民在推动农业科技应用方面走在前列。他们积极引进并推广先进的农业技术，如无人机喷洒农药、智能灌溉系统、精准农业设备等，极大地提高了农业的生产效率和可持续性。

(1) 无人机与智能设备应用

在农业生产中，无人机的使用已经成为新时代农民提高生产效率的重要手段。无人机喷洒农药不仅减少了农药用量，还大大降低了劳动强度，提高了农业的生产效率。此外，智能灌溉系统能够根据作物需水量进行精准灌溉，不仅节省了水资源，还保证了作物的健康生长。新时代农民积极接受并应用这些科技手段，使得农业生产从传统的劳动密集型转向技术密集型，推动了农村的现代化进程。

(2) 数据化管理与精准农业

一些农民通过数据化管理系统来实时监控作物生长情况和土壤水分、养分含量，从而实现精准施肥和科学管理。这种精准农业模式不仅减少了化肥和农药的使用量，也提高了作物的产量和质量。通过数据分析和科学管理，新时代农民能够更有效地利用土地资源，实现了农业的绿色发展。

（二）社会治理的参与者

在新时代背景下，农村社会治理的模式发生了显著变化，新时代农民从以往的被动管理对象，逐步转变为乡村社会治理的主动参与者和实践者。他们不仅承担农业生产任务，还在乡村公共事务、政策执行、社区建设等方面发挥着重要作用，成为推动农村社会和谐和有效治理的重要力量。在农村自治组织的引导下，新时代农民通过村民议事会、村委会等多种形式的自治组织和协商平台，直接参与村务管理、政策实施和公共资源分配，促进了乡村治理的透明化、民主化与规范化。

1. 推动基层自治

新时代农民通过积极参与村委会、村民小组等农村基层自治组织，切实参与到村务决策、公共事务管理中，推动乡村的民主自治发展。村庄的基础设施建设、公共资源的维护、公共事务的处理等工作都在农民的积极讨论和参与中有序推进。新时代农民不仅以公共利益为先，通过民主协商来解决村内的纠纷和矛盾，也通过集体决策增强村庄的凝聚力和集体荣誉感。

（1）公共事务管理的主动参与

农民在村务管理中参与度的提高，使得村庄的公共事务不再由村干部单方面决策，而是通过民主协商，由村民共同讨论达成一致。例如，村庄道路修建、饮用水改造、卫生设施配置等事项，均由村民大会表决决定，农民有了更大的发言权。这样的机制使村民在公共事务管理中真正成为“主人”，不仅增强了村民的参与意识，也提高了村庄治理的效率和透明度。

（2）村规民约的制定和执行

新时代农民在村规民约的制定过程中扮演了重要角色，他们集体讨论，依据本地村情和民风习俗，制定符合乡村发展的规章制度。村规民约不仅规定了村民应遵守的基本行为准则，还促进了乡村的公共道德建设，推动了村民自觉遵守。例如，在许多村庄，农民自觉遵守关于婚丧简办、垃圾分类、邻里和睦等约定，减少了不必要的矛盾和浪费。这种由村民共同制定、共同遵守的规则体系，有助于形成村庄良好的行为规范，促进了农村社会的和谐稳定。

（3）集体经济的透明化管理

集体经济的发展是农村经济增长的关键，新时代农民在推动集体经济发展中同样发挥了重要作用。许多村庄在集体经济发展中实施透明管理制度，例如，收益分配、资源利用都公开透明，农民对资金流向和使用拥有知情权。通过农民集体决策，集体经济的管理更加民主化，避免了资源浪费，增强了村民对村庄集体事务的责任感和信任感。

2. 传递社会主义核心价值观

新时代农民不仅通过积极参与村务管理提升了乡村治理的质量，还在基层治理中起到了传递和践行社会主义核心价值观的重要作用。他们在村规民约制定、社区活动组织等方面，带头倡导诚信、友善、爱国、敬业等社会主义核心价值观，使得社会主义核心价值观逐渐融入乡村日常生活，成为农民自觉遵循的道德规范。

（1）道德模范的树立与影响

在许多村庄，通过评选“道德模范”“文明家庭”等活动，树立了农村中诚信、友善的典范，新时代农民在活动中表现出的高尚品德和行为，成为村民学习的榜样。这些模范不仅在村内赢得尊重，还推动了村庄的精神文明建设。道德模范的树立增强了村民的归属感和社会责任感，为乡村和谐创造了良好氛围。

（2）邻里互助与文明风尚的传播

新时代农民通过村规民约、村民大会等形式，倡导互助友爱的邻里关系，推动形成了文明、和谐的乡村氛围。例如，许多村庄的农民自发形成互助小组，在农忙季节相互帮工、节庆期间互相拜访、生活中相互照顾，形成了互帮互助的传统。同时，农民们也积极传递诚信观念，逐渐形成了诚实守信的乡村风尚，增强了村庄的凝聚力。

（3）公共事务中的社会主义核心价值观渗透

许多新时代农民在参与公共事务管理中，主动实践社会主义核心价值观。例如，在纠纷调解、政策宣传、集体事务中，新时代农民通过讲解政策、引导行为，将社会主义核心价值观的内涵传递给村民。通过这些方式，社会主义核心价值观逐渐融入农民的日常生活，使乡村治理不仅是行政和经济事务的管理，也成为涵养乡村道德、塑造乡村文明的重要平台。

3. 乡村治理创新的探索者

随着社会的发展，新时代农民在农村社会治理中不断探索新的方式，推动乡村治理模式的创新。他们结合本地实际需求，通过现代技术、集体议事和新媒体手段，使乡村治理更加高效、透明，同时激发了村民的参与意识，促进了农村社区的长远发展。

（1）信息化手段的应用

农民们借助互联网和信息化手段，创新了乡村治理方式。例如，许多村庄开设了村务公开微信号或村民微信群，及时发布村庄事务信息、集体经济收支情况、村民大会决议等，使村民能随时掌握村庄动态，提升了乡村治理的透明度。借助信息化手段，村民不仅对村务管理更为了解，还能即时反馈意见，促进了村务管理的公开、公平。

（2）村民议事会的完善

在乡村治理中，村民议事会成为推动村民自治的重要形式。新时代农民参与议事会的决策，围绕村庄经济发展、基础设施建设、公共服务等重大事项展开讨论，形成了更加民主、科学的决策流程。议事会不仅推动了村务的民主化管理，还增强了村民的主人翁意识，使村庄发展在农民共同的参与和努力下更具活力。

（3）社区志愿者与社会组织的发展

许多新时代农民在村内形成了志愿者团队或社会组织，致力于公共服务、环境保护和文化活动。例如，一些村庄成立了“环境保洁队”，定期组织清理村庄道路和河流卫生，提升了村容村貌；还有一些农民组织“乡村文化传播团队”，定期开展文艺汇演和文化讲座，丰富村民的文化生活。通过志愿服务和社会组织的发展，农民不仅参与了村庄建设，还增强了村民之间的合作和信任关系，进一步提升了村庄的凝聚力。

4. 乡村治理的共治共管机制

新时代农民在乡村治理中探索出共治共管的新机制，他们主动与村委会、社会组织等多元主体合作，共同管理村庄事务，使得治理更加高效、公正。这种共治共管模式不仅调动了村民参与的积极性，还提升了村庄的自治水平。

(1) 乡村共治与协作机制的建立

在许多村庄，农民和村委会通过集体协商，形成了“共治共管”的合作机制。例如，在村庄基础设施维护、农田水利工程建设等方面，村民和村委会共同出资、出力，形成了一种新的协作方式。通过这种共治共管模式，村庄事务不再仅仅是村委会的责任，而是村民与村委会共同承担，有效提升了治理的效率。

(2) 基层民主协商的广泛开展

许多新时代农民通过民主协商的方式处理村内事务。例如，在土地流转、集体收益分配等敏感问题上，村民们积极通过民主协商的平台表达意见，确保各方的利益得到尊重。这种民主协商的机制使村民之间的沟通更加充分，有效减少了矛盾的产生，促进了乡村社区的和谐发展。

（三）乡村文化的传承者与弘扬者

农村是中华民族传统文化的发源地，众多文化、习俗、手艺在乡村一代代延续，形成了中国文化的重要组成部分。新时代农民不仅承担着经济生产的任务，还在国家政策的引领下，成为乡村文化的积极传承者与弘扬者。他们通过参与传统节日的庆祝、非物质文化遗产的保护、文化活动的组织等方式，不仅保护了传统文化，还为乡村带来了充满活力的文化氛围，进一步增强了农村居民的文化自信和社区凝聚力。新时代农民的这份文化使命感，既是对中华传统的继承，也是让乡村文化在现代社会中焕发出新光彩的生动实践。

1. 非物质文化遗产的守护者

新时代农民在非物质文化遗产的保护和传承中发挥着举足轻重的作用，许多传统的手工技艺、民俗表演、传统工艺在他们的努力下得以保留和传承。他们不仅学习祖辈传下来的技艺，还将这些技艺与现代市场需求和审美理念相结合，发扬光大，开辟了乡村文化与市场接轨的新渠道。

(1) 传统手工艺的继承与创新

许多新时代农民在继承传统手工艺的同时，对技艺进行了创新，使其更加符合现代社会的需求。例如，一些村民传承剪纸、刺绣、木雕、陶艺等手工技艺，将传统元素与现代设计巧妙相结合，使得这些手工艺作品更加符合现代人的审美和使用需求。这样一来，不仅延续了传统技艺的生命力，也拓展了手工艺品的市场，使得农民的收入渠道更加多样化。

(2) 传统民俗表演的传承与发扬

许多农村地区的民俗表演，如舞狮、年画、二人转、花鼓戏等，在新时代农民的积极参与和组织下继续焕发出勃勃生机。特别是一些节日活动中，农民们会穿上传统服饰，组织表演，既丰富了村民的精神文化生活，也为外来游客展示了中国传统文化的独特魅力。这些表演活动不仅是一种文化娱乐形式，更是承载着村庄的历史记忆和乡土情感的生动展现，让传统文化在一代代人的传承中得到保留和发扬。

(3) 传统工艺的推广与培训

为了将这些珍贵的非物质文化遗产传承下去，许多新时代农民在当地政府和文化机构的支持下，积极开设手工艺培训班和体验课程，向年轻一代传授技艺。例如，一些村庄会组织剪纸、编织等手工技艺的培训课程，吸引青年和游客参与。通过培训，不仅将传统技艺的文化价值传递下去，也让更多的人感受到非物质文化遗产的魅力。这样的推广和培训使得农村传统技艺不仅是手工生产的一部分，更成为一种文化教育，吸引更多人参与，增强了农村文化的生命力。

2. 文化活动的组织者与推动者

新时代农民不仅是乡村文化的传承者，还成为丰富农村文化生活的积极组织者和推动者。他们主动积极参与和组织各种文化活动，如节日庆典、文艺演出、民俗体验等，极大地丰富了村民的精神生活。这些活动不仅提升了村民的文化素养和精神面貌，还显著增强了社区的凝聚力，使乡村生活更具吸引力。

（1）节日庆典的策划与参与

中国的传统节日如春节、元宵节、端午节、中秋节等，都是乡村文化的重要组成部分。新时代农民通过策划和组织节日庆典，活跃了村庄的文化氛围。例如，在春节期间，农民们会组织写春联、放鞭炮、舞龙舞狮、扭秧歌等活动，全村上下热闹非凡，这不仅延续了传统习俗，还让村民们在活动中感受到节日的喜悦与团结。在元宵节和端午节等传统节日中，农民们也会举办舞龙表演、包粽子比赛等活动，赋予这些传统节日更多的仪式感和文化价值。

（2）文艺演出的策划与组织

文艺演出是乡村文化生活中的重要组成部分，新时代农民在丰富村民生活、增进村庄凝聚力方面发挥了极其重要的作用。在国家的文化扶持政策下，许多村庄建立了自己的文艺队伍，包括舞蹈队、合唱团、戏曲班等，并定期开展表演。例如，一些村庄会定期组织舞蹈队在村广场上演出，吸引村民观看。村民们通过这些文艺演出增进了感情交流，也通过舞蹈、音乐等艺术形式极大地丰富了村庄文化生活。

（3）民俗体验活动的推广

在乡村旅游的发展推动下，新时代农民积极策划和推广传统民俗体验活动，成功将村庄的文化资源转化为旅游资源。例如，农民会在村庄开设农耕体验、手工艺制作、传统美食制作等项目，吸引城市游客前来体验。这些活动让游客亲身感受到乡村生活的独特魅力，同时也让村民在活动中获得收益。这种“旅游+文化”的模式不仅有效增加了村民收入，还大幅提高了村庄的文化认同感。

3. 农村文化设施的建设者与维护者

乡村文化的传承和弘扬离不开文化设施的支撑。新时代农民在农村文化设施建设中发挥了重要作用，不仅积极参与到村里的文化广场、农家书屋、村史馆等设施的建设中，还主动承担起这些设施的维护工作，使村庄的文化基础设施更加完善、功能更加多样化，进一步丰富了乡村的精神生活。

（1）文化广场和公共活动空间的建设

随着乡村振兴战略的推进，许多村庄建设了文化广场、体育设施等公共活动空间，新时代农民积极参与这些设施的建设和管理。文化广场成为村民日常休闲娱乐、集体活动的重要场所，农民们会在广场上组织跳舞、打球、放电影等活动，有效增进村民之间的交流。文化广场不仅提升了村民的生活质量，还成为村庄集体活动的核心。

（2）农家书屋和村史馆的建设

农家书屋作为乡村的文化“充电站”，为农民提供了丰富的知识资源，新时代农民热心参与书屋的管理和维护，使其真正成为乡村学习的场所。村史馆则是记录村庄历史和传承乡土文化的地方，许多农民积极参与到村史馆的筹建中，收集整理村庄历史、民俗文化、名人故事等，为村民和游客提供了深入了解村庄的窗口。这样的文化设施让村民更好地了解自己的文化背景，增加了村庄的文化认同感。

（3）文化墙与宣传栏的打造

许多村庄通过在村里建设文化墙、设立宣传栏的方式，来宣传社会主义核心价值观、村庄规约、历史故事等内容，新时代农民积极参与到这些设施的建设中。例如，许多农民在文化墙上绘制传统民俗图案，展示当地的风俗和历史，使村民在日常生活中能够潜移默化地受到文化的熏陶。宣传栏则展示村内的重大事项、活动预告、民生政策等，方便村民及时获取信息，提升了村庄的文化氛围。

4. 乡村文化自信的提升者

新时代农民通过积极传承和弘扬乡村文化，使村民在日常生活中能够潜移默化地受到文化的熏陶。在他们的推动下，乡村文化不再只是传统的符号，而是逐渐成为乡村居民自豪和认同感的来源。这种文化自信的提升，不仅增强了村庄的凝聚力，还为乡村振兴战略的实施提供了强有力的精神支撑。

（1）传统节日的重视与庆祝

在新时代农民的推动下，传统节日的庆祝逐渐成为村庄文化活动的核心。通过春节、中秋节、端午节等节日的庆祝，农民不仅深切体验到节日的快乐，更深刻感受到文化的自豪。例如，一些村庄会在春节期间组织庙会、年货市场等活动，不仅让村民们体验到节日的热闹，也让外来游客感受到浓厚的乡土文化。这些节日活动的举行，增强了村民对传统文化的认同感和归属感，提升了村庄的文化自信。

（2）乡村文化品牌的打造

新时代农民在乡村文化传承中，不仅注重文化内容的保留，还积极打造出具有当地特色的文化品牌。例如，一些村庄将当地的传统手工艺品、民俗活动包装成具有品牌特色的文化符号，吸引外界关注，成功打造为村庄的文化名片。这种文化品牌的建立，不仅增强了农民的文化自信，还将乡村文化推向更广阔的舞台，为农村经济和文化发展提供了新机遇。

（3）新时代农民的文化认同感

新时代农民通过各种文化活动逐渐建立起了对乡村文化的强烈认同感，他们自觉承担起传承文化的责任与使命，对自己作为乡村文化传承者的身份感到自豪。这种文化认同感不仅促使农民积极参与文化活动，也让他们在现代化进程中保持对乡村文化的尊重和热爱，为乡村文化的可持续发展提供了内生动力。

（四）环境保护的倡导者与实践者

在新时代的乡村振兴战略中，生态宜居成为农村发展的重要目标之一。新时代农民不仅是乡村环境的直接受益者，更是环境保护的积极倡导者和坚定实践者。他们在生产生活中践行绿色发展理念，推动绿色农业、保护乡村生态环境，倡导人与自然和谐共生。新时代农民通过科学种植、环境治理、志愿服务等方式，有效推动了农村的可持续发展，显著改善了乡村的人居环境，为美丽乡村建设作出了重要贡献。

1. 绿色农业的推动者

新时代农民在农业生产中逐步摒弃了传统的高污染、高消耗方式，积极践行绿色农业理念，通过有机种植、低碳养殖等方式减少对环境的破坏。他们采用环保的种植养殖方法，实现了农业生产的可持续性，并且为其他村民树立了榜样，推动了农村绿色生产方式的普及。

（1）有机肥料的推广与应用

为减少化学肥料对土壤和水源的污染，新时代农民积极使用有机肥料，如农家肥、腐殖土等，以保障作物的健康生长。例如，一些农民利用农作物的秸秆、家禽粪便等废弃物制作有机肥料，既降低了化学肥料的使用，又通过资源再利用保护了生态环境。有机肥料显著提升了农产品的质量，使其更加符合现代消费者的绿色需求，也让农民在绿色生产中获得了更多市场机遇。

（2）低碳养殖的推广

传统的养殖方式可能会产生大量的粪污，对土壤和水体造成污染。新时代农民通过改进养殖方式，采用生态养殖、无抗生素饲养等模式，推动了低碳养殖的发展。例如，一些农民在养殖场中设置了粪污处理系统，将畜禽粪便发酵转化为有机肥或生物燃气，实现了资源循环利用。同时，低碳养殖方法不仅减轻了环境负担，还提升了养殖产品的品质，为农民带来更多绿色经济收益。

（3）生物防治技术的推广

农业生产中常会面临病虫害问题，过去农民往往大量使用化学农药，导致土壤和水体受到污染。新时代农民逐渐采用生物防治技术，如引入天敌昆虫控制害虫数量、采用防虫网、喷洒植物源农药等方式减少农药的使用。这种生物防治的方式不仅保护了作物的生长环境，还提高了农产品的安全性，为农村绿色农业的发展提供了有力支撑。

2. 生态保护的志愿者

除了在生产活动中采取环保措施，新时代农民还积极参与生态保护志愿活动，形成了一批具有强烈环保意识的农民志愿者。他们自发组织清洁村庄河道、植树造林等活动，以保护和改善家乡的生态环境为目标。这种志愿行为在乡村社区中形成了良好的示范效应，逐渐引导更多村民加入生态保护的队伍中。

（1）清洁河道和水源保护

河流是乡村的重要自然资源，然而许多农村地区过去由于缺乏环保意识，河道一度面临污染和淤塞的问题。新时代农民认识到清洁水源的重要性，组织了清洁河道的志愿活动。例如，一些村庄每月组织农民志愿者清理河道的杂草和垃圾，使水体恢复清澈，保护了村庄的水生态环境。清洁河道不仅改善了水源质量，也为乡村居民提供了更为舒适的生活环境，让村民们在清新的生态环境中安居乐业。

（2）植树造林与绿化村庄

在新时代农民的积极参与下，植树造林活动得到了广泛推广。他们积极响应国家政策的号召，通过扩大绿地面积，防治土壤侵蚀，改善空气质量等措施。例如，每年春季，村庄会组织“植树节”活动，村民们共同植树、养护树苗，建设乡村绿化带。一些村民还在自家周围种植果树和绿植，为村庄增添了亮丽的生态景观。植树造林不仅美化了村庄环境，还为村民带来了长期的生态效益和经济收益，为美丽乡村的建设提供了坚实的绿色保障。

（3）环境保洁志愿队的建立

为了保持村庄的清洁卫生，一些村庄成立了“环境保洁志愿队”，成员大多是新时代农民，他们每周进行环境清洁活动，如清扫道路、收集垃圾、宣传环保知识等。这些志愿者不但帮助村庄保持干净整洁的环境，还在日常生活中宣传环保意识，引导村民增强环保自觉性，逐渐形成了良好的环保习惯。这种长期的环保志愿活动，不仅改善了村庄的居住环境，也增强了村民的环境保护意识。

3. 环保意识的倡导者

新时代农民不仅在自身的生产生活中注重环保，还积极倡导环保理念，成为村庄环保意识的引领者。他们通过宣传环保知识、倡导节能减排和垃圾分类等方式，引导村民树立生态文明观念，使得环保理念在村庄中深入人心。

（1）环保知识的宣传

新时代农民通过村民大会、宣传栏、社交媒体等渠道向村民普及环保知识。例如，一些村庄的农民利用微信群发布环保小贴士、环保新政策，鼓励村民减少使用一次性塑料制品，推行绿色生活方式。通过这种知识普及，农民逐渐认识到环保的重要性，愿意在日常生活中采取更环保的行为。这种基层的环保知识宣传，使得环保理念在乡村社区中逐渐扎根，为绿色乡村建设奠定了基础。

（2）垃圾分类的倡导与实施

垃圾分类是现代社会的重要环保举措，许多新时代农民主动学习垃圾分类知识，并带头在家中进行垃圾分类。一些村庄的农民通过制作垃圾分类宣传册、张贴垃圾分类标识等方式，引导村民正确处理生活垃圾，减少垃圾对环境的影响。垃圾分类不仅提高了村庄的卫生水平，还减少了垃圾处理的环境压力，使村民逐渐形成了良好的环保习惯。

（3）节能减排与资源节约的倡导

节能减排是生态文明建设的重要内容，新时代农民在日常生活和农业生产中积极采取节能措施，并向周围村民推广。例如，在农田灌溉中，他们使用滴灌、喷灌等节水技术；在家中，他们使用节能灯具、减少电器待机时间，以降低能源消耗。同时，他们还倡导村民节约用水、节约用电，使村庄逐渐形成了资源节约的良好风尚。

4. 生态文化的塑造者

新时代农民不仅通过实际行动保护环境，还将生态保护理念融入村庄的文化建设中，使得村庄逐渐形成了独特的生态文化。他们在乡村文化活动、教育活动中融入生态保护内容，引导村民重视自然环境，构建起人与自然和谐共处的文化氛围。

（1）乡村生态文化活动的策划与举办

新时代农民将生态保护融入村庄的文化活动中，如组织“环保主题日”“绿色生活周”等生态文化活动。活动内容包括环保知识讲座、绿色市集、生态摄影比赛等，让村民在互动参与中增强对生态保护的理解。例如，一些村庄的农民会组织“保护河流日”，带领村民清理河道、种植河岸植被。这些活动不仅增强了村民的环保意识，还让他们亲身体验到保护自然的重要性。

（2）生态教育的推广与实施

许多新时代农民在乡村教育中加入生态保护内容，通过故事讲解、实地参观等形式，引导年轻一代树立生态环保意识。例如，村里会组织学生参观果园、了解植树造林的作用，教育孩子珍惜自然资源。通过生态教育，孩子们从小就懂得珍惜资源、保护环境的道理，为农村的可持续发展打下了良好基础。这种生态教育不仅丰富了乡村文化的内涵，还推动了农村的绿色发展。

（3）生态文化墙与宣传栏的建设

一些村庄通过在村内建设生态文化墙，宣传生态保护知识，展示村庄的生态成就，从而增强村民的环保意识。生态文化墙上绘制了保护森林、珍惜水源、合理用地等宣传标语和图案，使村民在日常生活中时刻受到环保文化的熏陶。这种视觉化的生态宣传方式，使得生态保护理念更加深入人心，逐步在村庄中形成了独特的生态文化氛围。

（五）新型合作关系的推动者

在新时代乡村振兴战略的引领下，农村的经济模式从传统的小农经济逐渐向集约化、合作化方向转型。新时代农民作为这一变革的关键力量，积极探索合作共赢的新模式，有利推动了农村新型合作关系的发展。通过组建农业合作社、农民专业合作组织等形式，新时代农民增强了合作意识和集体观念，打破了传统的个体分散生产模式，形成了利益共享、风险共担的经济共同体。这种新型合作关系不仅提高了农村经济的整体效益，也有效促进了农产品的规模化生产、品牌化销售，为乡村经济的可持续发展奠定了基础。

1. 合作社的建立与管理者

新时代农民通过主动组建合作社，以合作的方式抱团发展，形成了组织化、规模化的农业经营模式，逐渐取代了过去单打独斗的分散生产方式。合作社的建立不仅让农民在生产过程中能够有效协作，还通过集体管理和运营进一步提升了农村生产的效率和收益，成为农村经济发展的重要力量。

（1）资源集中与集体化经营

过去，农民个体化、小规模的生产方式难以抵御市场波动，难以形成竞争优势。合作社的出现改变了这一局面，农民们通过合作社实现了资源的集中化使用，有效降低了生产成本。例如，在一些合作社中，农民集资购买机械设备、农资等生产资料，共同使用，提高了机械利用率，降低了每个农户的生产成本。通过这种集体化经营，农民能够在规模上获得更大的市场话语权，形成了更具竞争力的农业经济模式。

（2）集体品牌的建设与推广

合作社不仅促进了农业生产的集约化，还推动了农产品品牌化的发展。新时代农民在合作社的统一管理下，开展标准化生产，将同类农产品打造成统一的集体品牌。例如，许多地区的农民通过合作社打造了‘XX村有机米’‘XX村蜂蜜’等知名品牌”，通过品牌化建设，提高了产品的知名度和市场认可度。集体品牌的推广使农产品在质量和销售上更具竞争力，农民不仅能够获得稳定的收益，还能为农村经济注入更多活力。

（3）科学管理与技术支持

合作社的管理模式逐渐从传统的经验型向科学管理转变。许多新时代农民在合作社中引入现代农业管理模式和技术支持，例如，通过数据化管理系统记录每个农户的生产情况，使用农业技术顾问团队指导生产，确保产品的高质量。合作社通过统一培训、技术支持，使每位成员都能获得科学的种植和养殖方法，提高生产效率。这种科学管理不仅增强了合作社的管理能力，也帮助农民掌握了更先进的农业技术，为合作社的长期发展提供了有力保障。

2. 利益共享的实现者

新时代农民通过合作社模式实现了资源共享、收入分成的利益共享机制，确保合作社的每个成员都能够从集体经济中获益。这种共享合作模式不仅打破了个体生产的局限性，也为农民创造了更为稳定的收益来源，在农村社区中形成了良好的互助氛围，增强了社区的凝聚力。

（1）收入分配的公平化

合作社通过集体化经营，将收入分配机制透明化，从而确保每位农户能够公平地享受合作社带来的收益。例如，合作社会根据农户的生产量、出资比例、劳动贡献等制定科学合理的收入分配标准，保障所有参与者的合法利益。这样的收入分配机制不仅减少了合作中的矛盾，还增强了农民对合作社的信任，使得合作社能够更加稳定地发展下去。

（2）资源共享与成本分担

在合作社中，农民通过集体购买生产资料、租赁土地、共享生产设施等方式，降低了每个农户的生产成本。例如，许多合作社购买了大型机械设备，提供给成员使用，减少了个体农户的设备投资成本。此外，合作社还通过集中采购农资，获得更优惠的价格，降低了生产成本，使每位农户都能从中受益。这种资源共享与成本分担的方式让农民以更低的成本获得更高的收益，形成了互利共赢的合作模式。

（3）风险共担的保障机制

农业生产具有一定的风险，合作社的利益共享机制帮助农民在风险中相互支持，共同抵御风险。例如，在农产品价格波动或自然灾害影响下，合作社会根据市场变化调整生产计划，分摊因市场波动带来的收益变化，从而确保每位农户的收益不受重大影响。合作社的风险共担机制让农民在面对市场不确定性时更加从容，也显著增强了村庄整体经济的稳定性。

3. 农业产业链的延展者

新时代农民通过合作社模式，打破了过去单一的生产销售方式，逐步延展农业产业链，从种植养殖到农产品加工，再到销售和物流，推动了农村产业链的多样化发展。这种产业链的延展不仅提升了农产品的附加值，也拓展了农民的收入来源，为乡村经济注入了的活力。

（1）农产品的加工与深度开发

合作社通过集体组织，能够开展农产品的加工和深度开发，将初级农产品转化为更高附加值的商品。例如，稻农合作社将稻谷加工成有机大米、糙米等多种产品，甚至延伸出米粉、米饼等深加工产品，显著增加了产品的市场竞争力。通过这种深度开发，合作社不仅为消费者提供了更多选择，还增加了农民的收入，使得农村产业结构更加丰富多样。

（2）生产、加工、销售一体化模式

新时代农民在合作社的推动下，逐步实现了生产、加工、销售的一体化模式。合作社通过统一的生产标准，保障农产品的质量，随后将农产品集中加工，形成多样化的产品；最终通过自建的销售渠道或电子商务平台，将产品直接销售给消费者。例如，许多合作社在城市设立直销点或电商旗舰店，实现了从田间到餐桌的全程控制，使农民获得更高的收益。这种一体化模式减少了中间环节，让农民在整个产业链中享有更多话语权和利润空间。

（3）农产品品牌与物流网络的构建

合作社为农产品打造品牌，并通过自有物流网络将产品直接运输到市场，显著降低了农产品的流通成本，提升了农产品的市场占有率。合作社的品牌建设不仅增强了消费者的信任度，还通过完善的物流网络确保了农产品的新鲜度和质量。例如，合作社与物流公司合作，建立冷链物流体系，使易腐农产品能够迅速抵达城市市场，提高了农产品的附加值。这种品牌化与物流网络的构建，有助于提升农村经济的竞争力，使农民能够在市场中获得更高的收益。

4. 农业合作创新的引领者

新时代农民不仅在实践中推动了传统合作模式的转型升级，还在不断探索新的合作方式，如“农业+旅游”“合作社联合体”等，使合作模式更加灵活多样，满足不同类型农户的需求。通过创新合作模式，新时代农民推动了合作社的多元化发展，使农村经济更加稳健和繁荣。

（1）“农业+旅游”合作模式

在乡村旅游的推动下，众多合作社将农业生产与旅游结合起来，开发观光农业、体验农业等特色项目。例如，一些合作社开辟农田作为采摘园，吸引游客参与采摘体验，并在园区内出售特色农产品，从而实现了观光旅游与农产品销售的双重收益。这种“农业+旅游”模式让合作社不再单纯依赖农业收入，也提升了村庄的知名度，拓展了合作社的收入来源。

（2）跨区域合作与“合作社联合体”

为应对激烈的市场竞争，部分合作社尝试跨区域合作，共同组建“合作社联合体”，在品牌推广、资源共享、市场销售上形成合力。例如，不同地区的合作社共同开发区域品牌，通过区域合作提升品牌影响力，吸引更多的市场关注。联合体的形成让农民在面对市场挑战时能够共同进退，同时也在更广阔的市场中获得竞争优势。

（3）与金融机构的合作

合作社积极创新与金融机构的合作模式，拓展了农民的融资渠道，解决了农村生产发展资金短缺的问题。例如，许多合作社通过与银行、农村信用社合作，获得低息贷款，用于支持农机设备的购置和农资的采购，推动农业生产规模的扩大。这种金融合作模式不仅为合作社的发展提供了资金保障，也使农民能够获得更多的支持，加速了合作社的壮大和农村经济的转型升级。

5. 乡村互助网络的构建者

新时代农民在合作关系的基础上，逐步形成了乡村互助网络，不仅在经济上互相帮助，还在日常生活中形成了一种团结互助的社会关系。通过互帮互助，乡村社区的凝聚力得到显著增强，村民之间的信任关系也更加紧密。

（1）生产互助与劳动力共享

农业生产具有鲜明的季节性，许多合作社在农忙季节积极组织劳动力共享活动，实现互帮互助。例如，村内农户在合作社的组织下，在不同农户的地块轮流进行收割、播种等工作，既节省了劳动力成本，也缩短了生产周期。劳动力共享的方式不仅提高了生产效率，也促进了村民之间的关系，使村庄内的合作氛围更加融洽。

（2）资源共享与基础设施共用

合作社还推动了农机、仓库、冷库等生产资源的共享，减少了农户的资金投入。例如，合作社集体购买的农机设备、农产品储存设施等资源，农户可以根据需求轮流使用。这种资源共享的方式既减少了个体生产的资源浪费，也让农户能够享受到现代化的农业设施，为农业生产提供了便利。

（3）互助基金与保障体系

一些合作社设立了互助基金，旨在为成员提供必要的金融支持和生活保障。例如，合作社在收入分成中提取一部分作为互助基金，专门用于遇到困难的成员提供资金援助。这种互助保障机制增强了村民的安全感，使农民在面对意外情况时能够得到帮助，形成了团结互助的良好社区氛围。

第二节　新时代农民的素养培育

新时代农民的素养不仅对个人发展至关重要，更直接关系到乡村振兴战略的整体实施效果。随着乡村社会的现代化转型加速，农民需要不断提升自身素养，才能在社会治理、文化传承、环境保护等方面发挥更大作用。新时代农民的素养培育是一个系统工程，涵盖道德、法治、科学、生态等多个领域，全面提升农民素养是推动农村社会进步的关键途径。

一、道德素养的提升

道德素养是新时代农民素质结构中的核心要素，道德素养不仅关乎个体行为规范，更影响村庄的社会风尚。在新时代，农民在社会主义核心价值观的引领下，逐步提升诚信、友善、尊重、互助等道德品质，从而为建设和谐、文明的乡村社会提供保障。

（一）诚信守约

农村信用是市场经济的基石，诚信素养的提升有助于新时代农民在商业交易、合作共事中树立良好形象。一些村庄通过设立“诚信榜”“文明农户”等机制，激励村民在经济活动中践行诚信原则。例如，农民在合作社的信用评分直接影响其福利分配和贷款额度，激发了村民诚信守约的积极性。通过这些措施，诚信文化在村庄中逐渐扎根，为农村经济活动的规范运行提供了有力保障。

（二）孝老爱亲

孝道文化在中国传统乡村社会中根深蒂固，新时代农民继承并发扬了尊老敬老、和睦相处优良传统的同时，也赋予了其新的时代内涵。许多村庄通过评选“文明家庭”“模范农户”等方式，倡导孝老爱亲的道德风尚。一些村民还自发组织义务活动，为独居老人提供帮助，形成了邻里互助的良好氛围。孝老爱亲不仅体现了新时代农民的高道德素养，也增强了村庄的凝聚力和社区归属感。

（三）互助友爱

农村社会的紧密人际关系使互助成为农民生活中的重要组成部分。新时代农民通过邻里互助、共建共享的方式，大力弘扬助人为乐的道德素养。例如，在农忙季节，村民之间互相帮工、互相照顾，在生产中彼此支持。此外，许多村庄还设有互助基金，支持有特殊需要的家庭，体现了团结友爱的精神。这种互助友爱的道德风尚，促进了农民的和谐共处，也增进了农民之间的信任感。

二、法治素养的培养

法治素养是新时代农民适应现代社会的重要能力之一。随着乡村治理的法治化的加速推进，新时代农民对法律知识的掌握和法治意识的提升，对于保护自身权益、积极参与社会治理，以及自觉维护村庄的秩序与和谐具有至关重要的作用。

（一）法律知识的普及

许多村庄通过法治讲座、法律宣传栏、法律知识竞赛等形式，普及法律知识，帮助新时代农民了解农业生产、土地使用、家庭财产相关的法律规定。例如，一些农村法律咨询点向村民提供免费咨询，帮助他们处理土地承包、婚姻财产纠纷等问题，增强了农民的法律意识。普及法律知识不仅让农民更好地保护自己的合法权益，也提高了村民在村务管理中的法律意识。

（二）权利与义务的平衡

新时代农民不仅关注自身权利的保障，同时也注重履行义务，积极维护集体利益。例如，在土地流转过程中，农民不仅关注合同权益，还遵守村内的流转规范，减少了纠纷的发生。一些村庄通过村民公约明确村民的义务，例如不随意放火、不乱倒垃圾等，农民在履行义务的过程中，逐渐增强了对公共秩序的维护意识。权利与义务的平衡培养，使农民逐步形成遵法守法的行为习惯，保障了村庄的稳定发展。

（三）民主法治的践行

农村的民主议事会和村民自治制度为农民提供了参与村务管理的机会，新时代农民在参与中逐步提升法治素养。例如，在村务决策过程中，村民通过民主协商的方式处理土地分配、公共设施建设等问题，增加了村庄的透明度和规范性。农民在村务管理中的法治素养不断提高，逐渐从过去的“被管理者”转变为积极参与者，成为乡村治理的重要力量。

三、科学素养的培育

科学素养的提升能够帮助新时代农民更好地适应现代农业和农村社会的技术发展，

使他们在农业生产中具备科学的思维方式、运用现代技术的能力，从而提高生产效率和产品质量，为乡村振兴奠定技术基础。

（一）现代农业技术的学习与应用

随着农业科技的发展，新时代农民逐渐掌握了包括精准灌溉、无人机施肥、土壤测试等技术。例如，许多村庄开设了农业技术培训班，邀请农业专家指导农民科学种植、合理施肥，减少了生产中的资源浪费，提高了产量与质量。通过这些培训，农民的科学素养得到提升，逐渐掌握了科学种植和科学管理的技能，推动了农业生产的现代化进程。

（二）科技信息的获取与使用

互联网和智能设备的普及让农民能够获取更多的农业科技信息，例如，天气预报、农作物病虫害预警、市场动态等，为他们的科学决策提供有力支持。一些村民还学习使用手机应用程序进行农产品交易、生产管理，推动了农村的“数字化转型”。科技信息的使用让新时代农民具备了更强的应对市场波动和灾害风险的能力，提升了生产的科学性和可靠性。

（三）创新与可持续发展的意识

在科学素养的培养下，新时代农民逐渐认识到创新和可持续发展的重要性。许多村庄的农民通过学习农业创新技术，实现了生产的多样化和集约化。例如，农民开始采用轮作、间作等方法增加土地利用率，避免了资源浪费，推动了农业的可持续发展。科学素养的提升不仅帮助农民提高了生产效率，还增强了农民的创新意识，促进了农村经济的长远发展。

四、生态素养的加强

生态素养是新时代农民在可持续发展中的核心素养，生态环境的保护不仅关乎农民的生产生活，更关系到整个乡村的长远发展。新时代农民通过树立环保意识、推动绿色农业生产、参与乡村环境治理等方式，在生态文明建设中发挥了重要作用。

（一）环保意识的提升

随着乡村环境治理的推进，新时代农民逐渐认识到保护生态环境的重要性。他们在生活和生产中自觉减少对环境的破坏，如不乱丢垃圾、不滥用化肥农药等。在村庄的宣传引导下，许多农民开始践行垃圾分类，推广节能减排，为保护乡村生态贡献力量。环保意识的提升让农民更加珍惜和保护乡村的自然资源，为可持续发展奠定了坚实基础。

（二）绿色农业的践行

新时代农民在生产活动中开始更加注重绿色农业的推广，例如采用有机肥、生态防治等方式，减少农业生产中的化学污染。又如，一些农民在水稻种植中采用生物农药，减少了对土壤和水体的污染；在蔬菜种植中推广有机肥，保证了作物的天然品质。绿色农业的推广不仅提升了农产品的市场价值，也改善了农村的生态环境，增强了村民对绿色农业的认可度。

（三）生态环境治理的参与

新时代农民不仅在自身行为中注重环保，还积极参与村庄的生态环境治理，成为乡村环保的践行者和推动者。例如，一些村庄的新时代农民自发组织清理河道、植树造林、建设村内绿地，有效改善村庄的居住环境。此外，新时代农民还在村内组织“环保宣传日”活动，引导村民共同保护生态环境。生态素养的提升让新时代农民在乡村环境保护中发挥了示范作用，为美丽乡村建设提供了有力保障。

第三节 新时代农民与社会主义核心价值观的结合

新时代农民的日常生产生活与社会主义核心价值观的实践密不可分。社会主义核心价值观的基本要素如爱国、敬业、诚信、友善等，在农民的生活中具有深厚的实践基础，是乡村社会和谐发展的重要支撑。通过在农村生活中推广社会主义核心价值观，不仅能提升农民的道德水准，还能塑造更健康、更积极的村庄文化，为乡村振兴提供精神保障。新时代农民通过日常生活、农业生产、乡村治理等方面的实践，将社会主义核心价值观融入农村的每一个角落，形成了以价值观为指导的文明新风尚。

一、新时代农民在社会主义核心价值观培育中的重要性

农民是乡村社会的主体，他们的思想意识、行为习惯直接影响着乡村的整体氛围和发展水平。在社会主义核心价值观的培育中，农民不仅是价值观的践行者，更是传播者和引领者。随着乡村振兴战略的推进，新时代农民的道德素养和思想观念逐步提升，他们在社会主义核心价值观培育中的作用变得愈发重要。

（一）乡村文明的基础力量

新时代农民是乡村生活的核心主体，他们在日常生活中的行为规范、道德修养直接影响着乡村的文明进程。社会主义核心价值观通过农民的言行举止得以体现，如农民在诚信守约、尊老爱幼、邻里互助等方面表现出的高道德水准，为村庄营造了积极的精神风貌。新时代农民通过良好的行为示范，逐渐成为社会主义核心价值观的重要传播者，推动村庄内部形成健康向上的社会氛围。

（二）乡村治理的积极参与者

新时代农民在乡村治理中的积极参与，成为社会主义核心价值观培育的重要基础。他们通过村民议事会、村规民约等形式，主动参与村庄事务的决策和管理，将诚实守信、团结友善等社会主义核心价值观融入公共事务的处理中。通过对农民的社会主义核心价值观引导，村民在共同治理中达成了广泛共识，使村庄治理更加有效，村庄关系更加和谐。

（三）青年农民的示范作用

新时代的青年农民在社会主义核心价值观培育中扮演了引领者的角色，他们不仅自己践行价值观，还在村庄中通过榜样的力量影响其他村民。例如，许多年轻农民在返乡创业中以爱岗敬业、创新进取的精神发展乡村产业，带动了村民致富的同时，也为社会主义核心价值观的推广树立了典范。他们在村庄中起到了“带头人”的作用，引领村民共同进步，推动了乡村文化的现代化。

二、社会主义核心价值观对新时代农民道德规范的引领

社会主义核心价值观为新时代农民的道德行为提供了明确的规范和指导。社会主义核心价值观中的诚信、友善、敬业等要素不仅构成了农民行为的道德标准，也在日常交往、生产经营、公共事务等多个方面起到了引领作用，使农民在社会中形成良好的道德风尚。

（一）诚信原则的实践

诚信是社会主义核心价值观的重要内容，新时代农民在农业生产和日常生活中也逐渐将诚信作为行为准则。例如，在农业合作社中，农民在产品质量、资金管理等方面严格遵循诚信原则，保障了合作社的稳定发展。诚信行为不仅赢得了其他村民的信任，也让农产品获得了更好的市场认可，从而增加了经济效益。诚信原则的普及让村民更加重视信守承诺，形成了诚信守约的农村道德规范。

（二）友善互助的社会氛围

农村是一个紧密的社区空间，村民之间的互助和关爱使得村庄变得温馨而团结。社会主义核心价值观中的“友善”在村民间的日常交往中得到充分体现。例如，邻里之间相互帮助、共同解决生活困难，尤其在农忙季节或遇到突发事件时，村民自发组织互帮互助活动，这极大地提升了社区的凝聚力。这种友善的社会氛围不仅体现了社会主义核心价值观的价值，也让村民在村庄中感受到温暖和归属感。

（三）敬业精神的体现

新时代农民在农业生产中展现出了高度的敬业精神，积极学习新技术，努力提升产量和品质，为乡村经济的发展贡献力量。敬业精神让农民在劳作中表现出专注和责任感。例如，农民们在种植过程中严格按照科学方法操作，精耕细作，不断提升农产品的质量。敬业精神的推广使得农民在农业生产中更加努力，推动了乡村经济的发展，也让村民在追求幸福生活的道路上更具动力。

三、社会主义核心价值观在农民生产、生活中的体现

社会主义核心价值观不仅是国家层面的价值理念，也是新时代农民在日常生活、生产活动中践行的具体准则。新时代农民在生产、生活中体现社会主义核心价值观，涵盖了他们对诚信友善的日常交往、农业生产中的创新与科学精神等方面。这种社会主义核

心价值观的实践，使农民在个人行为中提升了道德素质，也推动了整个农村社会风貌的积极转变。

（一）农村社会交往中的诚信与友善

在农村社区，村民间的交往十分频繁，彼此之间的信任和友善是社区和谐的关键因素。社会主义核心价值观中的“诚信”与“友善”在农民的日常交往中得到了深刻的体现，使村庄的社会关系更加和谐稳定。

1. 邻里之间的互帮互助

在农村，村民们通过友善的行为互相支持，特别是在农忙时节或遇到困难时，邻里间的互助成为一种普遍的习惯。例如，在收割季节，邻里会共同协作，有需要时甚至将自己的农机具无偿借给他人使用。在村内，家庭之间还会在婚丧嫁娶等活动中互帮互助，一起分担经济和人力成本。这种邻里互助的行为让村民在日常生活中感受到温暖，增强了村庄内部的凝聚力。

2. 家庭与邻里之间的诚信守约

诚信守约是农民在社会交往中的重要行为准则，村民之间的交易、借贷、合作都建立在相互信任的基础上。例如，村民之间的借贷关系多是基于口头承诺，农民们始终遵循“有借有还”的传统，以诚信作为维系邻里关系的重要纽带。这样的诚信守约不仅让农民在日常生活中减少了矛盾，也让村民之间形成了高度信任的关系，推动了村庄的和谐发展。

3. 村内公共事务的团结与协作

农村社区通常依赖村民的自我管理，村内的公共事务亟需村民的共同参与和协作。新时代农民在村内事务中表现出极高的团结协作精神，例如，许多村庄组织清洁队，每周清扫道路、河道，保持村庄整洁。还有一些村庄在新建基础设施、修建道路时，村民会自发捐资出力，共同维护公共设施。这种团结的社会氛围，不仅增强了村民的社区归属感，还促进了乡村的文明建设。

（二）农业生产中的创新与科学精神

在农业生产中，新时代农民逐渐意识到创新和科学技术对提高生产效率、保护环境的重要性。社会主义核心价值观中的“创新”和“科学精神”在农业生产中得到了具体体现，帮助农民从传统的耕作模式转型为现代化、科学化的农业生产方式。

1. 引进和应用现代农业技术

许多农民主动引进并应用现代农业技术，例如，精准灌溉、无人机喷洒农药、温室大棚等，以提高生产效率和作物产量。农民还通过应用土壤分析、病虫害监测等技术，确保作物的健康生长。例如，在一些地区，农民使用土壤检测设备监测土壤肥力，以科学施肥，减少了资源浪费，提升了农产品的质量。农民对现代农业技术的接受与应用，展现了对创新的积极态度，也增强了农业生产的科学性和可持续性。

2. 创新经营模式与市场开拓

新时代农民不仅在种植、养殖中进行技术创新，还积极开拓新的经营模式，如开设电商平台、发展农旅结合等。例如，一些农民通过社交平台推广农产品，将自家种植的有机蔬菜、水果销售到城市消费者手中。农民们还通过短视频直播展示农产品的生产过程，增加产品的透明度，吸引了更多消费者。创新的经营模式让农民增加了收入渠道，推动了农村经济的多元化发展。

3. 生态农业的推广与实施

在追求农业生产效益的同时，许多新时代农民也意识到保护生态环境的重要性，积极践行绿色、环保的农业生产方式。例如，农民开始减少化肥农药的使用，转向有机肥料和生物农药，以保护土壤和水体环境。生态农业的推广不仅改善了农业环境，也提升了农产品的市场价值，增加了农民的经济收益。这样的生态意识与科学精神，使农村在可持续发展的道路上越走越远。

（三）村务管理中的法治意识和民主参与

在乡村治理过程中，法治意识和民主参与逐渐成为村庄内部管理的重要理念。新时代农民在村务管理中自觉遵守法律，积极参与村庄的公共决策，形成了依法治理、民主协商的乡村治理模式。

1. 依法办事的治理模式

农民在村庄公共事务中注重依法办事，形成了遵循村规民约和依法办事的良好风尚。例如，村内土地流转、资源分配等公共事务，都需要经过村民大会讨论决定，农民自觉遵守决议结果。这种依法办事的治理模式，提升了村庄的管理水平，也增强了农民的法治意识，使得村庄的治理更加透明和有序。

2. 民主议事会的广泛参与

村民通过民主议事会等组织形式参与村庄公共事务，共同商讨村庄的发展问题。例如，村民在村委会的组织下，就村庄的道路修建、环境保护、村集体经济的使用等问题展开讨论，确保了每位村民的意见都能得到充分表达。民主议事不仅提升了村庄治理的透明度，也使农民对村庄的治理有了更强的主人翁意识，激发了村民对村庄事务的责任感。

3. 村规民约的自觉执行

在村庄治理中，村规民约是农民的行为准则，在村庄治理中，村规民约作为农民的行为准则，得到了广大农民的自觉遵守和执行。例如，一些村庄制定了垃圾分类、环保生产等村规，农民们在日常生活和生产中严格遵守，不随意排放废弃物、不破坏公共设施，确保村庄的整洁和美观。村规民约的自觉执行不仅规范了村民的行为，也推动了乡村治理的法治化进程。

（四）日常生活中的生态环保意识

社会主义核心价值观中的生态理念逐渐成为新时代农民的行为指南。通过在生产和生活中自觉保护环境，新时代农民在农村生态文明建设中发挥了积极作用，形成了人与自然和谐共生的乡村生活方式。

1. 垃圾分类与资源循环

垃圾分类已成为现代生活中的一种环保行为，许多农民逐渐意识到垃圾分类的必要性。例如，一些村庄设立了垃圾分类回收点，村民们会将生活垃圾进行分类处理，降低环境污染。此外，农民还在日常生活中注重废物利用，如将农作物秸秆转化为肥料、使用环保购物袋等，有效减少生活垃圾的产生。这种资源循环的理念使村庄更加环保，村民的环保意识也在日常生活中逐渐提升。

2. 清洁能源的使用

随着清洁能源技术的普及，一些村庄逐渐推广太阳能热水器、太阳能路灯等设施，有效减少了传统能源的使用。例如，村庄的公共设施逐步改用清洁能源，一些农户的家庭也安装了太阳能热水器、节能灯具等。这些环保设施的推广不仅让农民享受到清洁能源的便利，还有效减轻了对环境的负担，推动了乡村绿色生活方式的形成。

3. 自然资源的保护与恢复

农村生态环境中河流、山林等自然资源是村民生活的重要组成部分，农民们在日常生活中逐渐形成了保护自然的意识。例如，村民自发组织了“护河行动”，每周清理河道垃圾，保持水源清洁；在春季，村民会在荒山上种植树木，防止水土流失。自然资源保护的意识不仅提升了村庄的生态质量，还增强了村民的生态素养，形成了珍惜自然资源的村庄文化。

第四章　传统文化与社会主义核心价值观的契合

第一节　中国传统伦理生活中的家教与家风

一、治家与治国

中国传统伦理思想中，“治家”与“治国”密不可分。家庭作为社会的最小单位，是国家的缩影和基础。古代中国思想家普遍认为，要想实现国家的长治久安，首先要通过家庭教育来培养个人的品德，齐家方能治国平天下。这个理念在儒家思想中尤为突出，形成了“家国同构”的社会观念，认为家庭治理与国家治理具有相似的原则和作用，因此家庭的良好治理是国家稳定和社会和谐的基础。

（一）“齐家治国平天下”的理念

“齐家治国平天下”这一观念源于《大学》，是儒家思想的核心伦理纲领之一。孔子认为，个人修养和家庭管理是国家治理的前提。因此提出了“修身、齐家、治国、平天下”的理论，主张家庭的治理是实现国家治理和天下大同的重要环节。通过家庭成员的道德培养和规范行为，可以实现家庭的和谐有序，而家庭的和谐也会影响国家的和谐。

1. 齐家为治国的基础

在儒家看来，家庭和国家之间存在着相似的治理结构，治理国家的方式可以通过管理家庭来预演。例如，家庭的治理需要成员各司其职、长幼有序、相互关爱，这与国家中君臣相互信任、上下有礼的关系是类似的。儒家思想强调家庭是“治国”的小环境，齐家是治国的前提，若每个家庭都能够齐家，国家自然可以实现和谐与稳定。

2. 家族的影响力

在传统社会中，一个家族的治家方式不仅影响家族成员的行为，也会对社会产生广泛的影响。例如，许多家族中设有家规、家训来规范家族成员的行为，这些家族成员进入社会后，仍然会受到家规的影响，从而把这种家族伦理带入社会关系之中。家族对个人的道德行为有着深刻的影响，一个家族若能够重视家教，培养出诚实、勤俭、守信的后代，就会对整个社会的道德风气起到推动作用。

（二）家庭管理的“家国同构”

中国传统社会认为家庭与国家的治理方式在某些方面是相通的，这种“家国同构”的思想强调了家风家训对国家稳定的重要性。家庭作为社会的基础单元，家风对成员的行为有着无形的约束力，这些行为准则在潜移默化中培养了个人的责任感和家族归属感，同时也为国家治理提供了有益的借鉴和参考。通过培养良好的家教与家风，家族成员在行为和思想上更倾向于秉持家族伦理，这种伦理逐渐渗透到整个社会。

1. 家国同构的家风实践

“家国同构”的观念将家庭管理中的行为规范扩展到国家治理层面。例如，孝顺父母的观念被延伸到忠于国家，家庭成员在日常生活中培养的责任心、合作精神和秩序意识可以直接转化为对国家的责任感。这种家风的实践使个人在社会中更愿意承担责任、遵守法规，从而推动了国家治理的顺利进行。传统社会中，通过“齐家”来促进“治国”，也因此成为一种主流思想。

2. 家庭伦理与社会秩序

家庭伦理中的诸多准则在社会秩序中得到了体现。例如，“尊老爱幼”在家庭中表现为对长辈的尊重和对晚辈的关爱，在国家治理中体现为对社会不同阶层的关爱和对公民的公平对待。家庭伦理中的尊老爱幼、长幼有序等道德观念，为国家制定政策和法律提供了伦理依据，使得国家治理具有更多的道德约束力和人文关怀。

（三）治家理念的道德教育功能

治家的一个重要功能在于通过家庭伦理对成员进行道德教育，以培育合格的社会成员。古代家庭教育不仅注重知识传授，更重视道德修养，使家族成员能够自觉遵守社会道德标准，成为国家和社会的良好公民。通过家族中的道德教育，家族成员逐渐形成了自我约束和自我修养的意识。

1. “修身齐家”的实践

儒家认为家庭是修身的第一课堂，通过治家来培养个人的道德品质。例如，家庭中的长辈通过自身的行为言传身教，向后辈传授孝顺、勤劳、诚实、节俭等传统美德。家庭成员在这样的环境中耳濡目染，逐渐内化这些道德规范，使个人在进入社会时更加自律、自重，能够在各种社会关系中秉持道德准则。

2. 德行教育的家庭环境

家庭中良好的德行教育，让成员在社会中展现出优良的品德。例如，家长通过家训教育子女爱国敬业、诚实守信，使他们成为社会的中坚力量。许多家族注重“传家有道，以德为本”，通过家训让后代秉持家族精神，在日常行为中严格要求自己。德行教育的普及不仅提升了个人修养，也为家庭成员在社会中赢得尊重和认可奠定了基础。

（四）治家中的家族责任感与社会责任感

在传统伦理思想中，家庭教育不仅关注个体的品德，还强调家族对社会的责任。家族通过“家教”培养成员对家庭的责任感，而这种责任感在社会中演化为一种集体荣誉感，使得家族成员在社会中以身作则，追求更高的社会价值。

1. 家族责任感的培养

传统家庭中，长辈们通过言传身教培养孩子的家族责任感，教导孩子要珍惜家族荣誉，积极为家族贡献力量。例如，一些家族通过设立家训和家规来约束成员的行为，并要求成员为家族争光。在这种家教氛围下，家族成员逐渐形成了一种维护家族荣誉的责任感，使家庭中的每个人在社会上都能自觉遵守道德规范，塑造家族的良好形象。

2. 社会责任感的延伸

家庭教育中培养的家族责任感在社会中被进一步拓展为社会责任感。许多传统家庭教导子女在追求个人发展的同时，关注社会福祉，勇于承担社会责任。例如，一些家族提倡“富而兼善”，鼓励家族成员通过慈善活动、公益事业等方式回馈社会，为社会的和谐与进步贡献力量。社会责任感的培养使家族成员在社会中不仅关注自身利益，更乐于为他人提供帮助和支持，推动社会更加和谐。

（五）治家与治国的道德示范作用

治家是国家道德风尚的缩影，家庭中的行为准则和道德规范为社会提供了道德示范。在传统社会中，家族长辈作为家庭的领导者，以身作则，通过道德示范对家族成员产生了深远的影响。家庭中的道德行为通过家族成员的传播，逐渐形成了良好的社会风尚。

1. 长辈的道德示范作用

在传统家庭中，长辈作为家族的领导者，不仅对家族成员的行为负有引导责任，还对家庭的道德水平负有塑造责任。长辈通过自己的行为来向年轻一代传授如何行孝、守信、勤劳。例如，家族长辈在日常生活中注重节俭、勤奋，以自身的行动为年轻人树立榜样，教导他们如何正确地处理生活中的各种关系。长辈的道德示范让家庭成员通过学习长辈的行为来规范自己的行为，继承家族的美德。

2. 家庭的道德传承与社会风尚

家庭的道德传承对社会风尚具有重要影响。例如，许多家庭通过“家规”“家训”等方式，将家族的道德准则代代相传，使家族成员在社会中展现出良好的道德风貌。一些家庭注重仁爱、慈善，培养子女尊重他人、关心社会。家族成员在社会中秉持这些美德，逐渐形成了良好的社会风尚，推动了整个社会的道德进步。

二、家教中的德教

德教是中国传统家教的核心内容，强调通过道德教育来塑造家庭成员的行为规范和人格品质。德教不仅是家庭内部和睦的保障，还在潜移默化中影响家庭成员进入社会后的道德行为。在古代家教中，德教具体包括孝道教育、礼仪规范、品德修养等内容，通过这种德行教育，家庭在传承美德和塑造良好家风方面发挥着重要作用。

（一）孝道的传承与德行教育的根基

孝道是中国传统德教的基础，孝顺父母不仅是一种道德义务，还是个人德行修养的核心起点。古代家庭通过孝道教育培养家庭成员对长辈的尊重和关爱，使孝道成为家庭关系和谐的重要纽带。

1. 孝道的教育方式

在传统家庭中，长辈会以身作则，通过自身的孝顺行为来影响和教育下一代。父母通过关爱和尊重自己的父母，为子女树立榜样，让子女从小感受到孝道的重要性。例如，父母在日常生活中对祖父母的关心和照顾、礼敬和顺从，成为孩子学习的榜样。此外，古代家庭会通过讲述孝顺故事、诵读《孝经》等方式来强化子女的孝道意识，让孩子在理解孝道精神的同时，将其内化为自己的行为准则。

2. 孝道教育在家庭中的作用

孝道教育在家庭中扮演着至关重要的角色，它让家庭成员之间形成了一种尊重与关爱的氛围，显著增强了家庭的凝聚力。孝道不仅让子女学会尊重父母，还让他们懂得在生活中关心他人、承担责任。孝道教育通过日常生活中的行为渗透到子女的思想中，使家庭成员在处理人际关系时更具有同理心和责任感。此外，孝道教育还进一步强化了家庭成员对家庭的责任感，使家庭在道德上更加和谐稳固。

（二）礼仪规范的培养与行为标准

礼仪作为传统德教的重要组成部分，被认为是人与人之间交往的行为准则。通过礼仪规范的教育，家庭成员在言行举止中表现出对他人的尊重和关爱，从而构建了和谐的家庭氛围。礼仪规范不仅在家庭内部培养了个人的礼貌，还使家族成员在社会交往中表现得更加得体和规范。

1. 礼仪教育的内容

礼仪教育涵盖了日常生活中的许多方面，包括待人接物的礼节、尊长爱幼的规范、饮食礼仪等。例如，在一些家庭中，子女在长辈面前需要保持端正的姿态，使用敬语，在饮食时，应遵循长幼有序的原则。此外，礼仪教育还包括家庭节日中的传统礼仪，如春节拜年、重阳节敬老等。通过这些礼仪活动，家庭成员在实践中强化了尊重他人、礼貌待人的意识。

2. 礼仪规范对行为的约束

礼仪规范为家庭成员提供了一种行为准则，使他们在日常生活中更加自律和规范。例如，家庭成员在日常交往中通过保持礼貌、尊重他人的行为，维护了家庭的和谐。礼仪规范的教育在家庭内部形成了一种道德约束，家庭成员在与他人交往时自然表现出谦和有礼的态度，营造了和睦的家庭氛围。这种礼仪规范的潜移默化，使得家庭成员在进入社会后也能展现出良好的教养和素质。

（三）诚实守信与道德准则的培养

诚实守信是传统德教中的重要价值观，传统家庭通过德教让成员懂得信守承诺、诚实待人，进而形成良好的道德品质。诚实守信不仅是个人品德的体现，也对家庭和社会和谐有着重要意义。

1. 诚实守信教育的方式

传统家庭在日常生活中注重诚实教育，父母会通过行为示范，教导孩子言出必行，信守承诺。例如，父母在答应孩子一些事情后，会尽量兑现承诺，表现出言而有信的态度。父母还会强调“诚信”的重要性，教导孩子不能随意撒谎，以确保孩子在日常交往中诚实待人。同时，家庭还会通过讲述历史人物的诚信故事，来进一步教育子女坚守诚信的重要性。

2. 诚实守信在家庭关系中的作用

诚实守信的教育在家庭关系中起到了至关重要的作用，它使家庭成员之间的关系更加和谐稳定，同时显著增强了家庭成员之间的信任感。例如，通过信守承诺、坦诚相待，家庭成员之间减少了误解和冲突，从而进一步增强了相互之间的信任。诚信教育在家庭中形成了一种无形的道德约束力，使得家庭成员在社会中也能秉持诚信原则，表现出可靠和忠诚的品格，进而赢得他人的尊重。

（四）勤俭节约的家庭美德

勤俭节约是传统德教中的社会主义核心价值观之一，它认为节俭不仅是一种个人的美德，更是家庭兴旺的重要基石。古代家庭通过勤俭教育培养家庭成员的责任意识和持家之道，使他们在日常生活中形成良好的消费习惯和理财观念。

1. 勤俭教育的实践

传统家庭通常会在日常生活中教育子女节约用水、用电，合理使用生活资源。例如，父母会教导孩子在吃饭时珍惜粮食，不浪费食物，衣物破旧也应当修补再用。勤俭节约的教育不仅体现在物质上，还包括时间和精力的合理利用，父母会教导孩子珍惜时间，勤奋学习，将勤俭观念延伸到学习和工作中。通过这样的教育，子女从小形成了珍惜资源、合理消费的良好习惯。

2. 勤俭节约在家庭关系中的作用

勤俭节约让家庭成员在物质生活中养成了自律的品质，同时增强了家庭的经济稳定性。例如，家庭成员在消费时保持节俭，减少了家庭开支负担，极大地促进家庭经济更加稳固。勤俭节约还让家庭成员珍惜所得，减少了攀比之心，增加了对生活的满足感和对家庭的责任感。勤俭观念的传承使家庭成员在日常生活中更加理性和自律，形成良好的消费习惯。

（五）忠诚与责任感的培养

传统德教还注重培养家庭成员的忠诚与责任感，尤其是在家族的责任和社会责任方面。忠诚于家庭和家族，使家庭成员在家庭生活中承担起自己的责任，进而延伸到对社会的责任。

1. 对家庭忠诚的教育

在传统家庭中，忠诚被视为个人的道德标杆，子女被教导要忠诚于家庭和家族。例如，父母会通过自己的行为告诉子女对家庭负责的重要性，教导他们关心家庭、尊重家族、珍惜家庭的声誉。家庭成员通过这种忠诚教育，逐渐培养起对家族的责任感。对家庭的忠诚不仅增强了家庭内部的团结，还让家庭成员在社会上具有更高的责任意识。

2. 对社会的责任感

在传统德教中，忠诚不仅仅局限于家庭，还强调对社会的忠诚和责任。父母在教育孩子时会教导他们不仅要关心家族的福祉，还要关注他人和社会的幸福。例如，许多家庭会鼓励孩子参与公益活动、帮助邻里，这些行为在家庭的引导下让子女形成社会责任感，成为具有公德心的公民。通过这样的德教，家庭成员在进入社会后能够自觉承担责任，表现出对社会的忠诚和奉献精神。

（六）道德反思与修养

道德教育不仅涵盖行为规范的传授，还着重于成员的自我反思与修养，通过这种内省的过程，家庭成员能够不断提升自己的道德水准。道德反思和修养是德教的重要部分，旨在引导家庭成员在日常行为中审视自我，从而在思想和品德上实现持续的进步。

1. 道德反思的教育

传统家庭会教导家庭成员在日常行为中进行深刻的自我反思。例如，父母在孩子犯错后，会引导他们分析行为的后果，从而深刻认识到自身的不足。此外，家庭还会通过"日省吾身"的方式，鼓励家庭成员在每天结束时反思自己的行为，以期在次日做出改进。这样的道德反思教育让家庭成员学会自省，培养出不断追求进步的道德素质。

2. 道德修养的持续提升

经过德教的反思过程，家庭成员在日常生活中逐渐提升了道德修养，形成了谨慎行事、改过自新的品格。道德修养的提升让家庭成员在与他人交往时更具包容心和责任感，减少了矛盾的发生。道德反思与修养教育不仅帮助家庭成员保持良好的行为习惯，还在社会中形成了和谐的道德风尚。

三、家风与个人品德

家风是家庭或家族在长期生活中形成的道德准则和行为规范，它承载了家庭的价值观、行为准则和处世哲学，是家庭文化的核心。家风在潜移默化中塑造了家庭成员的品德和性格，使他们在生活中形成了独特的道德观念和行为习惯。家风的传承不仅维系了家庭的和谐，还在塑造社会风气、提升个人品德方面发挥了深远的影响。

（一）家风对行为规范的约束与熏陶

家风具有无形的约束力，通过言传身教、日常习惯等方式，将一代代家庭成员的行为规范、生活习惯和道德准则固定下来。在这种家庭环境中，家风让成员自觉地遵循家庭的价值观念，从而形成良好的品德和行为习惯。

1. 家风的行为准则

许多家族将"孝顺父母""节俭持家""诚实守信"等道德理念融入家风之中，使每个家庭成员从小受到行为准则的熏陶。例如，有些家庭注重"长幼有序"的家风，子女自幼懂得在言行上尊重长辈，培养了恭敬有礼的态度。在家风的指引下，家庭成员通过日常生活的实践，将这些道德准则内化为行为习惯，使他们在进入社会时拥有更高的道德素质和良好的修养。

2. 潜移默化的品德培养

家风通过家庭生活的点滴细节，潜移默化地影响着家庭成员的品德。例如，勤俭节约的家风让子女从小懂得珍惜资源、不奢侈浪费，而这一习惯将伴随他们的一生。此外，家风的熏陶在无形中塑造了成员的思想和心态，使他们具备敬畏、责任、包容等优秀品质。通过耳濡目染，家风在生活的点滴中塑造了家庭成员的道德情操，成为他们在生活和社交中道德行为的基石。

（二）家风传承中的榜样力量与品德模范

家风的传承深深依赖于家庭长辈的榜样力量。长辈以身作则，树立了良好的道德典范，使年轻一代在潜移默化中学习并继承家庭的优良传统。长辈的行为规范成为家庭成员的品德模范，使得家风代代相传，家族精神得以延续。

1. 以身作则的榜样作用

在家庭中，长辈通过实际行动来展示如何尊老、敬老、行孝、守信、敬业等，让子女在日常生活中亲眼见证并学习到这些宝贵品质。例如，一些家庭长辈勤勉敬业、待人真诚的行为为子女树立了榜样，子女在这种环境中耳濡目染，逐渐接受并内化这些道德品质。这种榜样的力量让子女在成长过程中自然地模仿和继承了优良的家风，使得良好的品德得以代代相传。

2. 家风对年轻一代的影响

家风的传承通过长辈的言行表率，对年轻一代形成了深远的影响。例如，长辈在生活中展现出勤俭节约、礼让宽容的态度，使得子女在成长过程中感受到家风的力量。在这种环境的熏陶下，年轻一代自然而然地继承并传承这些品德，不仅在家庭内部维持了和谐，也让他们在社会中表现出良好的个人修养。通过家风的引导，家庭中的年轻成员逐渐积淀了高度的社会责任感和良好的道德标准。

（三）家风对个人品德的长期影响

家风不仅影响着家庭成员的行为方式，也在塑造他们的性格、品德和道德观念方面发挥着持久而深远的作用。家风的长期影响让个人品德逐渐积淀，形成了家庭成员独特的品性和思想，使他们在不同环境中始终秉持良好的行为准则。

1. 形成正直、责任的品格

良好的家风有助于培养家庭成员正直、责任的品格。例如，家风中注重“诚实守信”“严于律己”的家庭成员会形成对道德的高度自律，展现出可靠、忠诚的特质。他们在生活和工作中遵守承诺，不轻易违背诺言，逐渐赢得他人的信任。这种从家风中培养出的正直和责任品格，不仅使得家庭成员更具社会责任感，也让他们在个人事业中获得更多的认可和赞誉。

2. 提升自我约束力与道德标准

家风的约束力让家庭成员在行为上更加自律，不仅在家庭内部遵守道德准则，还在社会中保持良好的个人形象。例如，秉持“慎独”家风的家庭成员能够在独处时自律自强，严格遵守道德底线。家风在潜移默化中形成了个人的道德自觉，使家庭成员在生活和社交中不易受到不良风气的影响，始终保持较高的道德水准。

（四）家风与社会责任感的融合

家风不仅影响家庭成员的个人道德品质，还使他们在进入社会后展现出较强的社会责任感。良好的家风培养了家庭成员关心他人、关注集体的意识，让他们在社会中主动承担责任，发挥积极作用。

1. 对公益和社会服务的重视

许多家庭在家风中注重培养子女的社会责任感，积极鼓励他们关注公益、投身社会服务。例如，家风中重视“助人为乐”“热心公益”的家庭成员，更乐于在社会中伸出援手，他们踊跃参与慈善活动，深切关怀弱势群体。这种家风让家庭成员在社会中表现出高度的公德心，并将“仁爱”与“关怀”作为个人品德的重要体现。

2. 集体荣誉感与团队精神

一些家风注重“家族荣誉”“团结协作”的家庭成员，这样的家庭成员在社会中往往展现出更强的团队精神和集体荣誉感。例如，在这些家庭中长大的孩子，通常懂得维护集体利益、珍视团队合作，他们在工作中积极贡献自己的力量，体现出“爱家敬业”的精神。这种家风培养的集体意识和团队精神，让他们在工作和生活中更加具有合作意识，也因此更容易获得同事、朋友的信任与支持。

（五）家风的文化传承与个人修养的结合

家风不仅是家族内部的行为准则，更是一种文化传承，蕴含着丰富的文化底蕴和道德意涵。在中国传统文化中，家风常与儒家思想紧密相连，强调礼义、诚信、忠孝等道德观念，通过家风传递给下一代。这种家风的文化传承塑造了家庭成员的个人修养，使他们在进入社会后更加尊重传统、坚守正道。

1. 文化价值观的传递

家风中蕴含的传统文化价值观，使家庭成员在成长过程中逐渐内化礼义廉耻、孝悌忠信等观念。例如，那些家风注重“礼义廉耻”的家庭成员，在社交中更加注重言行举止，表现得温文尔雅、端庄有礼，充分展现出个人修养的深度。这种家风的文化价值观塑造了家庭成员的行为模式，使他们在日常生活中展现出优雅的气质和良好的品德。

2. 道德修养的持续提升

家风中的文化内涵让家庭成员不断提升个人修养，通过内在的道德反思实现自我完善。例如，一些家庭注重“修身养性”的家风，成员在家庭的文化氛围中学会了自我约束和自我提升。家庭成员在家风的熏陶下，逐渐形成了自律、自尊、自省的习惯，在生活中追求内心的平和与道德的升华。这种持续的道德修养不仅提高了个人的幸福感，还为社会带来了更加和谐的道德氛围。

（六）家风在塑造社会风气中的作用

家风不仅深刻影响家庭成员的品德，还通过他们的行为举止进一步影响社会风气。良好的家风将家庭伦理与社会公德紧密结合，使家庭成员在遵循家庭传统的同时，自觉为社会的和谐发展贡献力量，从而形成良好的社会道德风尚。

1. 推动社会正气

家风中强调道德和正直的家庭成员会在社会中坚守原则、行善积德。例如，许多家庭注重“诚实守信”的家风，使家庭成员在社会中表现出高度的诚信，不随波逐流、不受利益驱使。在他们的示范引领下，社会中的其他人也受到感染，进一步推动了社会正气的传播。家风的传承使得家庭成员在不同环境中都能遵循道德准则，积极影响周围的群体，形成良好的社会道德氛围。

2. 营造和谐的社会氛围

许多家庭成员在良好家风的熏陶下，自觉在生活中尊重他人、与人为善。例如，家风中强调“和为贵”的家庭成员在处理矛盾时更加理性，展现出宽容和包容的态度。这样的态度在社交中能够化解冲突、增进和谐，让周围的人感受到温暖与关爱。这种家风在潜移默化中有助于形成和谐的社会氛围，使得人与人之间的关系更加融洽。

第二节　家风文化中的伦理思想与德育思想

一、伦理思想

（一）伦理教育思想概述

1. 家风文化中的伦理思想的内容

家风中的伦理思想注重规范家庭成员的行为，提升家庭成员的道德意识。通过礼义、孝悌、责任感等观念，传递家庭的价值观念和生活准则。

（1）志存高远，心怀天下

家风文化强调立志的重要性，认为志向高远是人生成就的关键。传统家风认为无志则难成大器，有志才能有所作为。家风鼓励年轻一代树立高远的志向，不甘平庸，追求卓越。此外，家风文化倡导立志之后持之以恒，避免浅尝辄止。树立志向并坚持下去，不仅能激励家庭成员的积极进取精神，还能引导他们在家国大义中找到责任感。

（2）勤勉不息，自强自立

勤奋与自立自强是家风文化的重要内容。家风鼓励家庭成员勤奋学习，通过知识和技能的积累为人生奠定基础。家风还强调自强自立，认为过度依赖他人或物质财富会削弱个人的奋斗精神，因此提倡依靠自身努力立足社会。这种文化鼓励家族成员在独立中发展自我价值，同时也提高了他们在社会中的责任意识。

（3）进德修身，以德为本

家风文化认为修身是做人的根本，提倡通过道德修养实现人格的提升。家风强调道德是人的根本，将家庭成员培养成具有正直和自律品质的个体。修身贵在持之以恒，日常的道德修养不断内化为良好的行为习惯。通过家风中的进德修身思想，家庭成员不仅能在家族内部保持良好德行，还能在社会中传递出正能量。

2. 家风文化伦理教育思想的主要原则

家风文化中的伦理教育思想以知行统一、严爱相济、因人施教和循序渐进为主要原则，贯穿于代代传承的家庭教育实践中。这些原则从不同方面塑造了家庭成员的道德品质和行为规范，成为家风文化中的核心指导。

（1）知行统一的原则

家风文化强调知行结合，认为“知”与“行”是个人成长不可分割的两个方面。古代家训多次提到“知易行难”，并通过实例教育子女不仅要获取知识，还要通过实际行动去实践和检验。北宋哲学家邵雍将人的“知行”分为三个层次，强调只有“知行合一”才能真正成就品德。家训不仅要求家庭成员拥有知识，还要求他们身体力行，将书本知识应用于实际，形成知行合一的修身之道。

（2）严爱相济的原则

家风教育中的“严爱相济”是指家人之间的慈爱与严格教育要相辅相成。训主们认为，父母对孩子的慈爱应有尺度，避免溺爱影响孩子的道德成长。父母的慈爱与训诫相结合，既能满足亲情需求，又能让孩子在严格要求中茁壮成长。孔子和颜之推都提出“威严而有慈”的家教方式，主张父母在教育孩子时以慈爱为基础，但也不能失去威严，通过合理的严格教育引导子女成长。

（3）因人施教的原则

家风文化注重因材施教，由于每个人的个性、能力、兴趣各有不同，因此应采取有针对性的教育方法。孔子提出“因人施教”，即根据学生的个性特点给予不同的教育建议，家风训主们也同样强调教育内容应根据子女的特点有所区别。曾国藩在家书中提倡对不同子弟采取差异化教育，针对性地提出“勿恃才傲人”或“努力前进”等不同指导，强调因材施教能更好地实现教育目标。

（4）循序渐进的原则

家风教育中，“循序渐进”体现了家风文化对子女教育的系统性和有序性。家训往往根据儿童的成长阶段制定学习和道德培养计划，如《礼记》中的教育安排从幼儿期的基本礼仪教育到青少年的经史学习。家风文化强调逐步积累、由浅入深，帮助家庭成员在合适的年龄阶段形成良好的品德和知识基础。这一循序渐进的教育原则不仅符合儿童的成长规律，还能有效地促进家庭成员的全面发展。

3. 家风文化伦理教育思想的主要方法

家风文化中的伦理教育思想，通过家风熏陶与自觉、亲情感化与家规约束、榜样示范与言传身教，以及奖励与惩罚等多种方法，全面提升家庭成员的道德素养。

（1）家风熏陶与个体自觉并举

家风是家庭中形成的生活作风、道德风尚，对子弟有深刻的影响，能够潜移默化地培养良好品德。通过生活环境和行为准则的树立，家风使家人耳濡目染，逐渐形成规范的道德意识。同时，训主们强调，外在的道德影响需与个体自觉相结合，家人应注重自身修养，养成独立的道德意识，才会充分发挥家风的教育作用。

（2）亲情感化与家规约束并用

亲情是家训的重要工具，通过关怀和引导，家训训主们在亲情感化中注重严格要求，达到润物细无声的效果。家规也在家庭教育中起到制约作用，形成家庭秩序和道德规范。传统家训强调宽严相济，既要通过感化引导子女，也要在必要时用家规规范子弟行为，确保其行为符合家庭和社会道德标准。

（3）榜样示范与言传身教并重

家风文化重视长者的榜样作用，以身作则、身体力行。家训训主们常以贤德之士或家族先人的行为为榜样，使家人学习榜样中的优良品德。长者在教诲子女时不仅言传，更注重身教，确保家庭成员在实际行动中践行家训中的道德规范。

(4) 奖励与惩罚并行

家训训主们提倡在教育中采用奖惩结合的方式，刚柔相济，既要表彰子弟的良好行为，又要对其过失进行惩戒。惩罚在家风文化中的主要作用是规范不当行为，而非惩罚本身。曾广泛应用的《功过格》就是家规量化管理的工具，逐条记录家人的日常行为，适时激励和督促，使子弟不断提升道德修养。

（二）伦理教育思想的现代价值

1. 重德主义价值取向有益于铸造光明伟岸的道德人格

家训训主们强调道德教育是家庭教育的核心，认为“做人”即是立身的关键。在家训中，德行教育如孝顺、忠信、廉洁等美德占据了显要位置，训导子女以“立德”为基础，以家教为根，培养高尚人格，进而实现齐家治国的理想。这一重德思想批判了当前家庭教育中“重智轻德”的倾向，认为只有德育为先，才能促使孩子形成健全的人格。

2. 人生主义价值取向有助于树立求知自强的远大志向

家训中对“劝学”内容尤为重视，强调读书不仅为学识，更为修身立志。诸多训主告诫子孙以勤学改变气质，陶冶性情，并勉励他们自立自强，将个人发展与家庭命运相结合。现代社会中的“独生子女现象”也需要这种自立自强教育，以此培养新一代的独立意识和坚韧品质。

3. 爱国主义价值取向有利于深入开展爱国主义教育

传统家训重视家庭教育对国家的责任，鼓励在家孝敬长辈、在国忠于职守，将“孝”与“忠”联系起来。训主们通过历史人物的忠义故事教育子弟，将家族责任提升至国家高度，认为家庭教育不仅是关乎个人，更关乎国家。此种家训中的爱国主义价值观，对今日家庭教育仍有启发作用。

4. 非功利主义价值取向有助于营造轻松和谐的人际关系

在竞争日益激烈的现代社会，家训中的非功利主义主张有助于构建和谐的人际关系。训主们倡导宽容待人、诚实守信，强调人与人之间的相互尊重。此种以德行促进和谐的教育主张，帮助子弟学会谦逊和团结，以“德”建立良好的人际关系，对现代独生子女适应社会尤具教育意义。

二、德育思想

（一）德育内容

1. 励志修身教育

家风文化强调通过励志和修身培养完美人格，将其视为德育的核心内容。古人认为，志向和品性是人生的根本。为此，家风文化特别注重立志教育。古代士人普遍认为“人贵立志”，志向是个体行为的指南和精神动力。如明代兵部侍郎杨继盛曾教诫子孙：“人须要立志。初时立志为君子，后来多有变为小人的，若初时不先立了个定志，则中无定向，便无所不为。”这种立志为君子的教育观念广为流传，影响了后世无数贤哲。

与此同时，勤劳与节俭也是家风文化的重要内容。家训认为“勤俭是治家之道”，认为只有通过勤劳与节俭，才能实现家族的长远发展。清代曾国藩在家书中反复强调“勤字工夫”，要求后辈不论贫富，都要勤于家务和学习，以勤俭持家。其中，“俭”的传统思想，强调抑制物欲、珍惜资源。北宋司马光在《训俭示康》中明确指出：“侈则多欲”，劝诫子孙要节俭持家，以免滋生奢靡之风。

家风文化还强调“慎独”和“自省”，即在无人监督时仍能自我约束，保持道德的高标准。北宋范仲淹在家训中倡导“慎独为入德之方”，意在提醒子孙在独处时要约束自我行为，保持内心坦荡。

2. 处世为人教育

家风文化重视人与人之间的交往礼仪和道德准则，主张以谦恭和宽厚为待人接物的基本态度。在古人看来，谦逊不仅是一种人格魅力，更是重要的德行。谦恭的品格能赢得他人尊重，有助于建立和谐的人际关系。曾国藩在家书中告诫子孙，出门在外要“常存敬畏，勿谓家人有做官，遂敢于侮人。”这种谦逊礼让的品性，不仅促进家庭成员之间的和睦，也利于在社会上立身。

“宽厚”即宽容待人，是家风文化中培养的一种重要品格。家训提倡在待人接物中宽容大度、不计较小事，以宽厚的态度与人相处。唐代韩愈在《原毁》中写道：“古之君子，其责已也重以周，其待人也轻以约。”这表明，古人认为应该严格要求自己，而对他人宽容待之，以此促进人际和谐，增进彼此的理解和信任。

家风文化还着重强调“以和为贵”的处世理念，认为家庭和社会的和谐稳定，有赖于和谐的邻里关系。清代郑珍在《母教录》中记述了母亲的教诲，强调邻里之间应当以和为贵，即使在生活小事上吃点亏也无妨，这有助于增进感情，营造和谐的邻里氛围。家风文化认为，个人应反躬自省，宁可自己吃亏，也不要斤斤计较。正是这种“以和为贵”的思想，使得中华民族在几千年历史中保持了相对稳定的社会结构。

3. 孝亲爱国教育

家风文化以“孝亲”为家庭伦理的核心，认为家庭教育的基础在于教导子女孝敬父母，爱护家庭成员。在传统社会，孝道被视为家庭关系中至高无上的原则。家训主张子女不仅在父母在世时要尽孝，父母去世后也要依礼守丧，充分表达对子孙后代的教诲。这种孝道教育旨在培养子女对长辈的尊敬与感恩之心，进而促进家庭成员之间的紧密团结。

家风文化中的爱国思想表现为对子弟忠诚与责任感的培养。古人认为，一个在家能敬爱父母的人，必然能在社会中尽忠职守，热爱国家。如汉代霍去病所言：“匈奴未灭，无以为家。”这种家国情怀使得家训教育与家国责任紧密相连。家训认为，作为家庭的一员，理应忠诚奉献，必要时应为国家利益牺牲个人利益。清代林则徐在被流放新疆前留下的《赴戍登程口占示家人》正气凛然地写道：“苟利国家生死以，岂因祸福避趋之。”他用实际行动诠释了古代家训中爱国主义的精神内涵。

（二）德育思想的现代价值

1. 家风文化对个人品性的塑造

第一，家风文化有助于培育健全的人格。中国传统教育中的核心即培养人的高尚品格，道德教育是传统德育的主题之一。家风文化强调人格修养，主张以德律己、以德待人，以仁义、礼仪规范言行，力求子孙能成为有德之人。这些思想在现代依然具有重要价值，尤其是当前物质主义抬头、信仰危机蔓延的背景下，家风文化中坚守德行的训诫为人们提供了稳定的精神支撑。通过家风文化，现代年轻人可以重拾信念和自我约束，在社会中建立起稳固的道德价值观。

第二，家风文化有助于完善个体的品德修养。家训内容涵盖孝顺、诚信、仁义等方面的具体训导，强调子女应尽孝、敬老并学会明辨是非。这些家训不仅为家庭成员提供行为规范，还能引导个人建立正确的价值观，形成知荣明辱的道德认知，为提高个人和社会的整体道德素质提供支持。

2. 家风文化对家庭美德伦理的建构

家风文化为构建家庭礼仪和谐提供了支持。一方面，家风文化倡导礼仪为基石，要求人们在家庭和社会交往中秉持谦恭、礼让的态度。家训中规定与人交往的礼节，如言谈应和气、拜访应提前知会等，这些家训内容至今依然适用于家庭教育，可以在现代家庭中用以培养家庭成员的礼仪规范。另一方面，家训文化强调家庭和睦，主张“家和万事兴”，提倡夫妻和睦、兄弟友爱及勤俭持家。这种治家之道，不仅促进了家庭的和睦稳定，也为现代家庭构建和谐关系提供了借鉴。

3. 家训文化对学校道德教育的补充

家训文化补充了学校道德教育的不足。家训中强调德育，传统教育以培养有德之人为目标，希望孩子具备才德兼备的品格。然而在现代应试教育体系中，学业成绩和考试分数成为主要评价标准，导致德育被忽视。家训文化中的德育理念可为学校教育提供参考，尤其是在青少年品德教育的关键期，引导他们树立正义观、责任感和仁爱之心。家训中注重家庭长辈的榜样作用，通过身教来引导后代的成长，这一教育方法也可帮助学校道德教育更加形象生动。

4. 家训文化对社会伦理风尚的提升

家训文化对社会风气的净化作用不可忽视。家训历来强调家庭与社会的紧密关系，认为家庭的道德教育直接影响社会风气和社会秩序。家训文化倡导公民责任和气节精神，强调个人应将国家利益置于首位，勇于承担社会责任。这些道德准则在当今社会依然适用，能有效帮助人们提升社会责任感。同时，家训文化中的道德训导，如礼义廉耻观、乡土情感等，对于改善社会风气，构建和谐文明的社会氛围也具有积极意义。

第三节　家风文化与社会主义核心价值观的关系

家风文化是中国传统文化体系中极具特色的重要组成部分。古人云，“天下之本在国，国之本在家，家之本在身”“一家仁，一国兴仁；一家让，一国兴让”。

由于传统社会特别强调修、齐、治、平的统一，把“齐家”与“修身”“治国”“平天下”提到同等重要的地位，因而以教子修身、治家兴业为宗旨，以家庭伦理道德为价值核心和基本内容的家风文化十分发达。在当代，继承和弘扬家风文化这笔丰厚的历史文化遗产，对加强家庭建设和国民思想道德建设，尤其是培育社会主义核心价值观大有裨益。

培育和弘扬社会主义核心价值观必须立足中华优秀传统文化。牢固的社会主义核心价值观，都有其固有的根本。抛弃传统、丢掉根本，就等于割断了自己的精神命脉。家风文化作为传统文化的重要内容，蕴含着中华文化基因，潜移默化地影响着中国人的思想和行为，在有着“爱家恋家、重视家庭建设”传统的中国人心中有着极强的吸引力、感召力和亲和力。

因此，汲取家风文化精髓，营造优秀家风，并以其为沟通纽带培育　社会主义核心价值观，不仅有助于传承和弘扬中华优秀传统文化，还能拉近社会主义核心价值观与民众之间的距离，增强社会大众对社会主义核心价值观的认知与认同，从而为培育和践行社会主义核心价值观找到一条切实可行的具体路径。

一、家在中华文明中的地位

（一）家的意义和作用

在中华传统文化中，家不仅是社会的基本单元，更是个人成长与教育的核心场所。中国人对家庭的重视源于《易经》。《易经》中家人卦（巽上离下）强调家庭的重要性，认为宇宙如同一个大家庭。正是这种文化，使得中国人在世界各民族中最重视家庭，这种价值观延续至今，也正是中华文化延续不断的重要原因。

儒家思想进一步强调了“修身、齐家、治国、平天下”的层次关系，认为个人修身可以带动家庭和谐，进而推动国家治理。家庭的和睦不仅影响个体的人格发展，还影响社会的和谐与国家的稳定。父母是孩子最早的老师，好的家风如润物细无声般影响着孩子。通过孟母断机、陶母封坛等经典事例，家风不断启示子女：修身立德、勤俭节约、恪尽职守。这些品质在家庭中传承，成为孩子迈向社会的基石。

（二）家与国的辩证关系

在中国文化中，家与国的关系密不可分。国内外学者普遍认为，家是国的缩影，国是家的放大。英国学者威尔逊曾指出：“国家是发展了的家庭，家长是最初的皇帝和祭司。”在传统观念中，家与国互相依存，形成“一荣俱荣、一损俱损”的关系。所谓“国之本在家，家齐而后国治”，小家平和能为国家稳定奠定基础，而国强则为家庭幸福提供保障。

这种观念在现代社会中依然适用。正如“大河有水小河满”的比喻，只有千千万万个家庭稳定富足，国家才能繁荣昌盛。现代人往往先追求家庭幸福，再考虑国家富强；然而，国强未必民富，民富则可促成家旺国安。因此，家与国的关系是一种相互影响、相辅相成的辩证关系。

《墨子·兼爱》中提到，国与家存在相似的运作规律，勤劳节俭为家庭和国家的长久之道。勤俭是社会繁荣的动力，奢侈是国家衰落的根源。中华民族的复兴需要全体人民的勤奋创造，更需要艰苦奋斗的精神。节俭不仅是美德，更是助力个人和国家蓬勃发展的根本所在。

二、好家风与社会主义核心价值观的契合

（一）好家风是社会主义核心价值观依托的文化土壤

家庭对个人产生着非常重要的作用，家风则是家庭的生活方式、文化氛围的概括，体现了一个家庭的风气、风格与风尚。传承道德文化不可或缺的重要方式和渠道，通过挖掘家风中的优良因素，将社会主义核心价值观融入其中，使人们在家庭生活中，通过耳濡目染和言传身教学习和传承社会主义核心价值观的内涵与精髓。作为传统道德教育最基本的方式，家庭教育最基本的要求就是修身，更通过包括家风在内的道德文化形式实现对人的熏陶感染。

中华优秀传统文化蕴含着中华民族最深沉的精神追求，包含着中华民族最根本的精神基因，是中华民族生生不息、发展壮大的丰厚滋养。中华传统文化中所谓修身、齐家、治国、平天下理念。中国大多数家庭受儒家文化的熏陶，家风是一种潜在的力量，弘扬了悠久的民族文化。勤劳守信、俭朴持家、睦邻友善……这些优秀的品质，一直都是家风传承的核心。重视家风培育，就是重视社会风气建设，就是为社风向好、向善打下坚实基础。端正家风，有利于道德回归，有利于弘扬正气，有利于传承

民族文化。现代社会被分割为小的家庭单元，弘扬好家教可潜移默化传达社会规范，社会风气自然会得到改善。

习近平总书记强调，培育和弘扬社会主义核心价值观必须立足中华优秀传统文化。牢固的社会主义核心价值观，都有其固有的根本。家风的形成，建立在家训、家规和家教基础之上。有的有明文规定，有的则通过言传身教传承下来一些做人处事的品德要求。一方面，良好的家风是社会主义核心价值观的生动写照。我们熟知的老一辈无产阶级革命家，他们的人生起点，也常常秉承着一些良好的传统家风。比如，毛泽东在1919年母亲去世的时候，写了一遍《祭母文》，里面说到母亲传承的家风是“首推博爱”，还有“不作诳言，不存欺心”“但呼儿辈，各务为良”。这大体属于毛泽东对他的父母所传承家风的理解和敬畏。这也表明：中华优秀传统文化，正是涵养社会主义核心价值观的重要源泉。另一方面，社会主义核心价值观在良好的家风中得到了延伸和传扬。

（二）好家风能促进社会主义核心价值观的践行

首先，好家风为培育社会主义核心价值观奠定了道德人格基础。我们倡导和培育的社会主义核心价值观，虽然大体分为国家、社会和个人三个层面的价值取向，但它们不是割裂的，总是相互渗透、相互影响的。个人价值取向中，如果缺少爱国敬业、诚信友善这样一些道德基础，就难以在全社会形成自由、平等、公正、法治的风尚，因此，把人心凝聚起来，实现国家层面的富强民主文明和谐的价值追求，就会遇到困难。家庭是社会的细胞，家风则是社会风气的微观体现。家风自然会向民风辐射，民风自然会向国风延伸。千千万万个家庭的家风好，子女教育得好，社会风气好才有基础。我们倡导的价值观，只有植根人民，孕育于社会，才能成为时代风尚，转化为人民普遍遵循和敬畏的家国情怀。正是在这个意义上，我们说，家风虽然不能涵盖社会主义核心价值观的全部，但它是人们的价值观形成和精神成长的重要起点，是我们国家和社会能够形成社会

主义核心价值观依托的文化土壤，对引导人们培育和践行社会主义核心价值观来说是最基础的东西。亿万家庭的家风，虽然各不相同，但总体上来讲，都很朴实，都是崇德明礼的，向善向上的，讲求礼义的。讲的正是我们要培育和弘扬的社会公德、职业道德、家庭美德和个人品德。宣传良好家风，在全社会培育知荣辱、讲正气、作奉献、促和谐的良好风尚，激发人们形成善良的道德意愿和道德情感，培育正确的道德判断和道德责任，提高道德实践能力。可以设想，如果社会成员没有这些人格道德基础，还哪能谈得上去培育和践行社会主义核心价值观呢！

其次，好家风能内化为人们的精神追求，外化为人们的自觉行动。培育社会主义核心价值观，家风的实践养成，就是一个很好的途径。第一，因为它接地气，是亿万家庭内在需求，有广泛的群众基础。设想，哪个家庭不希望弘扬和培育出好的家风来呢？它的影响和作用，就像空气一样无所不在、无时不有。第二，它有一种文化上的影响力和约束力。作为价值观养成的途径，培育和践行良好家风，事实上是一种潜移默化文化熏陶。潜移默化的过程，就是内心认同的过程，自觉践行有了这个基础，如春风化雨，润物无声。家风家教，还是一种具有文化约束力的精神尺度。如果做了坏事，人们常说对不起父母，对不起家庭，丢了先人的脸面，这就是一种精神尺度的效应。有了起码的精神尺度，人们的行为便相应受到约束和规范。第三，家风不仅是言传，更是身教；家风不仅是一种道德概括，更是一种道德实践。有了家训家规，还要有家教，而且这个家教必须是长辈带头践行，才可能形成家风。没有好的家风，或者说，有好的家风而不自觉地去遵守实行，就不会有好的社会风气。所以，家风的特点，在实行。实行家风，就可能营造出践行社会主义核心价值观的氛围。

习近平总书记谈到社会主义核心价值观的时候指出：要处理好继承和创造性发展的关系，重点做好创造性转化和创新性发展。从家风的角度看，也是如此。新中国成立后，老一辈革命家普遍要求子女亲属，不要搞特殊化，鼓励子女亲属脚踏实地，不图虚荣，自立自强。这是那一代领导人立的新家风，也是为了在新中国树立一种好的社会风气，体现了那时倡导和弘扬的不同于旧社会的新型价值观。

良好的家风，又促进养成良好的作风。反之，领导干部家风不正，很容易导致作风不正、政风不正、党风不正。

（三）社会主义核心价值观引领家风建设

习近平总书记强调，家庭是社会的基本细胞，千千万万个家庭的家风好，子女教育得好，社会风气好才有基础。作为中华儿女的每一位公民，应自觉提升道德修养，使人人都成为中华传统美德、中国优秀文化和社会主义核心价值观的传承者、践行者和守卫者。我们今天重视家风建设，就是让娃娃们在家风中受益，让娃娃们从小就在风清气正的环境中快乐、健康地生活、学习、娱乐等。家风建设实际上就是家庭文化建设，家风、家教、家训是传统文化的重要载体。中华的传统伦理最早是以家庭为本位并以家庭为起点的，由家庭向国家和社会延伸。家风家教虽有着共同的家庭属性，但其含义并不完全相同。

用社会主义核心价值观引领家风建设，就必须体现社会主义的时代要求和精神文明的具体内涵。要协调好家庭文化建设和社区文化、单位文化、企业文化的共荣共生关系，要处理好家庭利益和集体利益、国家利益的相互关系，解决好培育合格家庭成员和国家合格公民的关系，使我们家庭建设始终保持正确的政治方向和先进文化方向，使我们的社会充满正能量。

用社会主义核心价值观引领家风建设，要坚持“大事着眼，小事着手”的方法。“大事着眼”就是应该以社会倡导的主流价值观念为引领，去培育家风，“小事着手”就是在家庭生活中从一些微不足道的小事着手，一点一滴地进行家风建设。这包括明确家庭成员应该遵循的行为准则，提倡什么、防止什么、反对什么、杜绝什么，怎样处理夫妻关系、亲子关系、邻里关系，家庭主要成员应在家风建设中发挥主要作用，如何教育孩子从小养成孝敬父母、爱劳动、节俭、诚实、善良、乐学等良好品质。这种“大小兼容，远近兼顾”的家庭家风培育才会收到实际效果，家风不一定要形成文字挂在墙上，它是一种无形的、有约束力的规范和习惯化了的行为方式，家风培育要入耳、入心、践行。

用社会主义核心价值观引领家风建设，必须走出家庭教育的误区。家风在于用好的规范和思想观念熏陶感染包括未成年人在内的家庭所有成员。联系家庭教育的实际，我们在家风培育方面要走出的主要误区：重视简单的品德说教而忽视家风的培育；重视文化课的学习忽视孩子良好品行的养成；重视升学就业忽视培育儿童人文精神和人文情怀；重视孩子的消极保护和适应忽视孩子的家庭参与和社会参与意识与行为等。从一些家庭教育做得好的实践来看，家风建设被提到家庭教育的重要日程，家庭成了孩子养成良好品德和行为的温床，在良好家风中成长起来的孩子，他们拥有宝贵的精神财富，有持之以恒的良好道德习惯、学习习惯和生活习惯，有很好的自我约束力，在立人、处事、处世方面都显示出了家庭的教养。我们说一些家庭是“耕读世家”“书香门第”，实际上是在赞扬这些家庭所拥有的优良家风。在今后的家庭教育中，我们应该把家风的培育作为家庭教育工作的重要领域和重要课题，家庭教育要有新思维、新视角、新举措。

三、好家风的培育与社会主义核心价值观的践行

古人云：笃学修行，不坠门风。近年来，由于人们普遍担心成为“吕洞宾”式的受害者，使得社会道德意识越发淡薄，导致社会逐渐变得冷漠，人性趋于沉默，最终造成了信任危机。父母、长辈用中国的传统文化中“明哲保身”的思想教育孩子不要多管闲事、不要轻信他人，这实则是社会的悲哀。正家风，加强孩子的正能量教育，树立正确的“三观”，在面对需要我们伸出援手的时候不至于成为冷漠的旁观者。“子不教，父之过”，正家风，才是消除社会冷漠的根基所在；人性复苏了，才能引领正确的社会风气，社会道德方能回归正轨。

家风、社会风气是社会主义核心价值观的微观体现。社会主义核心价值观是宏观抽象的存在，把培育和弘扬社会主义核心价值观作为凝魂聚气、强基固本的基础工程，必须在细致、具体和落实上下功夫。家规要细致，制定共同遵守的规范和精神准则，从细微处见真章，以规则塑造方圆；眼界要具体，在日常生活的琐事中要求自我，勿以善小而不为，勿以恶小而为之，自身的生活陋习往往在潜移默化中形成；行动要落实，道家的境界重在知行合一，有了约束自身的家规、家风后，要切实将社会主义核心价值观贯穿生活的方方面面。身教重于言传，养成好的“家风”需要父母、长辈在生活中长时间

地做表率树榜样，在耳濡目染的熏陶中自我修炼；要培育和践行社会主义核心价值观，更需要千千万万良好家风的家庭来推动社会精神文明的进步。我们不能仅仅停留在认知上，必须知行合一，关键在于践行。本来好家风的形成有赖于家长言行身教和长期的潜移默化。如果言行不一，说一套、做一套，只能自欺欺人，产生相反作用，无法培育出好家风。良好的家风家教对于培育和弘扬社会主义核心价值观至关重要，为了以培育优秀家风家教为抓手弘扬社会主义核心价值观，应从以下三个方面着手：

（一）加大对优秀家风家教文化资源的发掘

良好的家风家教映射着中华传统美德的光芒，千百年来的优秀家风家教文化是中华民族文化的宝贵财富。如今，许多传统的家风和优良的家教已被遗弃，良好的家风家教传承出现了断层。为了避免因家庭结构变化而导致的传统家风家教资源的流失，应将家风家教看成一种重要的文化遗产加以发掘和保护，并在全国逐步建立起家风家教的文化研究体系。

（二）营造宣传优秀家风家教的社会氛围

家风是家庭教育中最传统、最传承、最基础、最难忘的行为准则，家教是对人生影响最贴切、最直接、最深刻、最长久的育人方式。如今，面临功利主义思想在社会的蔓延和渗透，面临传统文化教育的逐渐缺失，面临独生子女抗压能力的弱化，面临电子产品对家庭日常交流时间的挤压等挑战。应通过开展尽孝家庭、五好家庭、文明家庭、和谐家庭、学习型家庭等活动形式，宣传优秀的家风家教，建立家风家教宣传的长效、联动机制。

（三）引导每家每户培育和发扬良好的家风家教

小到家庭的传承，大到社会文明的延续，良好的家风家教都起着非常重要的作用。有什么样的家风家教，就相应地形成了什么样的家庭传统。每个家庭的家风家教虽各有不同，但所有优秀的家风家教的核心都是引导人们崇尚道德、追求善良。一个家庭若想成为社会的健康细胞，每个家庭成员都应按照社会对家庭的要求来塑造自己，都应遵循社会主流的价值取向来规范个人行为，都应依据道德准则来进行自我约束。这一过程的实现，需要从家长的言传身教做起，从自己做起，更要从娃娃抓起。只要每个家庭都能培育出良好的家教家风，那么这些积极的家庭文化将共同影响并塑造社会的整体风尚。

第五章　农民文化素质提升与社会主义核心价值观

第一节　农民文化素质现状与分析

一、农民文化素质的现状及问题

当前，农民文化素质的整体水平依然相对较低，这种情况在一定程度上阻碍了农村经济的发展和社会进步的步伐。农民文化素质的提升与农村经济的繁荣、社会文明程度的提升紧密相连。因此，全面了解和分析农民文化素质的现状和其存在的问题，对于推动农村文化建设、助力乡村振兴战略的实施具有重要意义。主要存在的问题可以分为以下几个方面。

（一）文盲率依然较高

尽管农村地区在过去几十年中实施了大规模的扫盲计划，农民的整体文化水平有了一定提升，但文盲和半文盲人口的比例依然偏高，特别是在偏远和欠发达地区，这一问题尤为严峻。文盲率高带来的直接影响是农民对现代知识的理解和吸收能力相对较低，导致在日常生产生活中难以掌握和应用新技术。例如，在农作物种植、农机使用以及农产品的加工储存方面，文盲群体难以充分利用现代化农业科技手段。这不仅限制了农业生产效率的提升，还加剧了农村与城市之间的发展差距。此外，由于文化程度的局限，部分农民在日常生活中无法充分理解国家相关政策，难以充分享受国家提供的各项惠农政策的红利，从而加剧了发展的不均衡。

（二）受教育年限短

农民群体受教育年限普遍偏短，农村人口的受教育年限平均低于城市人口。在欠发达地区，许多农民的受教育程度普遍仅停留在小学或初中阶段，未能接受到系统的中等或高等教育。教育年限的不足导致他们的知识面相对狭窄，欠缺系统的学习和理解能力，难以适应现代社会对劳动者文化素质和技能需求的不断提升。特别是在当前信息化、现代化农业快速发展的背景下，农业生产对知识和技术的需求日益增长。短时间的基础教育难以让农民具备应对现代生产的知识储备和操作能力。缺乏文化素质，导致让部分农民在农业生产过程中仍然依赖传统经验，未能采用新的生产技术和管理方式，从而导致生产效率低下，生产质量提升缓慢，制约了农村经济的发展和农民收入的稳步增长。

（三）科技文化素质低

农民的科技文化素质偏低，这一现状也在一定程度上限制了农业的现代化进程。农村地区的教育资源相对匮乏，教育水平普遍较低，农民缺乏基本的科技知识和技能，导致他们在农业生产和生活中难以应用现代科技手段。例如，一些农民不熟悉现代农机具的操作，缺乏农药、化肥科学施用的知识，也不了解现代农业的生产模式和经营理念。特别是在农业结构调整、生态农业、绿色农业等新型农业模式中，科技知识的匮乏直接影响了农业的产业升级和农业资源的合理利用。一些农民在科技意识上缺乏主动性，认为新技术难以掌握，甚至持排斥态度，这加大了农业科技推广的难度。农业科技素质的不足不仅影响到农产品的产量和质量，还在一定程度上限制了农村经济发展模式的转变，制约了农村经济的进一步发展。

（四）思想观念保守

部分农村地区的农民在思想观念上仍然较为保守，对新观念和新事物的接受度低，创新意识匮乏。传统农业生产方式和观念根深蒂固，导致他们对现代农业发展中的创新理念和市场经济的开放模式产生抗拒心理。这种保守的思想观念体现在农业生产和生活方式上，例如一些农民固守传统的耕作方式，不愿意接受农作物种植的现代化管理，缺乏对农业生产现代化的认同感和积极性。此外，在市场经济的发展过程中，部分农民的市场意识淡薄，对市场信息的敏感性较差，缺乏应对市场变化的能力，容易受到市场波动的影响。由于信息来源、技术更新等方面的渠道较少，许多农民难以快速跟上市场和技术的变化。这种思想上的保守使农民在市场经济的快速发展过程中处于被动地位，无法适应日益变化的经济环境，导致其在生产经营活动中缺乏竞争力，进而制约了农村经济的活力和农村社会的进步。

（五）农村教育资源匮乏

农村教育资源的匮乏是造成农民文化素质偏低的重要原因之一。农村地区学校数量少，教育基础设施不完善，教学质量难以保障。同时，由于乡村学校师资力量薄弱，教师流动性较大，农村学校很难吸引高质量的教育资源，导致农村学生在基础教育阶段的学习质量不高，进而影响他们未来接受高等教育的机会。教育资源的匮乏还导致了农村人口的流动性问题，即大量农村青年选择外出务工，留守在家的是老年人和儿童，造成农村人口结构的不均衡。年轻人外出务工虽然可以增加收入，但从长期来看也在一定程度上削弱了农村文化素质的整体提升，影响了农村经济的长远发展。

（六）农村文化设施不足

在农村地区，文化设施的建设相对滞后，农民的文化活动和知识获取渠道有限，这也制约了他们文化素质的提升。许多农村地区缺乏公共文化场所和设施，农民的文化娱乐活动形式单一，难以满足现代文化生活的需求。同时，由于农村图书馆、文化站等公共设施的数量不足，许多农民无法及时获取信息，学习和掌握新知识。即使一些地方政府尝试推进农民文化教育，但由于基础设施和资金短缺，导致这些活动难以持续和普及，难以形成长期的影响力。农民缺乏必要的文化设施和学习资源，导致他们的文化知识难以更新，文化素质难以提升。

二、农民文化素质提升的紧迫性

提升农民文化素质的紧迫性主要体现在农村经济转型、新型城镇化推进、农业现代化进程加速、全面建成小康社会的建设以及农村治理水平的提升等方面。具体分析如下。

（一）推进城镇化发展

随着我国城镇化进程加速，大量农村人口涌入城市生活和工作。然而，由于文化素质相对较低，不少农民难以适应城市生活方式和工作要求。城市对居民的文化素质、职业技能以及社交能力有较高要求。农民文化素质的提升能帮助他们更快融入城市生活，减少城市与农村居民间的隔阂，进而提升城镇化的质量。同时，文化素质的提升有助于他们增强法律意识和公德观念，提升职业发展水平和收入，从而在城市生活中获得更多的发展机会。

（二）支持农业现代化

农业现代化对知识和技能的要求日益提高。现代农业依赖于科技的支持，从种植、养殖到农产品的加工和销售，都对农民的文化素质提出了更高要求。传统的经验型农业生产方式在应对市场变化和技术更新时显得力不从心。而文化素质的提升使农民更易掌握现代农业知识，如农药化肥的合理使用、智能化农机的操作、科学管理方法等，从而提高生产效率、减少资源浪费，并保障食品安全。

（三）促进农村经济发展

农民的文化素质直接影响农村经济的活力。具备一定文化和经济知识的农民群体，能够适应市场环境的变化，理解并运用市场规律，在决策中更具前瞻性，风险规避能力更强。高素质农民不仅能更敏锐地掌握市场信息，还能以创新的方式经营农产品，通过电商或其他新渠道扩展市场，增加收入。这种良好的经济氛围可进一步引领产业升级，促进农村经济多元化发展，稳定农民收入来源。

（四）助力小康社会建设

全面建成小康社会的目标要求城乡居民在物质和文化生活方面均达到一定水平。农村居民的文化素质较低，直接影响他们的生活质量与幸福感。提升农民文化素质，不仅是全面小康的基本要求，还关系到城乡差距缩小与社会的均衡发展。文化素质的提升有助于农民在教育、医疗、就业等方面享有更好的服务资源，也为社会整体发展奠定了基础。

（五）提升村民自治和治理能力

随着基层民主的发展，农村自治水平不断提升。农民的文化素质直接关系到他们在村务管理中的参与意识。文化素质较高的农民，具备基本的法律知识与自我表达能力，能够积极参与村务管理、民主选举等事项，从而推进农村基层的民主化与法治化建设。

此外，文化素质的提升还能增强农民的责任感与集体意识，促使他们在公共事务中履行职责，维护集体利益，促进农村社会的和谐与稳定。

第二节　农民文化素质与社会主义核心价值观培育的关联性

农民文化素质的提升对社会主义核心价值观的认同和践行具有深远影响。社会主义核心价值观的普及和落实离不开公民的文化素养和认知能力。对于农村群体，文化素质的提升不仅能提高个人生活质量，更能深刻影响农村社会的发展方向。在促进农民对爱国、诚信、友善等社会主义核心价值观的认同上，文化素质的增强无疑是关键因素。

一、文化素质对社会主义核心价值观认同的影响

文化素质的高低直接决定了农民对社会主义核心价值观的认同程度。文化素质不仅包括基础教育水平，还包括法律意识、公共道德观、社会责任感等方面。高素质农民能够在日常生活中理解社会主义核心价值观的内涵，并将其内化为个人的行为准则。

（一）对爱国主义的理解和认同

爱国主义是社会主义核心价值观的重要组成部分。习近平总书记指出，爱国主义是实现中华民族伟大复兴的精神动力。文化素质较高的农民对国家的热爱和认同体现在他们对国家政策的深刻理解和对乡村振兴的积极参与上。文化素质提升不仅帮助他们更清楚地理解国家政策的导向，也增强了他们对国家的认同感和归属感。在农村地区，爱国主义精神主要通过农民的具体行动来体现，如积极参与村级事务、关心家乡发展等。文化素质越高，农民越能深刻理解爱国主义的真正内涵，更愿意配合国家政策，参与到乡村建设中来。高素质的农民会更自觉地学习国家政策，尤其是在农业技术、生态保护等涉及农村经济可持续发展的领域中，体现出与国家发展同步的热情。

（二）促进诚信观念的内化

诚信是社会主义核心价值观中的基础内容，关系到社会信任和秩序的维持。文化素质高的农民往往在商业交易、邻里交往、借贷等方面更注重诚信，珍视个人声誉和信誉。诚信在农村社会生活中的体现主要包括按时还款、遵守承诺、尊重他人财产等。随着文化素质的提升，农民更能意识到诚信的重要性，并通过日常生活中的言行体现出来。农民对诚信的自觉维护，不仅促进了农村社会的和谐，也为农村市场交易的规范和农产品质量的提升奠定了基础。例如，在农产品交易中，诚信文化促使农民不出售假冒伪劣产品，不短斤少两，从而建立长久的市场信任。习近平总书记曾强调，诚信是做人之根本、立业之基石。这种思想在农村得到了广泛共鸣，高文化素质的农民对诚信的认同更深刻，有助于推动农村社会的和谐。

（三）加深对法治和公正的认同

法治观念是社会主义核心价值观的核心内容之一，它规范着个人在社会中的行为。文化素质的提升增强了农民对法治、公正的理解，使他们在社会生活中更愿意遵守法律

法规，尊重公平和正义的基本原则。文化素质较高的农民更倾向于通过合法途径解决纠纷，尊重公平和正义的基本原则。例如，面对土地纠纷、邻里矛盾等问题，他们会优先选择法律手段，避免暴力冲突和恶性纠纷，这有助于农村社会的和谐与稳定。在提升农民的法治意识，法治教育的普及尤为重要。全面依法治国是实现社会主义现代化的基本方略。通过普及法治观念，提升农民的法律意识，能够使他们在遇到纠纷时选择合法途径解决，既减少了农村社会矛盾，又提升了乡村社会的稳定性。

（四）友善互助精神的实践

友善、团结互助是构成社会主义核心价值观中的重要内容。文化素质高的农民更容易在社区内自觉实践友善互助精神，积极参与村社活动，关心邻里，重视人际和谐。友善的行为风气能够在农村社区内形成广泛的认同，逐步构建出尊老爱幼、团结友善的文明新风貌。随着文化素质的提高，农民会更自觉地关心邻里，关注社区问题，在日常生活中体现出友善互助的精神。例如，文化素质高的农民更倾向于参加村庄志愿服务活动，帮助有困难的邻里，积极参与乡村公益事业。友善互助的精神不仅是家庭和睦的基础，更是社会和谐的重要组成部分。

二、文化素质提升与社会主义核心价值观的互动

农民文化素质的提升与社会主义核心价值观的认同和践行之间形成了高度互动的关系。这种关系不仅体现在理念和意识层面表现为相互促进，更在实际的行为和社会风尚中产生了积极的作用。文化素质的提高，帮助使得农民在思想观念上更好地认同社会主义核心价值观，而社会主义核心价值观的融入则进一步推动了农村文化素质的整体提升，从而形成一个相互支撑、相互影响的良性循环。以下从爱国、诚信、法治、友善四个角度详细论述文化素质提升与社会主义核心价值观互动的具体表现。

（一）文化素质提升对爱国主义情怀的增强

爱国主义作为社会主义核心价值观的重要组成部分，与农民的文化素质息息相关。文化素质的提升帮助农民更深刻理解国家政策，认识到乡村振兴等国家战略对农村发展的重要性。当农民具备更高的文化素质后，他们对国家的情感也愈发浓厚，并在对家乡建设和社会发展的关注中展现出更为坚定的爱国热情。例如在村庄规划、环保治理、乡村旅游等项目中，文化素质较高的农民会主动参与，并积极配合国家政策实施。他们在参与过程中，不仅对国家的重视程度加深，还能通过实际行动表达对国家的热爱之情。

在这一过程中，社会主义核心价值观中的爱国思想通过文化素质提升逐渐得以实践和传播。农民们不再仅仅局限于自身生活，而是将个人价值的实现融入家乡发展乃至国家繁荣的愿景中。在实际生活中，这种爱国主义还体现在积极支持国家号召的行为中，如配合政策导向、保护环境、维护村社和谐等。文化素质的提升不仅让他们认识到爱国的具体内涵，同时将爱国情感转化为实实在在的行动。这种互动关系推动着农民在更高的文化素质基础上，逐步将爱国情怀融入日常生活，从而在无形中强化了他们对社会主义核心价值观的深刻认同。

（二）文化素质提升与诚信观念的相互促进

诚信观念是社会主义核心价值观的核心内容之一，它不仅是一种道德约束，更是一种对人际关系、社会信用和经济秩序的基本要求。随着农民文化素质的提升，农村地区的诚信文化逐渐成型，农民在商业交易、借贷、邻里交往等日常生活中，能够更自觉地坚守诚信。这不仅提升了村社整体的道德风貌，还对农村经济的发展起到了重要支撑作用。农民在借贷还款、合同履行等方面表现出的诚信，直接有助于构建和谐的农村信用环境，推动农村金融体系的良性发展。

诚信观念在农村的普及也反过来促进了农民文化素质的提升。一方面，讲求诚信成为农村集体共识时，农民便会在社会舆论的压力下不断自我规范，努力提升自己的道德素质和行为规范。另一方面，诚信理念的普及让农民更有意识地规范自己的行为，避免因不守诚信而损害家庭和社会的声誉。特别是在农村集市或农产品销售等方面，诚信的践行直接提升了商品质量和服务水平，使得农民在面对市场时更具竞争力。此外，农村诚信文化的深化也影响了农民的家风家训，他们在日常生活中会自觉地教育下一代要讲求诚信，诚信逐渐内化为农民的文化素质和行为准则，从而带动下一代的文化素质进一步提升。

（三）文化素质提升与法治观念的双向互动

法治观念是社会主义核心价值观的重要组成部分，它要求个人在社会生活中必须守法、懂法、用法。随着文化素质的提高，农民逐渐认识到法治观念的重要性和作用。高素质的农民更愿意在生活中尊重法律，依法行事，避免因冲突而导致纠纷和矛盾。文化素质较高的农民在面对各种问题时，会优先选择通过合法途径解决。例如，在处理土地纠纷、财产争议等问题时，他们往往更倾向于通过调解或法律诉讼来化解矛盾，而非以暴力或情绪激动的方式对待问题。这种方式不仅减少了社会矛盾，也增强了村社的稳定性与和谐性。

文化素质的提升还帮助农民树立起对公平和公正的认知，使他们更加信任法律体系。在农村的日常生活中，高素质的农民更能意识到公平对每个人的重要性，从而在村庄建设中表现出高度的法治意识。比如，在民主选举、土地分配等涉及公平的事务中，他们更加注重维护自己的合法权益，同时也尊重他人的权利。文化素质的提高，使法治观念在农村逐渐得到普及和推广，成为村社内常态化的价值取向，农民在遇到纠纷时会选择法律途径，尊重法律公正的解决方案。

与此同时，法治的氛围也反过来影响着农民的文化素质。法律宣传和法治教育的普及不仅是文化素质提升的重要途径，更能改变农民的思维方式，使他们逐渐培养起依法办事的习惯。长期以来，农村地区相对缺乏法治宣传教育，农民对法律的理解和运用能力普遍偏低，这也导致了许多法律纠纷的产生。而随着法治教育的普及，农民对法律有了更深入的理解，他们的文化素质不断提高，逐渐学会通过合理合法的方式解决问题。这种双向的互动过程，使得法治观念逐渐融入农民的日常生活中，从而成为他们行为准则的一部分。

（四）文化素质与友善互助精神的相互促进

友善、团结互助是社会主义核心价值观中的重要内容之一。友善不仅是一种行为准则，更是一种文化氛围的体现。随着农民文化素质的提升，农村的社会关系逐渐向和谐友善的方向发展。高文化素质的农民更容易领悟人际和谐的重要性，在邻里交往中展现出更加宽容和理解的态度。他们在日常生活中积极实践友善互助精神，帮助有困难的邻里，关心并参加村庄的共同事务，为农村社会的整体和谐贡献自己的力量。

文化素质的提高使农民在公共事务中更具责任感和合作意识，比如在村庄清洁、环保项目、道路修缮等公共事务中表现出更强的主人翁精神。友善互助的理念在农村社区内得到广泛认同，形成尊老爱幼、互帮互助的新风尚。文化素质的提升推动着农村社区内人与人之间的理解和友爱，营造了相互关心、共同进步的良好氛围。这种良性互动的氛围不仅提高了农民的生活质量，还增强了村庄的凝聚力。

文化素质提升与友善精神的互动还体现在农民在家庭内部的亲情和睦上。高文化素质的农民更倾向于以家庭和睦为核心，在亲子教育中强调友善与互助的价值。他们会主动教育子女在家庭中要互相尊重、互相帮助，将友善互助的精神传递给下一代。在村社生活中，友善互助的精神让家庭成员之间关系更为和谐，邻里关系更为融洽，形成了农村社会的整体和谐氛围。在文化素质提升的过程中，友善精神的传播和践行不仅带动了整个村社的社会风尚，还为农民提供了更加和谐的人际环境。

三、文化素质提升与社会主义核心价值观互动的整体影响

农民文化素质的提升，不仅关乎个体的发展，更是乡村社会文明进步的重要基石。这种提升促进了农民对社会主义核心价值观的内在认同，使社会主义核心价值观真正融入日常生活，成为行为准则，进而推动乡村社区实现和谐发展。文化素质和社会主义核心价值观之间的双向互动，不仅改善了个人生活质量，也为农村社会的整体进步注入了新动力。

（一）文化素质与社会主义核心价值观互动的具体表现

文化素质的提升，使农民在日常生活中能够更深入地理解和践行社会主义核心价值观。随着教育普及、法治观念普及和社会风气的不断改善，农民在自觉接受社会主义核心价值观方面，逐渐由被动转向主动。通过日常实践，他们将爱国、诚信、法治、友善等价值观内化为自觉的行为准则，从家庭到社区、从邻里关系到公共事务，社会主义核心价值观成为指导行动的标准。这种转变不仅提升了农民个人素质，也促使农村社区在整体风貌、生活质量上取得显著进步。

例如，诚信观念的普及促使农民在日常生活中更加遵守诺言，在交易中诚信待人，建立互信。诚信文化的深入使得农民的合作精神不断加强，增强了集体活动中的自律性和责任感。在农村集体事务中，守信、守法的理念逐步被广泛接受并在实践中得到落实。通过诚信观念的普及，文化素质的提升推动了农村社会秩序的规范化，促进了社会的和谐和团结。

（二）文化素质与社会主义核心价值观互动的社会效应

在农村社区中，随着文化素质的提高，社会主义核心价值观逐步成为农民行为准则的主要支撑。这不仅体现在对家庭和邻里关系的尊重上，更体现在社区事务中的自觉行动。文化素质的提高促进了农民对集体事务的责任感和参与意识，使他们更愿意为社区贡献力量。通过在农村社区推广文明新风、强化法律观念、倡导团结友爱，农民不仅提升了生活质量，也形成了更为积极、和谐的社会氛围。

习近平总书记在2018年全国两会期间特别强调，要让人民群众有更多的获得感、幸福感、安全感。这种获得感和幸福感在农村社区尤为重要，因为文化素质的提升使农民更加深刻地理解乡村振兴、集体利益的重要性，进而在个人获得感的基础上积极投身于集体目标。农民在个人生活中注重自我提升和道德修养，同时在公共事务中展现出更高的集体意识和社会责任感，这对营造积极向上的农村社会风貌产生了积极作用。

（三）农民文化素质提升助力乡村振兴与可持续发展

文化素质与社会主义核心价值观的互动带来的直接效果，是乡村文明程度的提升和乡村振兴进程的加速。通过教育和社会引导，农民的创新意识、环保观念和文明素养逐步提升，使他们在乡村建设中更加注重可持续性。这种转变对农村经济和社会发展具有深远的意义：农民不仅愿意遵守环保规定，还会主动采取措施保护生态环境，促进农业的可持续发展。生态文明建设的成效在各地农村地区逐渐显现，绿色发展理念深入人心，文化素质的提升使农民对生态环境的保护自觉性增强。

习近平总书记提出，“绿水青山就是金山银山”，这句理念深刻揭示了可持续发展与美好生活的内在关联。在农村地区，生态保护、绿色发展日益成为农民日常生活的共识。农民在社会主义核心价值观的引导下，将生态保护作为家园建设的重要部分，通过植树造林、修建生态农田等方式改善生态环境。这种内外兼修的环境意识体现了文化素质的提升对农村社会可持续发展的积极推动作用。

（四）社会主义核心价值观的渗透推动农村文化素质提升

社会主义核心价值观的推广和实践在农村社区发挥了重要的教育作用。乡村基层干部通过组织培训、开展宣传、举办村庄活动等方式，将社会主义核心价值观融入农民日常生活。在各类文化活动中，社会主义核心价值观的理念被广泛传播，农民逐步形成对爱国、法治、公平等观念的认同。通过积极参与村庄建设和公共事务，农民对社会主义核心价值观的理解不断加深，逐渐融入个人和家庭的价值观体系中。

习近平总书记在党的十九大报告中强调，培养担当民族复兴大任的时代新人。农民文化素质的提升为他们更好地参与乡村振兴事业提供了坚实基础。通过认同社会主义核心价值观，农民积极参与到时代发展的洪流中，逐步成长为懂得规则、具有高度社会责任感的时代新人。农村地区在社会主义核心价值观的推动下实现了社会风气的改善，农民之间的邻里和谐、集体意识逐步增强，乡村社会逐渐朝着更具凝聚力和创新活力的方向发展。

（五）文化素质与社会主义核心价值观互动的长远影响

农民文化素质的提升和社会主义核心价值观的相互促进，为构建长期和谐的农村社会奠定了基础。高文化素质的农民不仅在生活中践行社会主义核心价值观，还逐步在教育子女、影响社区等方面发挥引领作用。村庄中的正能量通过代际传承不断延续，村社整体氛围更加积极健康，为年轻一代的成长提供了良好环境。

乡村振兴战略的实施需要一批具备现代知识、认同社会主义核心价值观的新型农民。他们通过文化素质的提升逐步成为村庄的中坚力量，为农村的发展提供了人力和思想保障。未来，通过进一步推进农村教育、法治宣传和文化建设，社会主义核心价值观的理念将更加深入人心，农民的文化素质也将得到进一步提升。

第三节　提升农民文化素质的实践路径

一、政府政策在文化素质提升中的作用

在提升农民文化素质的过程中，政府政策的支持起着核心作用。通过政策的引导、资源的投入以及对人才的培养，农村的教育基础条件得以显著改善，文化素质和思想水平不断提高。具体措施包括加大农村教育投资、推广公共文化服务、提高法治素养等。在政府的引导下，农民逐步理解社会主义核心价值观的内涵，并逐步将其作为生活行为准则。政府通过一系列政策支持，成功促进了农民从“要我学习”向“我要学习”的转变，真正实现了思想上的自觉提升。

（一）加大教育投入，改善农村教育资源

教育资源的优化与增加是提升农民文化素质的关键，政府加大农村教育财政投入尤为重要。根据近年来的政策文件，政府在“乡村振兴战略”中明确提出了要“加快缩小城乡教育差距”的任务，旨在推动优质教育资源向农村下沉。

1. 改善乡村义务教育基础设施

基础教育是教育体系的基石，其质量直接影响着农村青少年的成长。为了让农村孩子接受与城市同等质量的教育，政府需要在硬件和师资方面做出改善。具体措施包括修建标准化校舍、更新教学设备，以及通过提供更具吸引力的福利政策，吸引优秀教师长期扎根农村，从而从根本上改变乡村教育环境。同时，还可以利用信息化手段，如建设互联网远程教育平台，使农村孩子能够便捷地共享城市优质教育资源。

2. 成人教育的推广

在农村，成人教育的需求也不容忽视。由于部分成年人在早期缺少系统教育，他们缺乏基本的读写能力或文化知识，难以适应现代农业发展和市场变化。政府应支持乡村社区建立成人夜校和文化学习班，为农民提供继续教育机会，培养他们的文化素养和提升生产技术。例如，一些地区开设了“农民夜校”，开展农业技术、现代金融、市场营销等课程，帮助农民更好地适应和掌握现代化生产的挑战。通过提升教育水平，农民能够更有效地适应新知识、新科技的应用，从而提高生产力和提升生活质量。

（二）鼓励技能培训，促进就业转型

农村的经济发展和产业结构转型离不开农民技能的提升。为了让农民掌握先进的农业技术、创新的管理理念，政府需要建立起完善的技能培训体系。通过这一过程，农民不仅能更快适应市场经济的发展，还能推动农村从传统农业向现代农业和服务业转型。

1. 支持职业技能培训

现代农业对知识和技能的要求不断提升，传统的农业生产方式已不能满足市场的需求。为此，政府可以组织职业技能培训课程，涵盖种植、养殖、农机操作等方面的技术知识。政府还可利用财政补贴，扶持农村合作社和培训机构，为农民提供系统化、实践性强的培训，推动他们在生产过程中科学管理，提高生产效率。例如，某些地区成功推出了“农机操作技能培训”项目，帮助农民掌握农业机械的操作和维护知识，推动了农业机械化的发展。

2. 促进多元化就业

随着农村产业结构的转型，许多农民可以在农业、手工业、乡村旅游等领域拓宽就业渠道。政府可以通过税收优惠、创业补贴等政策，鼓励农民自主创业、就地就近就业。例如，一些地区推出“乡村旅游带动就业”政策，将当地的自然和人文资源转化为旅游资源，吸引城市游客来访，同时为农民提供导游、民宿经营等新职业。通过拓宽就业渠道，农民能够提高收入水平，增强对未来生活的信心，从而更愿意投入学习，实现自身的进一步提升。

（三）实施基层文化服务，推广公共文化设施

公共文化设施是农村文化素质提升的重要组成载体，通过提供丰富的文化服务，农民能够更广泛地接触到知识、文化和精神生活的内容，激发其对文化素质提升的兴趣和动力。政府应推动公共文化资源向农村倾斜，使农民在享受文化资源的过程中，逐渐内化社会主义核心价值观。

1. 建设农村文化服务中心

农村文化服务中心、乡镇图书馆和文化活动广场等基础设施是农村文化服务的核心场所。文化服务中心可以举办读书会、科普讲座、公益电影等活动，为农民提供多元化的文化体验。例如，许多地区的文化活动中心每月都会播放科普电影，让农民在轻松的观影体验中获得科学知识；定期的图书阅读会，也在一定程度上激发了农民的阅读兴趣。通过文化设施的普及和活动的组织，农民能够更好地理解社会主义核心价值观的内涵，并将其转化为日常生活中的行为准则。

2. 丰富文化活动内容

为了让农民更广泛地参与文化活动，政府可以在节日组织节庆活动或民俗表演，将现代文化和传统文化有机结合。每年春节、国庆等节假日期间，许多乡村会组织文艺演出、民俗表演等活动，引导农民积极参与。通过这些活动，社会主义核心价值观中的“爱国、敬业、诚信、友善”等精神得以在群众中广泛传播。此外，政府还可以联合社会力量，举办文化艺术展览、传统工艺展示、现代农业技术推广会等活动，让农民既能

享受文化熏陶，又能学习知识技能，为提升文化素质奠定基础。

（四）推进乡村法治建设，提升农民法治素养

法治是现代化社会的基石，提升农民的法治意识对乡村治理、社会秩序的维护具有重要意义。为此，政府需在农村广泛宣传法律知识，增强农民的法治观念，使他们理解并尊重法律。

1. 普及法律知识

通过发放通俗易懂的法治宣传手册、播放法治宣传片等方式，可以有效帮助农民了解法律知识，增强法治意识。例如，某些乡村设立了法治宣传栏，定期更新法律知识小贴士，帮助农民了解土地法、合同法等与生活紧密相关的法律内容。通过普及法律知识，农民在面对纠纷时能够更倾向于通过法律途径解决问题，而非依赖于传统的纠纷处理方式，从而有效减少农村社会矛盾，提升乡村的和谐度。

2. 建立乡村法律服务站

乡村法律服务站为农民提供法律咨询、调解服务，使农民在遇到法律纠纷时能够获得专业的法律帮助。在法律服务站的支持下，农民在面对利益冲突时能够更理性地处理问题，避免冲突升级。此外，法律服务站还可以对一些普遍性的法律问题进行宣讲，进一步增强农民对法治的认同，使法治观念深入人心。

（五）建立乡村典型示范机制，鼓励先进村民

发挥榜样作用是社会主义核心价值观传播的重要手段。政府可以设立“道德模范”“诚信农民”“先进村民”等荣誉称号，表彰在爱国、诚信、互助等方面表现突出的农民，以鼓励更多人践行社会主义核心价值观。

树立先进模范，发挥示范作用：表彰在乡村事务中做出突出贡献的村民，如热心公益的乡村教师、长期支持村务工作的老党员等，通过授予他们“优秀村民”的称号，可以激发村民更积极地参与社区事务。例如，一些地方设立了“最美农民”评选活动，通过村民推选出道德素养高、奉献精神强的模范人物。榜样人物的力量在社区内起到了积极作用，带动了其他村民积极践行社会主义核心价值观，形成和谐、诚信的村风。

通过“讲身边故事”增强社会主义核心价值观认同：政府可以通过组织“身边好人”讲座、拍摄乡村模范人物纪录片等活动，将榜样人物的事迹传播给更广泛的受众。通过真实的故事情节，农民更容易产生共鸣，对社会主义核心价值观有更深刻的理解。例如，通过播放模范村民的奋斗故事、诚信交易的案例，村民能够在潜移默化中接受社会主义核心价值观的熏陶，提升认同感，并逐渐内化到自己的行为准则中。

二、农村文化活动中的社会主义核心价值观传播

农村文化活动是传播社会主义核心价值观的重要方式，它为农民提供了直接感知、学习和内化社会主义核心价值观的平台。通过多样化的文化活动，社会主义核心价值观的理念能更自然地融入农民的日常生活，逐渐成为农村生活的精神指引和行为准则。文化活动不仅丰富了农村的精神生活，还有效提升了村民的道德水平和社会责任感，促进了乡村的和谐与可持续发展。

（一）推广乡村阅读活动，丰富精神生活

乡村阅读活动在丰富农民知识结构、提升文化素质的同时，也为社会主义核心价值观的传播提供了有效渠道。政府和社会组织可以在乡村中开展多种形式的阅读活动，如读书会、主题分享会、演讲比赛等，让农民有更多机会接触到文化知识和先进理念。

1. 设立阅读设施

在村庄内设立图书角、读书站、流动图书车等设施，定期更新书籍种类和内容，提供便捷的阅读服务。在阅读场所设置有关社会主义核心价值观的专栏，如“诚实守信”“爱国敬业”等，摆放与之相关的书籍、报刊和宣传材料。通过这些阅读设施的设置，农民在空闲时能够轻松获取文化知识，并受到社会主义核心价值观的熏陶。

2. 组织主题读书会

在村委会或文化站定期举办读书分享会，以爱国、诚信、友善等社会主义核心价值观为主题，邀请村民阅读相关书籍或文章，分享阅读心得，并讨论社会主义核心价值观的内涵和重要性。这些活动不仅满足了农民的精神需求，还有效引导了他们形成正确的价值观念。通过阅读活动的推广，社会主义核心价值观在农村社区得到潜移默化的传播，农民在生活中逐渐树立了正确的价值观念，乡村的整体文化素养也随之提升。

3. 农民夜校与社会主义核心价值观传播

可以通过“农民夜校”开展以社会主义核心价值观为主题的读书班或讲座，让农民在读书中学习如何在生活中践行诚信、友善等价值观念，提升自身的社会责任感和文化素质。通过定期学习，农民能够更深刻理解社会主义核心价值观的内涵，并在日常生活中逐步践行。

（二）举办道德讲堂，强化社会公德教育

道德讲堂是一种通过故事和榜样进行价值传播的有效形式，能有效帮助农民树立良好的社会公德。通过分享乡村中真实、鲜活的榜样故事，道德讲堂使社会主义核心价值观具体化，农民更容易理解并从中受到鼓舞。

1. 邀请乡村模范人物

可以邀请乡村的先进人物、老党员或优秀村干部走上讲台，分享他们的生活和工作经历，以及如何在日常生活中践行爱国、诚信、友善等社会主义核心价值观。例如，一位在农业生产上取得成就的村民可以讲述他如何依靠科学技术提升产量和质量，为乡村经济作出贡献；一位为村庄公益付出的村干部可以分享他在助人为乐、诚信待人方面的体会。农民通过学习这些榜样的故事，能够更深刻地理解社会主义核心价值观的重要性。

2. 播放道德故事视频

村委会或文化活动中心可以播放反映社会主义核心价值观的纪录片或影片，通过视觉和听觉的结合，让农民更深刻地感受到诚实、勤勉、友善等美德的力量。例如，可以播放诚信经营、见义勇为、邻里互助等主题影片，展示这些美德在村民日常生活中的表现，激发大家在生活中践行这些价值观。

3. 开展村民互动活动

道德讲堂活动可以增加互动环节，组织村民讲述自己在日常生活中践行诚信、互助等美德的故事，使参与者成为活动的主角。通过这种方式，不仅能够增强活动的参与感，还能够让村民在分享中相互学习、共同进步，最终形成良好的道德风尚。

（三）开展乡村志愿服务活动，增强社区意识

乡村志愿服务活动是农民践行社会主义核心价值观的重要实践平台，也为农村社区带来了显著的积极影响。通过组织各类志愿活动，倡导友善、互助、奉献的精神，使村民在参与中增强对社区的归属感和责任意识。

1. 组织环境保护活动

可以定期组织农民参与清洁村庄、植树绿化、垃圾分类等环境保护活动，使农民在实际行动中践行爱护家园的意识。这些活动不仅美化了村庄环境，还让农民在潜移默化中认识到保护生态环境的重要性，促进了乡村的可持续发展。

2. 关爱老人和弱势群体

乡村志愿者团队可以定期探访村中的孤寡老人、留守儿童等，帮助他们解决生活中的困难，提供精神上的关怀。在这些活动中，村民感受到互助友爱的温暖，村庄也逐渐形成了关心他人、尊重老弱的良好风尚。

3. 支援农忙和急需帮助的村民

在农村，遇到农忙季节或突发情况时，可以组织志愿服务团队帮助村民收割庄稼、修缮房屋等，通过相互帮扶形成良好的村风。村民在这些活动中不仅体验到友善互助的价值，也逐渐增强了对村庄和集体的归属感，从而更加积极地参与社区建设。

（四）利用乡村戏曲、广场舞等传统文化形式传播社会主义核心价值观

传统文化形式是农村文化活动的重要组成部分，通过戏曲、广场舞、民间故事等形式将社会主义核心价值观融入其中，不仅能够有效激发村民的兴趣，还可以让社会主义核心价值观更为生动地融入他们的日常生活。

1. 改编传统戏曲

在地方戏曲的表演中，村民对传统戏曲形式较为熟悉，容易引发共鸣。可以将社会主义核心价值观的内容编入当地的戏曲中，利用村民喜闻乐见的形式加以宣传。例如，将诚实守信、尊老爱幼、爱国敬业等内容融入戏曲故事情节中，通过表演向村民传递正确的价值观。戏曲演出不仅是一种娱乐形式，更是一种文化熏陶，村民在观看过程中自然地接受了社会主义核心价值观的教育。

2. 推广广场舞和文化快板

广场舞、快板等形式是农村文化生活的重要部分，村民在参与或观看这些活动时，可以通过带有社会主义核心价值观主题的广场舞节目、快板表演，增强对社会主义核心价值观的理解和认同。例如，编排一支以“敬老孝亲”为主题的广场舞，向村民宣传孝

道文化；快板表演可以以“诚信待人”“爱护环境”为主题，将社会主义核心价值观的理念通过生动的语言表达出来，使其更易被接受和理解。

3. 举办传统文化展演

可以通过举办民间故事演讲、传统手工艺展示等活动，让村民在感受传统文化魅力的同时，理解和认同社会主义核心价值观。例如，在手工艺展示中，可以展示节俭的生活美德；在民间故事演讲中，可以讲述诚信经营的故事。这些活动既继承了传统文化，又在潜移默化中传播了社会主义核心价值观，村民们在轻松愉快的氛围中受到教育。

（五）推动节庆文化活动，将社会主义核心价值观融入节日

传统节庆是农村生活的重要组成部分，也是传播社会主义核心价值观的绝佳时机。通过在节庆活动中融入社会主义核心价值观的元素，能够有效凝聚人心，使社会主义核心价值观在乡村得到广泛传播。

1. 举办孝亲敬老活动

在重阳节等传统节日中，村庄可以组织敬老仪式或家庭和睦表彰大会，通过活动宣扬孝道文化。村民在参加这些活动时，能够加深对尊重老人的理解，并更自觉地在日常生活中践行孝亲敬老的美德。这样的活动能够进一步拉近村民之间的关系，提升家庭和谐，形成良好的社会氛围。

2. 组织家庭和睦评比

在春节等传统节日，可以举办“和睦家庭”评比，表彰村中和睦相处的家庭，以促进邻里关系和谐。通过设立“好媳妇”“好婆婆”等称号，表彰在家庭关系中有突出表现的村民，弘扬尊老爱幼、家庭和睦的价值观。通过这种形式，社会主义核心价值观在村民心中得以扎根，逐渐成为行为规范。

3. 开展农耕和手工艺展示

在节日期间，村庄可以组织传统农耕活动、手工艺展示等，使村民在参与中深刻认识到劳动的价值和重要性。例如，通过农耕活动展示节俭、尊重劳动的美德，让村民在节日的氛围中接受传统文化的熏陶和教育。同时，展示农耕文化和传统手工艺，不仅有助于传承了农村的优秀传统，还能进一步激发农民对劳动的热爱和尊重。

第六章　农村社会主义核心价值观建设

第一节　农村社会主义核心价值观建设的学理分析

农村社会主义核心价值观建设，首要任务是明确建设的主体，即谁来负责农村社会主义核心价值观的建设。“主体是人，客体是自然”，这是马克思、恩格斯早年对主体的经典论述。他们认为，“现实的主体，即人”，主体是人或人是主体，但并非每个人都可以成为主体。主体是指那些具有头脑、能思维，并现实地从事社会实践活动和认识活动的人，是“自然的、肉体的、感性的、对象性的存在物”。从这个角度看，所有处于现实社会中的人都是社会主义核心价值观建设的主体。然而，这里的“人”不仅指个体，还指由这些个体所构成的更广泛的社会实体，如阶级、政党、政府、社会组织、社会群体等，它们都是由现实的个人及其形成的社会关系所构成的。事实上，社会主义核心价值观建设是全体社会成员的共同责任。《关于培育和践行社会主义核心价值观的意见》中明确指出，社会主义核心价值观建设要“坚持全党动手、全社会参与”，并“要按照‘党委统一领导、党政群齐抓共管、文明委组织协调、有关部门各负其责、全社会共同参与’的要求……形成整体联动、齐抓共管的工作格局”。因此，农村社会主义核心价值观的建设应遵循党委领导、政府负责、社会协同、公众参与的基本原则，充分发挥党委、政府、社会与公众等不同主体在农村社会主义核心价值观建设中的积极作用，构建一个多元复合的主体联动机制。

一、建设主体分析

（一）执政党是领导主体

在现代农村社会，中国共产党作为执政党，已经取代了传统的宗族、士绅等社会力量，成为农村乃至全国社会主义核心价值观建设的领导核心。作为执政党，中国共产党在党章、党纲和宣言中明确规定了社会主义核心价值观的基本原则，并通过政策、路线和方针，将社会主义核心价值观逐步转化为社会的主流价值观。

1. 政治领导

党的政治领导主要体现在明确的政治任务和方向上。通过制定方针、政策和路线，中国共产党在农村经济、民主政治和生态文明等各领域推进社会主义核心价值观的落实。通过统筹城乡和区域发展，党在农村全面深入地贯彻落实社会主义核心价值观，旨在帮助农民群众更好地理解和认同这一社会主义核心价值观体系。

2. 组织领导

中国共产党构建了从中央到基层的严密组织体系。在农村的社会主义核心价值观建设中，基层党组织（如乡镇党委和村党支部）承担了关键的宣传和实施工作。基层党组织是党在农村执政的基础，是农村社会主义核心价值观建设的重要阵地。党在此与基层政权、村民自治组织等多层次组织紧密协作，共同推动社会主义核心价值观建设的深入实施。

3. 思想领导

通过思想领导，中国共产党用马克思主义、中国特色社会主义理论体系等先进思想教育和武装广大农民群众，提升他们的思想觉悟和价值辨别力。党积极推进社会主义核心价值观在农村地区的普及，用正确的价值观引领农村思想阵地，有效防止负面影响的渗透，从而保障农村社会的和谐稳定。

（二）政府是责任主体

政府是“一个国家为维护和实现特定的公共利益，按照区域划分原则组织起来的，以国家强制力为后盾的政治统治和社会管理组织”。在我国，政府通过其科层体系自上而下地开展工作。从正式的行政体系角度看，现代国家的行政组织延伸到乡镇一级，乡镇政府作为国家权力机关的基层单位，肩负着推动农村社会主义核心价值观建设的重要职责，乡镇政府主要通过执行党的政策、提供公共服务、完善基层社会治理来加强农村社会主义核心价值观建设。

1. 通过政策执行促进社会主义核心价值观建设

政府作为公权力的直接执行者，负责落实党的各项政策和方针，是党和国家意志的具体体现。在农村地区，乡镇政府作为中央和地方政策的落地机构，其工作直接关系到农民群众对社会主义核心价值观的理解与认同。例如，乡镇政府负责实施惠农政策、扶贫政策、农村养老与医疗保险政策等，这些政策的有效执行能够增强农民对国家和政府的信任，进而强化他们对社会主义核心价值观的认同。如果乡镇政府未能有效落实这些政策，将会削弱农民对党和国家的信任，影响他们对社会主义核心价值观的认知与认同。

2. 通过公共服务提供建设平台

公共服务是现代政府的重要职能之一。政府为农村提供的公共服务不仅涵盖基础设施建设、教育、医疗、文化等民生领域，还为社会主义核心价值观建设提供了重要平台。政府通过建立文化活动中心、图书馆、体育设施等文化设施，丰富了农民的文化生活，为传播社会主义核心价值观提供了有效载体。近年来，政府支持的“送戏下乡”“电影放映”等活动不仅提高了农村文化水平，还帮助农民更直观地理解社会主义核心价值观，推动了农村精神文明建设的发展。

3. 通过社会治理推动社会主义核心价值观建设

社会治理是政府政府的重要职能，旨在维护和实现人民的利益，推动社会和谐与公平。政府通过发展服务型政府，提升社会治理水平，体现了社会主义核心价值观中的民主、公平、法治等理念。在农村，乡镇政府通过提高生产力、推动基层民主建设、解决基层矛盾等方式，促进了农村社会主义核心价值观的建设。例如，乡镇政府通过基层协商、民主选举等形式推动农民参与村务管理，这体现了公平与民主的价值，不仅改善了农村治理环境，也促进了社会主义核心价值观在基层的实践。

（三）乡镇企业和民间组织是重要承担者和参与者

在农村社会主义核心价值观建设中，乡镇企业和民间组织是推动乡村经济和社会发展的重要力量，既是价值观建设的承担者，也是积极的参与者。它们通过经济与社会的发展，在促进农民就业、增收和精神文化建设方面发挥了独特作用。

1. 乡镇企业作为价值观建设的重要承担者

乡镇企业由农民创办，主要涉及非农产业，对推动农村经济现代化、增加农民收入和优化农村就业结构等方面贡献巨大。它们在推动农村社会主义核心价值观建设中扮演着重要角色，主要通过以下三个方面实现。

（1）吸纳农民就业，促进社会和谐

乡镇企业优先雇用本地村民，提供了大量就业岗位。这不仅帮助农民摆脱了贫困，也缓解了农村劳动力过剩的问题，促进了农村社会的稳定与和谐。就业机会的增多改善了农民的生活水平，提高了他们对社会主义核心价值观的理解和认同。乡镇企业还为乡村的教育、医疗和文化事业发展提供了税收支持。

（2）促进农民增收，满足精神需求

乡镇企业通过提供就业机会和工资收入，有效提高了农民的收入水平，使他们在生活物资充足的基础上产生更多的精神和文化需求。随着收入的增加，农民的思想观念不断进步，更加关注个人的发展和生活质量，进而推动了社会主义核心价值观的内化与践行。

（3）调整产业和就业结构，拓宽农民视野

乡镇企业的兴起和发展使得农村的产业结构从单一的种植业转向多样化的工业和服务业，形成了一二三产业全面发展的新格局。这一变化不仅使农民不再局限于农业劳作，也带来了就业观念的转变，增强了他们的市场意识、竞争意识和平等意识。乡镇企业通过协作和协商机制培养了农民的契约精神和责任意识，推动了社会主义核心价值观的认同。

2. 民间组织作为价值观建设的重要参与者

民间组织是指在农村中以非营利为目的、以服务社会为宗旨的自发组织，包括村民委员会、合作社、志愿者协会等。它们在乡村治理和公共事务中发挥了独特作用，是农村社会主义核心价值观建设的重要平台和参与者。

（1）提供村庄公共事务的管理平台

民间组织作为农村公共事务的重要载体，允许农民通过民主选举、民主管理等形式，积极参与村庄的决策和治理。这种参与不仅显著增强了农民的主体意识、责任感和参与感，还使他们在实践中深刻理解和践行了社会主义核心价值观的民主、公正和平等原则。

（2）开展社会服务，促进乡村和谐

民间组织通过扶贫、文化娱乐、医疗援助等多样化的服务活动，提升了村民的生活质量，满足了他们的文化和精神需求。这些活动不仅有助于提高村民的互助意识和社会责任感，还营造了和谐的社区氛围，推动了社会主义核心价值观的广泛宣传和深入践行。例如，志愿者协会的活动鼓励村民互帮互助，老年人协会则积极弘扬孝亲敬老精神，从而在村庄内形成了良好的道德风尚。

(3) 搭建交流互动平台，深化价值观认同

民间组织通过各类互动活动，为农民提供了一个平等、协商的交流平台。在这个平台上，农民在互动中潜移默化地接受了社会主义核心价值观的教育。协商的核心在于公平与自愿，这不仅让农民在活动中培养了平等和尊重他人的观念，还逐渐加深了他们对社会主义核心价值观的理解和认同。

(四) 农民是主力军

农民是指“在国家正式户籍制度登记表上被列为农业户籍，与土地、农业生产、乡村居住等因素联系在一起的一类群体”，是农村生产、生活的主体，更是农村建设和发展的核心力量，因此，农民在农村社会主义核心价值观建设中扮演着至关重要的角色。农民既是一个个体概念，也是一个群体概念，从个体层面来看，每一个农民都是农村社会主义核心价值观建设的主体；从群体层面来看，村庄的精英群体、村庄内的文化积极分子以及生活面向村庄内部的农民群体，都是农村社会主义核心价值观建设的重要力量。

1. 村庄精英是价值观建设的示范者

村庄精英是指村庄中掌握资源、在村务决策和生活中有较大影响力的个体，主要包括体制内精英（如村干部）、非体制内精英（如经济能人和宗族头人）。体制内精英（如村党支部书记和村委会主任）既是政策执行者，也是与农民联系的桥梁，他们引导农民对国家政策和社会主义核心价值观的认知和理解。通过他们的宣传与推动，社会主义核心价值观的理念得以逐渐渗透到农民的日常生活中。

非体制内精英（如经济能人和村中德高望重的长者）凭借其资源优势和社会影响力，通常成为农民模仿和效仿的对象。他们的一言一行对农民具有显著的示范作用。在农村建设过程中，非体制内精英借助其号召力和组织能力，帮助整合村庄资源，推动农村社会主义核心价值观的普及和落实。

2. 村庄文化积极分子是建设的生力军

村庄的文化积极分子包括退休老干部、老党员、老教师等“三老”人员，民间艺人，富裕农民和假期回村的学生群体等。这些文化积极分子在村庄中起到文化传播和价值观推广的重要作用。民间艺人通过编排花鼓戏、皮影戏、三句半等艺术形式，将社会主义核心价值观的内涵融入表演中，为村民提供生动直观的教育机会。而富裕农民往往会出资支持村庄的文化基础设施建设，为社会主义核心价值观建设提供坚实的物质保障。学生群体的积极参与，也带动了更多家庭成员参与到村庄文化活动中，从而进一步扩大了社会主义核心价值观的影响范围。

3. “生活面向”向内的农民群体是价值观建设的中坚力量

“生活面向”向内的农民是指那些将村庄视为生活中心并具有高度村庄认同感的农民群体。这部分群体不仅对村庄有较强的归属感，也希望通过自己的努力建设更加美好的村庄。他们长期生活在村庄内，深知村庄的实际需求，通常对村庄的发展充满期待。

他们的村庄情感、认同感和主人翁意识促使他们自觉参与到社会主义核心价值观的建设中，为推动村庄和谐和共同发展作出了积极贡献。

二、建设的特殊性分析

社会主义核心价值观建设是一个系统工程，由建设主体、建设客体、建设环境和建设载体等要素组成。主体是社会主义核心价值观建设的承担者和实施者，客体是接受者和受动者，环境则是影响价值观形成的外部因素，而载体是承载和传播社会主义核心价值观的形式或物质媒介。主体和客体之间存在互动关系，主体发挥主导作用，客体在此基础上表现出主动性，双方相互作用、相互促进。在农村，社会主义核心价值观建设具有特殊性，主要体现在建设主体、建设环境和建设载体三个方面。由于农民既是建设主体也是建设客体，因此农村社会主义核心价值观建设不再单独论述客体的特殊性，而是着重分析主体、环境和载体的独特之处。

（一）农村社会主义核心价值观建设主体的特殊性

1. 党委和政府的特殊性

在我国农村，乡镇党委和政府作为执政党和政府的基层延伸，实际上成为了农村社会的主要政治力量。乡镇党委和政府虽然分别属于党政系列，但在乡镇政治生活中高度统一，是村级党组织的主要支持者。村级党组织作为乡村权力的终端，承担起农村社会主义核心价值观建设的具体执行任务，其权力来源于上级党委的授权，带有国家权力的强制力，既是农村社会主义核心价值观建设的领导者，也是执行者和推动者。村级党组织的多重角色决定了它在价值观建设中的重要性和独特地位。

2. 乡镇企业和民间组织的特殊性

乡镇企业的特殊性在于其乡土特征。乡镇企业在招聘时优先使用具有地缘或血缘关系的人员，这种人际关系基础上形成的特殊文化氛围，使得乡镇企业的管理模式和农村的传统文化联系紧密。这种用工模式在一定程度上限制了农民法治观念的发展，产生了不利于现代法治和公平竞争的文化影响。

民间组织的特殊性表现在村委会的角色上。村委会作为农民自我管理的组织，又受村级党组织和乡镇政府的领导，履行了一定的“准官方”职能。在农村社会主义核心价值观的建设中，村委会执行党和政府的政策、调解民间事务、维护农村社会治安等职能，使其在农村社区中承担起引导农民践行社会主义核心价值观的任务。村委会的双重身份决定了其在农村价值观建设中的独特地位和作用。

3. 农民的特殊性

农民在社会主义核心价值观建设中既是建设的主体也是客体。作为主体，他们是积极的建设者、示范者和推动者；作为客体，他们也是价值观的接受者。农民在与建设主体互动中逐渐认知、认同并践行社会主义核心价值观。然而，农民的综合素质相对较低，政治和科学文化素质有待提升，这在一定程度上影响了他们对社会主义核心价值观的深入认知。同时，他们的主体意识较弱，因此在建设过程中更需要自上而下的引导和帮助。传统的农耕文化对农民的影响较深，一些落后观念，如小富即安、因循守旧等依然存在，这与现代社会主义核心价值观存在冲突，导致农民对新观念的接受需要一个较长的适应过程。

（二）农村社会主义核心价值观建设环境的特殊性

1. 农村经济环境的特殊性

与城市相比，农村经济发展相对滞后且不均衡，主要以种植业、林牧渔业等第一产业为主，而城市的经济活动更多集中于工业和服务业。受城乡经济结构差异和工农业长期剪刀差的影响，农村的经济发展整体落后于城市，且区域发展差异显著。例如，东部沿海地区的农村市场化和现代化程度较高，生活质量和文化需求也随之提高，而中西部地区则以传统农业为主，经济发展较慢，自给自足经济模式依然占据较大比例。这种不平衡性导致东南沿海农村的价值观建设更早受到市场和信息化的影响，农民更易接受现代观念并投入意识形态建设；而中西部欠发达农村的农民则更关注生计，对文化建设和精神追求的投入相对较少。因此，农村经济环境的不平衡性直接影响社会主义核心价值观在不同地区的推进效果，造成发展进程的不均衡。

2. 农村政治环境的特殊性

农村政治环境的复杂性主要体现在“乡政村治”模式中。改革开放后，家庭联产承包责任制的推行和人民公社的解体使基层群众自治制度成为国家的基本制度之一。乡镇政府在村民自治的体制下负责管理，但并不直接干预日常事务；村民委员会成为农民自我管理的自治组织。这一体制带来了多层次的权力博弈，包括村级党组织、村民委员会、镇村关系、家族势力等。这些多元化的权力格局使社会主义核心价值观在农村的推广面临复杂的挑战：社会主义核心价值观的贯彻受到不同权力主体的制衡，有时甚至会被不同主体用于各自目的，造成价值观的“推”与“阻”的双重局面，增加了农村社会主义核心价值观建设的复杂性。

3. 农村文化环境的特殊性

与城市文化不同，农村文化以人情文化和宗族文化为核心。农村作为熟人社会，注重人情往来；人情文化在婚丧嫁娶等重要场合中尤为突出。人情往来本意是相互支持与帮助，然而如今却有逐渐功利化的趋势，频繁的礼尚往来使许多农民陷入经济负担中，导致人情本应具备的互助意义被逐渐淡化，使人情往来愈发世俗化和功利化。

宗族文化在农村同样根深蒂固，以血缘为纽带，将家族认同感深植于农民的生活中。宗族组织对村民具有很强的凝聚力，并承担着日常事务管理。然而，宗族势力的膨胀有时会演变成对村级政权的干预甚至操控，影响村庄的选举和管理，形成宗族优先、贿选等不良现象。这种宗族文化与现代社会主义核心价值观在某些方面存在矛盾，但也可以通过合理引导，成为价值观建设的有效载体。因此，农村文化环境的特殊性既带来了价值观推广的挑战，也为建设社会主义核心价值观提供了可能的文化基础。

4. 农村人居环境的特殊性

农村的人居环境相比城市存在较大差距。尽管新农村建设改善了村庄基础设施，但环保意识和维护习惯的缺失仍导致环境问题突出。例如，违章搭建、农业污染、垃圾乱堆等现象在一些农村依旧存在，影响了村庄整体美观和环境卫生。人居环境对人的思想行为有潜移默化的影响，一个整洁、健康的环境有助于农民养成良好习惯，形成守法、自律的观念。而当前一些地区的脏乱差现象削弱了环境的教育引导作用，使社会主义核心价值观建设面临现实挑战。因此，农村经济、政治、文化和人居环境的独特性使得社会主义核心价值观建设在农村的推进更加复杂和艰巨。

（三）农村社会主义核心价值观建设载体的特殊性

农村社会主义核心价值观建设依赖于丰富多样的载体形式，这些载体作为传递社会主义核心价值观的重要渠道，承载并推动社会主义核心价值观在农村的传播和践行。建设过程中，载体的多样性和灵活性使社会主义核心价值观的目标得以实现，内容得以传递，方法得以创新，进而促进主体和客体之间的交流互动，使农民在这一过程中逐渐产生价值认同和情感共鸣，提高了对社会主义核心价值观的理解和践行意愿。

社会主义核心价值观的载体在建设进程中发挥了联结主体和客体的桥梁作用，通过活动或物质形式承载社会主义核心价值观的内容，使农民能够在日常的生活实践中接触到这些价值观。通过这种互动，建设主体（如党政机构、乡村组织等）和建设客体（农民群体）在载体平台上产生交流，共同推进社会主义核心价值观的学习和应用。因此，载体不仅是具体的实施工具，更是社会主义核心价值观建设过程中各要素联系和相互作用的关键因素。

在实际建设中，农村社会主义核心价值观的载体形式多样，按类型可分为农村活动载体、文化载体、管理载体和大众传媒载体等类别，为社会主义核心价值观的推广提供了全方位的支持。其中，活动载体包括一系列旨在弘扬社会主义核心价值观的活动，如精神文明创建活动、道德模范评选以及“文化下乡”“法律下乡”“卫生下乡”等服务项目。这些活动不仅丰富了农民的精神生活，还通过具体的活动场景和互动内容将社会主义核心价值观渗透其中，让农民在参与中逐渐接受并践行这些价值观。

文化载体则涵盖了农村的硬性文化设施和“软性”的民俗文化两大方面。硬性文化设施包括文化大院、道德讲堂、农家书屋等，为农民提供了公共文化学习空间；而软性民俗文化则体现了地域特色与民族特点，如当地的民间艺术、传统节日和风俗习惯等。通过将社会主义核心价值观融入这些文化设施和活动中，农民能够在日常文化生活中体会和领悟社会主义核心价值观的深层意义。例如，村内的道德讲堂不仅是传播文化知识的场所，更是开展社会主义核心价值观教育的阵地，在讲述故事、分享经验中让村民潜移默化地受到影响。

管理载体则是指村级党组织、村委会、农民协会、红白理事会等组织在管理村级事务时，将社会主义核心价值观理念融入管理过程中。通过日常管理和决策，将公平、公正、民主、法治等社会主义核心价值观融入到村庄生活的方方面面，促使村民在参与村庄管理中逐步接受社会主义核心价值观的规范和指导。例如，村委会在调解纠纷、组织集体活动时，秉持尊老爱幼、邻里和睦的理念，使农民在实际事务中深刻体验到社会主义核心价值观的实践价值。

大众传媒载体则分为传统媒体和现代媒体两个方面。传统媒体包括广播、电视、报纸等，它们以通俗易懂、贴近农村实际的方式将社会主义核心价值观宣传到村村户户。而现代媒体如手机、微信、网络等则为农民提供了更加便捷、丰富的学习途径。通过视频、图片、文字等多媒体形式，农民可以更直观且深入地理解社会主义核心价值观的内涵，并在潜移默化中受到其影响。媒体传播在一定程度上拓宽了农村价值观教育的覆盖面，弥补了其他载体难以覆盖的空白。

农村社会主义核心价值观载体的丰富性带来了建设方式的多样性，使农村社会主义核心价值观的推广不再拘泥于单一模式。尤其是农村民俗文化和地域文化的多样性与独特性为社会主义核心价值观的传播创造了更多契机。各地根据自身的实际情况和资源优势，将地方特色民俗活动与社会主义核心价值观相结合，探索出因地制宜的建设路径。例如，贵州苗寨的千人长桌宴礼仪、豫南光山县的元宵节“送灯”习俗、华北地区的“二月二”龙牌会等，这些民俗活动不仅保留了地方文化，还巧妙地融入了社会主义核心价值观，通过文化认同带动价值观认同，使社会主义核心价值观更易于被农民接受和践行。

总体而言，农村社会主义核心价值观建设主体的特殊性决定了农村价值观建设既要注重党和政府的主导作用，从上至下进行推动，又要发挥农民的主观能动性，通过自下而上的方式积极参与。村委会和村级党组织作为国家主导力量在基层的代表，既是社会主义核心价值观建设的执行者，也是政策宣传和价值引导的重要力量。而农民作为社会主义核心价值观的最终接受者，其参与、认同和践行过程尤为关键。

与此同时，农村的特殊环境——如经济发展水平的滞后与不平衡性、政治环境的复杂性、文化传统的独特性以及人居环境的挑战——也对社会主义核心价值观建设提出了更高的要求。载体的丰富性为这些复杂环境提供了因地制宜的解决途径，各地应充分利用农村资源和文化特色，以多样化的载体推动价值观的深入建设和推广。这种载体多样性带来的建设方式的灵活性，不仅拓宽了社会主义核心价值观的实践范围，也让农村价值观建设更贴近农民的日常生活，从而实现更有效的价值观传播。

三、价值观的认知、认同与践行机制分析

农村社会主义核心价值观建设的过程是引导农民正确认知、理性认同、自觉践行社会主义核心价值观的过程。而农民作为个体的人，其对社会主义核心价值观的认知、认同与践行遵循着一定的规律，这个规律就是农民认知、认同、践行社会主义核心价值观的机理。从心理学意义来看，一个人的价值观念的形成必须经过知、情、意、行四个阶段的不断反复地发展。其中，“知”是指认知，是建立在主体对客体有一定的了解，甚至是经过审慎的考虑基础之上的；“情”是指主体在认知客体以后，在情感上的产生的赞同或反对的态度，即情感认同；在情感认同的基础上得到主体意志的肯定从而上升为一种稳定的价值观念甚至信仰，最终自觉地外化为一种生活方式的反复践履。从个体层面来看，社会主义核心价值观建设也要经历一个“价值认知—认价值同—价值践行”的过程。这个过程遵循着人类认识事物的一般规律，即从认识到实践，再从实践到认识，如此循环往复、无限递进的过程。需要注意的是，认识本身就是人类的感知活动，是主体在实践基础上对客体的能动把握，离开实践的认识是不存在的。正如列宁所指出，从生动的直观到抽象的思维，并从抽象的思维到实践，这就是认识真理、认识客观实在的辩证途径。正是遵循着这样的认识规律，社会主义核心价值观建设作为人的主观能动性活动，也遵循着一定的内在机理，即：在社会主义核心价值观建设的过程中，农民对社

会主义核心价值观的价值认知是前提，价值认同是关键，价值实践是归宿。

（一）价值认知是前提

价值认知是指个体对社会主义核心价值观的理解与认识，主要表现在个体对社会主义核心价值观的科学内涵、基本内容、精神实质以及内在逻辑的深刻理解和接受程度上。在价值认知的过程中，个体将社会主义核心价值观与自身实际联系起来，与评判现实事件相结合，不断地反思自身、审视自身，也在价值评价和价值判断中深化对社会主义核心价值观的理解与感悟。然而，价值认知只是社会实践和现实生活在人们头脑中的直接的、朴素的、原始的反映，这种直接的、朴素的、原始的反映属于感性认识，还需经过进一步的加工和升华，即由价值认知上升为价值认同。

（二）价值认同是关键

“价值认同是在价值认知的基础上对社会主义核心价值观所形成的肯定、赞同、喜爱和持续追求的情感体验。”价值认同的过程是价值主体对某种价值观念、价值目标和价值规范自觉接受、自觉遵循的态度，是价值主体对某种价值观念、价值目标、价值规范产生心理、情感共鸣并内化为主体自觉意识的过程。认同的情感可能源于利益实现的预期，也可能源于价值追求的理想性。但是，需要注意的是，主体对某一价值观念的认同并非一开始就对某种抽象价值理念产生认同，而是在对一定价值取向的后果评估中形成价值判断。即主体会提前判断该价值取向是否符合自己的利益需求、是否能实现自己的切身利益。这个过程也表现为价值主体对认识对象（社会主义核心价值观）的“审视、解读、评价和选择”，是一种不断发问、追思的“反思性选择过程”。价值主体基于价值追求的经验或价值追求的后果，或对价值理想的向往，形成对某种价值目标的信任、肯定和倾向。然而，价值认同归根到底来自主体对利益实现的预期。从某种意义来说，主体对利益实现的预期越大，就越会认同某种价值观；反之，利益实现的预期越小，主体对某种价值观的认同度就越低。这是因为，“人们所奋斗的一切，都与他们的利益有关”。当然，这种利益不仅指狭隘的经济利益，也包括政治利益、生态利益、文化利益等一切关乎人的需要的形式、活动及过程。因此，社会主义核心价值观要想获得广大农民群众的认同，就必须与农民群众的生产生活、与农民群众的切身利益相联系。

价值认知与价值认同的过程，实质上是个体内化价值观的动态过程。这种内化表现为一种自觉化的历程，是价值主体对某些思想观念、道德规范的理解、接受和认同，并使其与自身的价值追求相融合的过程。在这一过程中，内化的价值追求体现在价值主体在实践活动中，会自觉地以特定的价值目标为基本的价值理念，调整并规范自己的价值行为，以适合已经内化为自身价值追求的标准，即自觉践行某种价值观念。内化的价值观念往往是相对稳定的，不易变化的。只有那些已经实现情感认同的价值观念，才能被真正内化为价值主体的价值取向，并进一步通过价值实践外化出来。从这个角度来看，价值认同是价值实践的重要前提和关键，没有经历价值认知和价值认同的过程，社会主义核心价值观的践行就无从谈起。

（三）价值实践是归宿

价值认知和价值认同的最终归宿和最终目的都指向价值实践，“价值观的生命力在于实践”。价值实践是指价值主体在价值认知和价值认同的基础上，自觉地践行社会主义核心价值观的行为。它是价值认知和价值认同的外在表现，从某种意义来说，价值认知和价值认同是价值主体将社会主义核心价值观内化为个体价值观的过程，而价值实践则是个体将内在价值观外化为具体的价值行为。一方面，如果价值主体对某一正确的、先进的价值观念如果仅停留在认知与认同的层面，那么该价值观的先进性就无法在现实生活中体现出来，价值观本身具有的目标指引功能、凝聚共识功能、规范行为功能等也就无法有效发挥出来。如果价值主体对某一正确的、先进的价值观念仅仅停留在认知与认同的层面，就是在主体的思维里绕圈子，不能产生任何实际意义。因此，价值认知与价值认同最终要通过价值实践来体现其实际意义，并通过价值实践实现其本质价值。另一方面，价值实践也是检验已有价值认知和价值认同正确与否的重要途径。通过价值实践，主体可以验证自己的价值认知和价值认同是否准确，从而改变错误的价值认知与价值认同，并强化、固化正确的价值认知和价值认同。正如马克思所指出的：“人的思维是否具有客观的真理性，这不是一个理论的问题，而是一个实践的问题。人应该在实践中证明自己思维的真理性，即自己思维的现实性和力量，自己思维的此岸性。关于思维——离开实践的思维——的现实性或非现实性的争论，是一个纯粹经院哲学的问题。”价值实践不仅能检验价值认知与价值认同的正确性，还能促进价值认知和价值认同的进一步发展和完善。价值实践强化、固化价值认知和价值认同，为价值认知和价值认同进一步发展、完善奠定基础。

从认识论的角度来看，价值认知—价值认同—价值实践的过程就是一个从认识—实践—再认识—再实践的无限循环、反复的过程。认识是主体在实践的基础上对客体的能动反映；实践是认识的基础，认识依赖于实践，离开实践的认识是根本不可能的，实践和认识总是相互作用的。从这个意义来讲，认识本身也是人类的感知活动。在社会主义核心价值观建设的过程中，价值认知和价值认同就是主体的认识活动。但是，价值认知仅仅是一种感性认识，是对社会主义核心价值观直接的、朴素的反映，它是价值认同的前提，这种认识有待上升为理性认识，即由价值认知上升为价值认同，这是社会主义核心价值观建设内在机理的第一个阶段。价值认同外化为价值实践，是社会主义核心价值观建设内在机理的第二个阶段。第一个阶段是从感性认识过渡到理性认识，是认识活动量变的积累过程；而第二个阶段，则是主体认识活动由量变到质变的飞跃，即价值认同转化为实际行动的过程。需要强调的是，价值认知和价值认同均源自实践，服务于实践，随实践发展，并接受实践的检验。个体对社会主义核心价值观的认知和认同程度越深，其践行社会主义核心价值观的可能性就越大。正如古语所言，“知是行之始，行是知之成”“知之愈明，则行之愈笃；行之愈笃，则知之益明”，这正是对价值认知与价值实践关系的深刻阐述。价值认知以理论的科学性和真理性为前提，而价值认同则以主体的利益需求为契合点。然而，社会主义核心价值观建设的过程非止步于价值实践。相反，价值实践会反过来作用于个体的价值认知和价值认同，这是社会主义核心价值观建设内在机理的第三个阶段。在这一阶段，个体的价值认知与价值认同得到了升华，成为更高一级的价值认知与价值认同。个体在实践中不断调整自己的认知，增强价值认同，再次实现由量变向质变的飞跃。

农民对社会主义核心价值观的认知，通过宣传和教育来实现。但农民对社会主义核心价值观的理性认同，则来自农民的个体生活经验以及内心的体验，而这些归根结底又来自于他们的实践。因为社会生活本身是实践的，而“把人与社会连接起来的唯一纽带是天然必然性，是需要和私人利益”。农民对社会主义核心价值观的理性认知、情感认同和价值践行，都与他们关心的事物、需求和追求的利益密切相关。农民的需要就是农民的个人利益所在。在任何情况下，“现实的人”都是有利益需要的人，他们总是“从自己出发”去认识世界和改造世界，“任何人如果不同时为了自己的某种需要和为了这种需要的器官做事，他就什么也不能做”。农民所有的价值观念，都能在其现实生活中和实践中找到其物质和利益的根源。因此，如果脱离了农民的生活世界和现实生活，试图引导他们认知、认同、践行社会主义核心价值观，难免会陷入唯心主义的误区。正如邓小平指出的：“革命精神是非常宝贵的，没有革命精神就没有革命行动。但是，革命是在物质利益的基础上产生的，如果只讲牺牲精神，不讲物质利益，那就是唯心论。”

农民的需要来自他们对美好生活的向往和对幸福生活的期盼。新时期的农民有诸多期盼，可以总结为“十盼”：①农民盼快致富。新时期农民的温饱问题基本解决，他们盼望过上更宽裕、更富裕的生活，但他们缺门路、缺技术、缺资本，需要帮扶。②农民盼进城变市民。农民盼望在城市有一份稳定的工作，有稳定的生活和稳定的社会保障，这是他们梦寐以求的愿望。③农民盼农业增收。农业的边际效益低，农民对农业投入得越多意味着回报越少，农民盼望能提高农业种植的效益来增收。④农民盼社会公平。农民在外打工最害怕的就是老板拖欠工资，害怕辛辛苦苦白干一年，害怕诉求无门，有冤无处申，所以他们盼社会公平、盼法制健全。⑤农民盼活得有尊严。农民是弱势群体，为了生计他们处处求人、委曲求全，忍受无助，事实上他们靠自己勤劳的双手致富，他们凭力气干活，凭本事吃饭，他们盼望得到社会的尊重，盼望过上有尊严的生活。⑥农民盼有好的教育。农民盼望子女能接受好的教育，盼望子女能成长成才，走出农村，这是农民非常强烈的愿望。⑦农民盼无后顾之忧。农民害怕生活没有保障，盼望劳有所得、住有所居、老有所养、病有所医、灾有所济、穷有所帮……盼望没有后顾之忧。⑧农民盼亲情慰藉。随着越来越多的农民外出务工，农村剩下“996138”部队，也就是老人、孩子、妇女，农民和亲人过着“两栖”生活，农民牵挂着亲人，想念着亲人，热切盼望亲情慰藉。⑨农民盼家园美好。农民的生活好起来了，他们盼望生活质量能再提高一些，盼望家乡像城里一样干净整洁、环境优美，盼望农村不比城市差。⑩农民盼好政策。农民高度赞同中央的惠农、强农、富农政策，但他们盼望更好的政策，盼望中央对农民的事多重视一点，对农民的意见多听一点，盼望农产品的价格再高一点……

当然，农民的盼望远远不止这些。以上的论述只是为了强调农村社会主义核心价值观建设需要遵循个体认知、认同、践行社会主义核心价值观的普遍规律，同时，也一定要做到贴近农村、贴近农民生产生活的实际。农村社会主义核心价值观建设要以农民的所思所盼为切入点，从农民群众最关心的事物入手，对其进行价值观引导和价值观教育，这样社会主义核心价值观才能真正地走入农民的内心，成为农民内心的“自律”。

第二节　农村社会主义核心价值观建设阶段

一、萌芽阶段（1978—1992 年）

（一）通过农村经济体制改革引导农民解放思想

在改革开放之初，党中央推行了家庭联产承包责任制，将土地经营模式由集体时期的“大锅饭”转向“家庭经营”。然而，部分农民由于受到长期平均主义观念的影响，对改革的性质产生了疑惑，有的将包产到户误解为“土地私有化”“分田单干”等，担忧这种做法偏离了社会主义公有制，甚至质疑改革是否会持续。这种因循守旧的观念在一定程度上阻碍了改革的顺利进行。为此，党中央采取了一系列宣传措施，向农民讲解农村经济体制改革的社会主义属性，并通过五个“一号文件”进一步解释和推广政策。政策的宣传教育帮助农民逐步理解，农村经济体制改革是以社会主义制度为基石，不会动摇集体经济的公有属性。在这种政策宣传和教育的推动下，农民的思想逐渐解放，生产积极性显著提高，为农村经济的迅速发展提供了有力保障。

（二）依托精神文明建设培育爱党、爱国、爱社会主义的农民

随着改革的推进，农民对集体组织的依赖逐渐减少，但也出现了家国观念、集体意识的淡化，以及一些封建迷信、赌博等现象。针对这些问题，党中央明确提出了“物质文明”与“精神文明”建设两手抓的方针，将精神文明建设视为推动改革健康发展的重要基石。1983 年，《关于加强农村思想政治工作的通知》强调要通过思想政治教育，提高农民的思想觉悟，使其逐渐成为“有理想、有道德、有文化、守纪律，爱祖国、爱社会主义、爱党、爱集体的社会主义农民”。农村的精神文明建设在这一时期逐渐渗透到各项活动中，并形成了多种形式的精神文明实践，诸如“五讲四美三热爱”活动和文明村镇创建等，在一定程度上遏制了不良社会风气，农村环境和社会风貌焕然一新。

（三）以社会主义思想教育为抓手，培育有理想、有道德、有文化、有纪律的农民

伴随着改革的深化，农民的国家观念和集体观念有所淡薄，部分党员和基层党组织的作用也有所弱化，农村违法犯罪现象有所抬头。对此，党中央决定在农村深入开展社会主义思想教育活动，强调要增强农民的爱国主义情感和集体主义观念，并通过加强基层党组织建设，发挥党员在农村建设中的带头示范作用。此外，各级政府和有关部门积极贯彻农村政策，注重向农民解释政策的内在含义，引导农民兼顾集体和国家利益，共同推动农村经济的发展。这一系列的思想教育活动，显著增强了农民对社会主义的认同感，提高了农民的思想觉悟，有效改善了农村社会风气。

（四）通过“先富带后富”引导农民树立共同富裕的价值观

在经济体制改革的推动下，农村允许、鼓励个体经济的发展。对此，部分农民因

长期受到"均贫富"思想的影响，担心这一政策违背了社会主义的本质。邓小平明确指出，允许部分人和部分地区先富裕起来，强调"共同富裕"是社会主义的最终目标。各基层党组织在农村积极宣传国家的政策，使农民逐渐认识到，先富带后富是国家实现共同富裕的重要战略。经过一系列政策的落实，广大农民逐渐接受和认同这一价值观，积极投身于经济发展实践中，推动了农村经济的快速增长。

（五）以"送法下乡"和村民自治为载体，培育农民的法治与民主意识

1980年以来，法治和普法教育逐步推广到农村，推动了农民法治观念的转变。通过"送法下乡"这一形式，各地广泛宣传宪法、民法、刑法等法律知识，鼓励农民学法、懂法、守法。伴随着普法教育的深入，"村民自治"的开展进一步提升了农民的民主参与意识。《村民委员会组织法》的出台标志着农民的民主意识不断提升，民主选举、民主管理和民主监督逐渐成为基层治理的重要模式。在此基础上，法治宣传教育在农村持续开展，使农民的民主法治观念逐步提升，为基层民主政治建设奠定了坚实基础。

二、起步阶段（1992—2005年）

20世纪90年代至21世纪初，农村社会主义核心价值观建设进入了起步阶段。在此期间，党中央通过《爱国主义教育实施纲要》《公民道德建设实施纲要》以及《中国共产党农村基层组织工作条例》等政策文件，逐步加强农村地区的爱国主义教育、思想道德建设，并为农村基层组织建设提供了有力的政策支撑。下面对这三方面的具体措施进行详细探讨。

（一）以《爱国主义教育实施纲要》为指导强化农村爱国主义教育

1994年8月，中共中央发布《爱国主义教育实施纲要》（以下简称《纲要》），明确提出在加强青少年爱国主义教育的同时，也应重视对机关青年干部、企事业单位职工和广大农民的爱国主义教育。在《纲要》指导下，全国掀起了弘扬爱国主义、集体主义和社会主义精神的教育热潮，农村各村镇根据纲要要求，积极开展形式多样的爱国主义教育活动，以此激发农民对国家、集体的热爱。

许多村镇通过广泛宣传祖国历史、民族精神和优秀传统文化，帮助农民进一步理解个人与国家、集体的关系，鼓励他们履行应尽的责任，如按时纳税、维护集体利益、参军报国等。乡村干部在教育过程中着力引导农民认识到，国家富强、集体发展与百姓的安居乐业息息相关。这一时期，创建文明村镇活动也取得了显著进展。首先，各级行政单位初步建立了全国性、省级、市级等各层级文明村镇示范网络。截至1998年底，全国设立的文明村镇示范点超过200个，省级达2522个，地级多达11723个。其次，各地加大了对先进村镇的表彰力度，县级文明村镇总数已超过10万个。此外，在创建文明村镇活动中，各地加强了文化设施建设，广播室、阅报栏、文化活动室等基础设施在各村镇逐步完善，为农民提供了施展才华和交流思想的平台。

在具体实践中，如某省某村的广播站以《东方红》《春天的故事》《走进新时代》

等歌曲为广播主题，通过音乐弘扬爱国精神并倡导文明新风。随着爱国主义教育活动的深入推进，农村社会风貌焕然一新，读书学习、文化娱乐活动越来越多，打架斗殴、赌博等不良行为明显减少，信奉勤劳致富、科技致富的农民逐渐增多，为社会主义核心价值观建设奠定了重要基础。

（二）以《公民道德建设实施纲要》为指引，加强农村思想道德建设

随着改革开放的深入，农村市场经济不断发展，但一些道德滑坡现象随之出现，个别农民私欲膨胀，诚信意识淡薄，甚至出现一些基层干部滥用职权、损害集体利益的现象。为了应对这些问题，2001 年，中共中央发布《公民道德建设实施纲要》（以下简称《纲要》），提出加强农村地区的公民道德教育，开展群众性的道德实践活动，并将农村道德建设作为精神文明建设的重要内容。

在《纲要》指导下，各地农村广泛开展了“改陋习、树新风”“文明村镇”“十星级文明户”评选活动，村民自发评选“好儿女”“好媳妇”“好夫妻”等典型。各地农村在制定道德规范时，广泛征求村民意见，形成了家庭美德和社会公德准则；许多地方通过通俗易懂的道德读本，如《社会公德四字歌》《家庭美德六字歌》等加强宣传教育，利用红白理事会、道德评议会等群众自治组织加强道德约束，使道德规范的约束力进一步增强。

在福建省顺昌县谟武村，自创的“四榜评议会”评选“成才榜”“功德榜”“好样榜”和“能人榜”，通过选出村中勤奋好学、守法爱家的典型村民，营造了积极向上的村风民风。各村的普法教育深入到各项道德教育中，村镇设立普法领导小组、培训普法宣传队，普及基本法律知识，并积极运用村规民约解决日常纠纷。

1996 年后，由中宣部等十部委联合发起的“文化科技卫生三下乡”活动成为提升农村思想道德水平的重要手段。各级政府针对农村文化、科技、卫生基础设施薄弱的问题，送文化下乡、送科技下乡、送卫生下乡，以丰富农民的精神文化生活。通过送建结合、实施“三扎根”工程，逐步形成了扎根基层、为农民提供良好服务的文化科技卫生队伍。“文化下乡”完善了农村道德建设阵地，各村逐渐建成了文化站、图书室和农民俱乐部；“科技下乡”提高了农民的科学意识，使农民确立科学发展理念；“卫生下乡”改善了农村医疗卫生环境，为农民提供基本医疗保障。这些措施有效提升了农民思想道德水平和科学精神，改善了农村文化氛围。

（三）以《中国共产党农村基层组织工作条例》为抓手，强化基层组织建设

基层党组织是农村社会主义核心价值观建设的核心主体，在推动农村经济发展和思想道德建设中发挥着重要作用。然而，20 世纪 90 年代初期，农村基层组织还存在部分农村基层干部以管理者自居、缺乏对农民需求的关心、部分基层组织软弱无力、难以发挥应有的领导作用等问题。为了强化基层组织的建设，1993 年中共中央在《关于当前农业和农村经济发展的若干政策措施》中提出，农村改革需要以村党支部为核心加强基层组织建设。

1999年3月，《中国共产党农村基层组织工作条例》（以下简称《条例》）正式实施，对农村基层党组织的职责、任务、组织设置、经济和精神文明建设等进行了明确规范，进一步强化了农村基层党组织在农村发展的核心作用。在市场经济发展和农村改革的背景下，加强基层党组织建设成为确保农村物质和精神文明建设顺利推进的重要保证。各地在《条例》颁布后积极开展“强班子、建组织”活动，一些县市开展“十佳村党支部”评选，激励基层组织自我改进；部分地方选派优秀党员干部到软弱涣散的村组织中整顿；许多乡镇组织基层党员定期学习培训，以提高他们的政治素养和实际工作能力。

各地在加强基层组织建设中还重视培育基层干部的“四种精神”：一是求实精神，鼓励干部团结群众、共同发展；二是拼搏精神，培养基层干部面对困难百折不挠、勇往直前的品格；三是创新精神，要求基层干部与时俱进、勇于开拓；四是奉献精神，倡导干部全心全意为农民服务。这“四种精神”的培养，使基层干部在农民中树立了威信，增强了党组织的凝聚力和号召力。

三、发展阶段（2005—2012年）

2005年至2012年是农村社会主义核心价值观建设的发展阶段。这一阶段，农村的社会主义核心价值观建设有了新的载体和契机。党和政府通过出台新的政策、宣传新的指导思想、提出新的战略目标等来增强亿万农民群众对社会主义核心价值观的认知与认同，农村的社会主义核心价值观建设可谓是稳步推进。主要表现在以下几个方面：

（一）以新农村建设为契机培育有文化、懂技术、会经营的新型农民

2006年，中央一号文件提出了建设社会主义新农村的战略任务，明确要求“按照发展生产、生活宽裕、乡风文明、村容整洁、管理民主的目标，协调推进农村经济、政治、文化、社会和党的建设”，并进一步提出培养“有文化、懂技术、会经营的新型农民”。此后，全国掀起了建设社会主义新农村的热潮，各地通过多种手段促进新型农民的成长和发展。

许多地方为农民提供创业基金，帮助他们实现就业成才；一些地方集中力量培养青年农民，造就一批农业产业化和非农创业的带头人；另一些地方则大力实施农村劳动力转移培训计划，推动农民积极参与“阳光工程”培训，为他们创造更多非农经济就业机会。同时，一些地方还积极推动经济合作社的发展，鼓励已经致富的农民带动其他村民共同致富，这些新型农民不仅引领了村民的致富之路，还为农村经济发展提供了宝贵的智力支持。

在新型农民培育过程中，地方政府还高度重视思想政治教育，通过宣讲社会主义核心价值观、爱国主义、集体主义等内容，帮助农民增强法治观念、培育文明行为习惯。许多地方在“村庄环境整治”中倡导绿色环保生活方式，发动农民开展以“三化”（净化、绿化、美化）、“四清”（清垃圾、清污水、清路障、清柴垛）和“五改”（改水、改厕、改灶、改圈、改房）为主要内容的环境建设工程，创建了“文明示范村”和“生

态示范村"①。这一系列的生动培育实践展示了社会主义核心价值观在农村的广泛渗透，而新型农民的成长也为社会主义核心价值观建设奠定了坚实的人才基础。

（二）以形式多样的活动为载体培育农民社会主义荣辱观

荣辱观是人们对荣誉和耻辱的根本看法和态度。2006 年 3 月 4 日，时任国家领导人胡锦涛在全国政协会议上明确提出，要引导广大干部群众树立社会主义荣辱观。随后，中央各部门陆续发文，要求把社会主义荣辱观教育推进到社区、农村、学校和家庭等各个领域。同年，中央精神文明建设指导委员会同年也发布了关于深入学习实践社会主义荣辱观的指导意见，自此，荣辱观教育在农村地区得以广泛推进和实践。

各地农村在推进社会主义荣辱观教育时，采取了丰富多样的形式。首先，许多地方通过收集和宣传社会主义新农村建设中的典型人物和事例，在人流密集的村口、车站等地张贴"社会主义荣辱观"标语，使荣辱观深入人心。其次，县乡联动，成立宣讲团深入农村，以专题党课等形式，帮助农民更好地理解党的政策与理论，深化对社会主义荣辱观的认识。同时，宣传册、宣传画等工具也被广泛使用，将"社会主义荣辱观"的内涵阐释得清晰明了，并发放至村民手中，进一步强化了教育效果。此外，文化活动也是推动荣辱观教育的有效途径，通过相声、小品、戏曲等村民喜闻乐见的节目形式，传播文明新风，引导农民摒弃陋习，树立新风尚。

各地还结合荣辱观教育进行村规民约的修订，使其符合社会主义核心价值观要求。同时，注重农村文化设施建设，通过文化活动室、道德讲堂等阵地，使村民们在潜移默化中受到社会主义核心价值观的影响。这一时期，通过宣传教育和生动的活动实践，社会主义荣辱观在广大农村得以普及，农村社会呈现出积极向上、文明和谐的氛围。

（三）将社会主义核心价值体系贯穿于农村精神文明建设全过程

2006 年 10 月 11 日，党的十六届六中全会提出构建社会主义核心价值体系②；2008 年 10 月 12 日，党的十七届三中全会进一步强调，社会主义核心价值体系建设要深入农村，并提出了具体实施要求。随后的几年里，社会主义核心价值体系建设在农村逐步推进，贯穿到农村精神文明建设的方方面面。这一时期的农村核心价值体系建设与荣辱观教育同步展开，各地在政策指导下全面推进文化和道德建设。与此同时，国家开始在农村广泛推行科学发展观，明确提出要将社会主义核心价值体系与新农村建设紧密结合。各地通过丰富多样的文化活动和实际行动，向广大农民普及爱国、敬业、诚信等社会主义核心价值观的基本理念。在这一过程中，基层政府充分利用已有的农村精神文明建设成果，积极引导村民更好地理解社会主义核心价值观，为社会主义核心价值观在农村地区的深入建设奠定了坚实的群众基础。

① "三化"是指道路硬化、村庄美化、院落净化；"四清"是指清垃圾、清淤泥、清路障、清草垛；"五改"是指改厨、改厕、改圈、改水、改院。

② 社会主义核心价值观体系的基本内容：马克思主义指导思想，中国特色社会主义共同理想，以爱国主义为核心的民族精神和以改革创新为核心的时代精神，社会主义荣辱观。

（四）政策支持与激励机制，推动社会主义核心价值观的深入落实

这一阶段，国家通过取消农业税（2006 年）等政策措施，进一步改善了与农民的关系，实现了从对农民“索取”到“给予”的根本性转变。这一政策不仅带来的直接经济效益，使农民切实感受到了国家对农村发展的高度重视，还增强了他们对国家政策的认同感。同时，农业税的取消也有助于实现财富的合理分配，彰显了社会主义社会的公平正义原则，进一步推动了社会主义核心价值观在农村地区的普及和深入人心。

从 2005 年到 2012 年，农村的社会主义核心价值观建设逐步得到制度保障，成为农村发展中不可或缺的组成部分。

四、全面展开阶段（2012 年至今）

自党的十六届六中全会明确提出建设社会主义核心价值体系这一战略任务以来，这一理念在全社会树立起了团结奋进的精神旗帜，有力地统一了全党思想、凝聚了社会共识。近年来，各方面普遍反映，应当在社会主义核心价值体系的基础上进一步提炼和概括，形成简明扼要、便于传播践行的社会主义核心价值观。2012 年，党的十八大报告提出了以“倡导富强、民主、文明、和谐，倡导自由、平等、公正、法治，倡导爱国、敬业、诚信、友善”为基本内容的社会主义核心价值观。2013 年中共中央办公厅印发了《关于培育和践行社会主义核心价值观的意见》（以下简称《意见》），该《意见》特别强调要“把培育和践行社会主义核心价值观的任务落实到基层”。2015 年，中央宣传部、中央文明办印发了《培育和践行社会主义核心价值观行动方案》。自此以后，各省、市、县纷纷响应，相继出台了本省、市、县《关于培育和践行社会主义核心价值观的实施方案》，推动社会主义核心价值观建设不断向基层倾斜。在这一时期，中央进一步加大了社会主义核心价值观在农村地区的宣传力度，倡导将社会主义核心价值观融入基层社会治理之中。同时，中央还组织基层领导班子学习社会主义核心价值观的深刻内涵，并扎实开展“我们的中国梦——文化进万家”“舞台艺术送农民”“情暖农民工”“道德讲堂”等文化活动。这些活动通过“送文化”与“结对子、种文化”并举的方式，引导广大农民群众认知、认同、践行社会主义核心价值观。此外，以习近平同志为核心的党中央非常重视以美丽乡村建设、基层精准扶贫为抓手推动农村社会主义核心价值观建设，使社会主义核心价值观与农村、农民的生产生活相贴近，并且通过开展“两学一做”学习教育活动加强基层党组织建设，为农村社会主义核心价值观建设提供了坚实得组织保障。

（一）依托美丽乡村建设，推动农村社会主义核心价值观传播

自 2013 年起，中央一号文件首次提出“美丽乡村”建设的目标，接连几年的“三农”政策都涉及改善农村人居环境和美丽乡村建设。农业农村部、财政部也先后出台了关于《“美丽乡村”创建活动的意见》《关于一事一议财政奖补推动美丽乡村建设的通知》等多项指导性文件，在全国各地启动了美丽乡村创建试点。习近平总书记强调，“绿水青山就是金山银山”“中国要美，农村必须美”。美丽乡村建设不仅聚焦村庄环境的美化，还从民风和行为入手，致力于建设心灵美、行为美的农村，使之成为推动社会

主义核心价值观的切实载体。

各地纷纷以美丽乡村建设为契机，开展村庄环境整治、家庭文化培育和文明评选等活动，拓宽社会主义核心价值观在农村的传播渠道。例如，安徽省繁昌区三元村以“三化四清五改”举措推动村容村貌整治，“三化”指道路硬化、村庄美化、院落净化；“四清”指清垃圾、清淤泥、清障碍、清草垛；“五改”则为改厕、改圈、改水、改院、改气。在吉林省公主岭市的八家子村，整治柴草乱垛、禽舍乱建、垃圾乱倒、牲畜乱拴等“六乱”现象，优化村容村貌。甘肃省临泽县大鸭乡则从文化、环境、语言、行为、经济五方面入手，深入开展“美在家庭”活动，致力于推动家庭文化、居住环境和乡风的综合提升。这些实践在村容整治中巧妙地融入了社会主义核心价值观，提升了村民的文明观念。

此外，各地通过建设文化墙体、活动室和广播室等文化设施，以寓教于乐的方式推动社会主义核心价值观的传播。通过广泛设立“最美人物”评选，村里涌现出一批和睦家庭、诚信农户和文明典型，这种荣誉激励机制引导农民形成善待自然、团结邻里的价值观。美丽乡村的建设试点在全国范围内广泛铺开，为农村社会主义核心价值观建设奠定了坚实的基础。

（二）以“精准扶贫”为契机，推动农村社会主义核心价值观落地

精准扶贫是中国共产党的一项重要民生工程，旨在帮助农民摆脱贫困，通过思想观念的转变，引导农民形成自我发展意识。这一举措成为农村社会主义核心价值观建设的重要实践途径。

精准扶贫的重点在于精准识别贫困户，通过详细摸排和审核，确保将扶贫资源切实分配到最需要的农户。村干部和扶贫工作人员挨家挨户走访，听取村民代表和干部的建议，公正、透明地制定帮扶措施，形成了“村党支部提议、两委会商议、党员大会审议、村民代表会议决议”的民主决策模式。豫南某村在扶贫识别中采用“望闻问切”的方法，进行家庭实况走访，查明贫困状况，确保评定的公正性。在这一过程中，农民深刻体会到社会公正和法治的重要性，从而增强了其对社会主义核心价值观的信任与认同。

扶贫不仅要扶物质，更要扶观念。在精准扶贫的具体方式中，产业扶贫、电商扶贫、教育扶贫、生态扶贫等多种手段的结合，有效提升了农民的市场意识，促进了先进技术的普及。产业扶贫、电商扶贫为农民提供了技术培训和致富途径；生态扶贫则引导农民在发展经济的同时树立生态意识，实现可持续发展；教育扶贫的开展更是体现了社会的公平与正义。这些扶贫模式无形中融入了社会主义核心价值观的内涵，使农民在实际受益的同时深刻体会到公平、诚信和合作等现代价值观的重要性。

扶贫工作中观念扶贫尤为重要。许多贫困地区的农民存在着观念贫困的现象，等待、依赖甚至安于贫困。对此，扶贫政策积极倡导“输血不如造血”，以激发农民的内生动力。正如习近平总书记所说的那样：注重提高贫困地区和贫困群众自我发展的能力。与此同时，在精准扶贫中还可以培育农民群众勤劳致富、勤俭持家的传统美德。这些都在无形中增强农民对社会主义核心价值观的认知、认同与践行。

（三）以“两学一做”为抓手，强化农村基层党组织建设

农村基层党组织的能力直接关系到党的好政策能否执行好，群众的利益能否实现好，以及众多父老乡亲能否团结好。农村的基层党组织更是社会主义核心价值观建设的核心主体，广大基层党员担有社会主义核心价值观建设的宣传发动、组织实施和监督检查等职责，是农村社会主义核心价值观建设的模范实践者积极营造者，他们的一举一动、一言一行都影响着农民群众对社会主义核心价值观的认知与认同。俗话说的“村看村，户看户，群众看党员，党员看干部”说的就是这个道理。因此，抓好农村党员这一“关键少数”，选准配强村级党支部班子，是新时期以习近平同志为核心的党中央推进农村社会主义核心价值观建设的重要抓手。“强班子必须贯彻到认识上，要抓好正在开展的保持共产党员先进性教育活动，努力提高农村基层干部对上对下高度负责的精神和强烈的责任感。”新时期，中国共产党主要以“两学一做”教育学习活动来加强基层党组织建设，培育基层共产党员的先进性。2016 年 2 月，中共中央办公厅印发了《关于在全体党员中开展“学党章党规、学系列讲话，做合格党员”学习教育方案》，并发出通知，要求各地区各部门认真贯彻执行。2017 年 3 月，中央办公厅印发了《关于推进“两学一做”学习教育常态化制度化的意见》（中办发〔2017〕23 号）（以下简称《意见》）。《意见》指出：“各级党组织要教育引导广大党员……继承发扬党的优良传统和作风，大力弘扬忠诚老实、光明坦荡、公道正派、实事求是、艰苦奋斗、清正廉洁等共产党人价值观，带头践行社会主义核心价值观。”自此，各省、市、县、乡（镇）纷纷出台了《关于推进“两学一做”学习教育常态化制度化的实施意见》和具体实施方案。目前“两学一做”学习教育活动在农村基层正在如火如荼地展开并日趋制度化，各地通过“两学一做”学习教育活动不断提高基层党员的觉悟和素质，不断加强村级组织建设，为农村社会主义核心价值观建设提供组织保障。

以上是以纵向的时间坐标为线索，对改革开放以来我国农村的社会主义核心价值观建设进行历史梳理，并将其归纳为萌芽、起步、发展和全面展开四个阶段。虽然培育和践行社会主义核心价值观这一命题是在 2012 年党的十八大中正式提出来的，但通过对改革开放以来党在农村进行的思想政治教育、精神文明建设以及党在农村实施的重大路线方针政策的梳理，我们发现社会主义核心价值观建设早已蕴含在党在不同时期的基层社会治理行动中。不同阶段的价值观建设各有侧重，但都注重围绕特定历史时期党在农村实行的路线方针政策以及解决农村社会突出存在的问题来引导农民认知、认同、践行社会主义核心价值观。此外，在社会主义核心价值观建设的方法上，各地都注重探索方法的多样性和载体的创新，在建设原则上注重引导和鼓励相结合的原则来加强建设。当然，农村社会主义核心价值观建设也存在一定的不足，比如党的一些最新理论成果的宣传仅仅触及基层党员这一层面，没有完全渗透到普通群众这一层面；在社会主义核心价值观建设的过程中，采用灌输的方式较为普遍，导致农民的主观能动性未能充分发挥；同时，建设的载体相对单一，行政化、表层化现象也不同程度的存在。这些因素都不同程度地影响着农民群众对社会主义核心价值观的认知、认同与践行。

第三节　农村社会主义核心价值观建设的影响因素

农村社会主义核心价值观的建设受到诸多因素的共同影响。在这一过程中，不同因素通过组织体系、人才资源、公共资源和综合环境等多层面的作用相互交织，共同推动或制约着价值观建设的成效和深入性。以下从组织因素、人才因素、公共因素和综合因素四个方面对影响因素进行详细分析。

一、组织因素分析

（一）基层党组织的主导作用

组织因素，特别是基层党组织的领导力和执行力，是农村社会主义核心价值观建设的关键基础。基层党组织作为农村治理的核心单位，不仅是社会主义核心价值观的宣传者和践行者，其动员能力和执行力还直接决定了政策的有效落地和价值观建设的推进效果。农村党支部能否积极组织宣传活动，组织活动是否具有号召力，都会影响农民对社会主义核心价值观的认知与接受度。以村党支部为核心的农村基层组织，承担着对社会主义核心价值观进行教育、引导、宣传的责任。具备高效的动员力和执行力的党组织可以更好地将社会主义核心价值观融入农村治理实践中，推动其在农村群众中的传播和践行。

（二）村级治理能力的完善

在社会主义核心价值观建设中，村级组织的治理能力是影响村民信任度的重要因素。农村基层组织的治理体制是否完善，管理是否透明，决策是否公平，都直接影响着村民对基层党组织的信任感和对社会主义核心价值观的认同感。透明、公正的治理结构不仅能增加农民的参与度，还能增强他们对党和政府的信任，进而为社会主义核心价值观建设提供组织保障。实践中，不少农村通过村委会和村民代表大会的形式，将农村的重要事务公开讨论，使村民在民主管理中逐渐增强参与意识，理解并认同社会主义核心价值观所倡导的民主、公平的精神。

（三）组织架构的健全与规范

农村的基层组织架构越健全，组织活动的体系越完善，越有利于推动社会主义核心价值观在农村的传播和推广。不同地区农村基层组织的设置和工作流程可能存在差异，但在管理流程上应该具有规范性，并结合实际需求设置相应的岗位，保障资源合理配置。例如，通过设立专门负责文化宣传的部门，定期组织社会主义核心价值观学习和宣传活动；同时，合理分配宣传资金，确保活动能够真正落到实处。此外，基层组织的管理流程越透明、规范，越能激发村民的认同感和参与感，让社会主义核心价值观更具影响力。

二、人才因素分析

（一）农村干部的素质与能力

在农村，基层党员干部不仅是社会主义核心价值观的模范践行者，要是其在群众中推广的核心力量。农村干部的素质和能力直接影响到村民对社会主义核心价值观的理解与接受程度。一些能力强、素质高的村干部往往能通过言行树立榜样，引领村民共同建设文明乡村，促进村民在日常生产生活中自觉践行社会主义核心价值观。通过加强对基层干部中开展思想教育培训，使其更加深入理解社会主义核心价值观的内涵，并提升他们的执行力和责任意识，可以有效推进社会主义核心价值观在农村的落地生根。

（二）乡村人才的培养与引进

农村要保持长期可持续发展，必须培养一批“有文化、懂技术、善经营”的新型农民。只有培育出一批富有责任感和创新精神的乡村人才，才能真正推动社会主义核心价值观在农村的传播。近年来，一些农村地区通过提供专项资金支持、创业激励政策等多种方式，吸引外出青年返乡创业，为农村注入新活力。然而，青年人才大量外流仍然是一个制约因素。因此，加强乡村人才的引入和培养显得尤为重要。吸引教育水平高、观念新颖的青年人才返乡，不仅能带动农村经济发展，也能帮助乡村在社会主义核心价值观建设上发挥更大的作用。

（三）教育资源的投入和覆盖

教育是传播社会主义核心价值观的重要桥梁。农村教育资源短缺直接制约了社会主义核心价值观的传播广度和深度。当前，农村地区教育资源分布不均，教师队伍流动性较大，尤其是幼儿教育和基础教育资源的匮乏，使得许多村民对子女教育存在担忧。通过提升乡村教育质量，加强师资力量的稳定性，农村可以更有效地通过课堂教育向青少年传播社会主义核心价值观。教育资源的提升不仅能增强村民对教育信任度，还能为农村培养更多理解并践行社会主义核心价值观的新生力量。

三、公共因素分析

（一）基础设施的建设和完善

基础设施的完善不仅直接影响农村生活质量，还在一定程度上决定了农村社会主义核心价值观建设的基础。村庄的基础设施越完善，村民对生活环境的满意度越高，也更容易对国家和政府产生正面认同。道路硬化、饮水工程、垃圾处理、网络普及等公共设施的建设，不仅能满足村民的基本需求，还能提升他们的生活水平和幸福感。在公共设施的管理和维护中，有意识地将社会主义核心价值观融入其中，如通过宣传栏、标语、村广播等方式传播社会主义核心价值观，能让村民在潜移默化中认知、接受并践行社会主义核心价值观。

（二）公共服务的公平性与有效性

公平、公开的公共服务有助于村民形成良好的认知，提升对社会公平正义的认同感。农村公共服务涵盖了医疗、养老、教育、社会保障等各项关乎民生的事务。村民在享受公共服务时感受到平等的对待，能够增强对社会的信任和对社会主义核心价值观的认同。此外，农村公共服务在政策落实中的公平性和有效性也是决定村民信任度的重要因素。近年来，农村医疗保障制度不断完善，农业技术支持持续增加，确保了村民的基本生活保障，提升了村民对国家的信任与支持。

（三）文化设施的建设

社会主义核心价值观的传播离不开丰富的文化载体。农村的文化基础设施包括乡村广播站、图书室、文化礼堂、戏台等，为社会主义核心价值观的传播提供了重要阵地。通过在农村增设文化活动场所，举办道德讲堂、农民讲习所等文化活动，能够为村民提供学习的机会，丰富其文化生活，增强社会主义核心价值观在村民心中的认同感。建立文化设施不仅能提供休闲娱乐活动，还能帮助村民了解国家政策、法律法规、道德规范等，为社会主义核心价值观建设营造良好的氛围。

四、综合因素分析

（一）农村传统文化的影响

农村传统文化影响着村民的价值观念和行为习惯。一些农村传统观念可能与现代社会主义核心价值观产生冲突，如封建迷信、家族观念等。这些传统文化在一定程度上影响了社会主义核心价值观的传播和接受。在价值观建设中，要因地制宜，尊重农村的文化传统，通过教育和引导使农民逐渐认知、理解并践行社会主义核心价值观。通过宣传现代思想观念，引导村民用更开放的态度看待事物，逐步转变一些不符合现代社会发展的旧思想、旧观念。

（二）农村经济发展水平的制约

经济基础决定上层建筑。农村经济基础较为薄弱，收入来源单一，产业结构较为简单，制约了农民对价值观的接受程度。对于一些经济相对落后的农村来说，农民在日常生活中面临的现实问题较多，可能对社会主义核心价值观的重视程度较低。因此，推动农村经济发展是解决这一问题的关键。通过政策支持、发展产业等方式改善农村经济条件，使农民切身感受到经济发展的好处，能够帮助他们更好地理解社会主义核心价值观的精神内涵。

（三）政策的长期稳定性

政策的稳定性影响着农村社会主义核心价值观的可持续性。在政策落地过程中，政府部门不仅要制定长远的社会主义核心价值观建设规划，更要确保各项政策措施的延续性，使农民能在长期的政策环境中逐渐习得、认同并践行社会主义核心价值观。例如，国家近年来推行的精准扶贫政策使全国贫困地区农民摆脱了贫困，对党和政府有了更高的信任和依赖。政策的稳定性为价值观建设提供了必要的制度保障。

（四）农民的主观能动性

农民的主观能动性是践行社会主义核心价值观的重要动力。过去，农村价值观建设主要依赖于政府的外在推动。然而，随着村民文化素质的提升和经济条件的改善，越来越多的村民开始逐渐认识到社会主义核心价值观对自身发展的积极影响，并主动参与到价值观建设中。因此，政府应进一步加大对村民参与的支持力度，通过组织评选“文明家庭”“道德模范”等活动，进一步激发村民的主动性，鼓励他们成为社会主义核心价值观的践行者和传播者。

第七章　新时代农村治理与社会主义核心价值观的实践

第一节　新农村治理中的社会主义核心价值观作用

社会主义核心价值观是我国社会发展的思想基石和价值共识，也是新时代农村治理的重要理论支撑。社会主义核心价值观包括国家层面的富强、民主、文明、和谐，社会层面的自由、平等、公正、法治，以及个人层面的爱国、敬业、诚信、友善。这些价值观的推广和践行，为现代化农村治理提供了指导方向，尤其在提升农村治理效率和构建和谐社会等方面发挥着不可或缺的作用。以下将从民主治理、法治建设、村民自治及文化融合四方面展开，深入探讨社会主义核心价值观在农村治理中的具体体现。

一、社会主义核心价值观在农村治理中的体现

（一）民主治理的推进

1. 民主治理的概念和意义

在社会主义核心价值观的指导下，农村治理在民主方面有了显著进展。民主治理是指通过民主选举、村务公开、村民参与等机制，使村民拥有更多参与村级事务的权利，建立共建共治的治理模式。在现代农村治理中，民主不仅体现在投票选举村干部上，还贯穿于村级事务的决策、村务公开、财务公开和监督等多个方面。习近平总书记在多个重要场合强调农村民主治理的重要性，要求大力推进农村民主，切实保障广大农民的民主权利，为建设美丽乡村、打赢乡村振兴这场硬仗奠定坚实基础。

2. 村民选举与参与

在农村民主治理中，最直接的体现是村民选举。村民通过直接投票方式，选举出村委会成员和村民代表，这一过程极大地增强了村民的主人翁意识和参与感。这一形式在全国范围内得到了推广，已成为村民表达意愿的重要渠道，体现了“人民当家作主”的民主理念。此外，村民不仅参与选举，还通过村民代表大会和其他会议参与到具体的村务决策中。例如，村委会定期召开村民会议，就村内重大事务进行商讨，村民们能够充分表达意见，直接参与村庄事务的管理中。

3. 村务公开与监督机制

村务公开是民主治理的重要环节，也是确保农村治理公开透明的关键。各地积极推行的“村务公开栏”通过将村级财务、干部薪资、基础设施建设等重要事项向公开于村民，从而保证了村级事务的透明度，增强了村民对村级治理的信任感和满意度。例如，

在河北省某村，通过村务公开栏向村民公布村财务收入支出、集体土地管理、扶贫资金分配等情况，村民可以通过公开栏随时了解村务动态，保障了村民的知情权和监督权。同时，一些村庄还设立了“村民议事会”或“村民监督委员会”，让村民选出的代表对村级事务进行监督和管理，充分保障了村民的参与权和监督权。

（二）法治观念的落实

1. 法治在农村治理中的重要性

乡村是中国社会的基础，乡村治理法治化是维护这个“基础”和谐稳定的基石。党和国家依法治国、依法治村，有序地推进实现乡村社会法治化。从宏观层面看，依法治村是发展乡村社会经济的需要，也是提高国家现代化治理的必然途径。重塑乡村社会关系，构建法治和礼治相结合的新型乡村社会秩序，让法治观念深入人心，成为基层民众日常生活中的行为准则，切实推进乡村基层治理法治化。从微观层面看，推进乡村基层治理法治化有利于化解当前乡村社会矛盾，维护社会的安全稳定。习近平总书记多次强调要“依法治国、依法治村”。在农村治理中，法治不仅是保障农村社会稳定的坚强后盾，还对村民的行为起到规范和引导作用。通过普法教育、完善的村规民约和法律援助，农村治理逐步实现了依法决策、依法管理，推动了农村法治建设的深入发展。

2. 法治教育与普法宣传

普法教育是落实法治观念的重要环节。全国各地农村通过组织普法讲座、法律服务站等，定期开展形式多样的普法教育活动，帮助村民树立法律意识，理解法律条文和村规民约的内涵。例如，山东省某村定期组织法律咨询日，邀请律师为村民解答法律问题，并通过村广播、标语、村委会公告栏等多种形式进行普法宣传，让村民了解到依法维权和责任的重要性。通过普法教育，村民逐渐增强了法律观念，学会了如何依法维护自身权益，增强了对法治的信任感。

3. 村规民约的实施

在法治基础上，各地结合本地实际，纷纷推出了具有地方特色的“村规民约”，这是农村治理中普遍适用的一种治理工具。例如，浙江省某村推行了一系列村规民约，涵盖邻里关系、环境保护、公共卫生等多个方面，成为村民日常行为的行为准则。通过村规民约的推广和实施，村民们逐渐养成了依法办事、按章行事的良好习惯，形成了相对稳定的村规村风，有效提升了农村的整体治理水平。

4. 法律援助与纠纷调解

许多农村设立了法律援助服务站点，为村民提供便捷、高效的免费法律咨询和纠纷调解服务。法治保障不仅体现在法律援助，还体现在对矛盾纠纷的有效调解上。农村调解组织和村委会调解小组成为纠纷解决的首选机构，调解机制确保了村民能通过合法途径解决矛盾纠纷，有效维护了农村社会的和谐。例如，广东省某村在村委会设立了专职调解员，负责协助解决家庭纠纷、土地分配等问题。这一调解机制得到了村民的认可和好评，村内纠纷发生率明显降低。

(三) 村民自治的强化

1. 村民自治的重要性

村民自治作为农村治理的重要模式之一，是农村民主治理的核心内容。村民自治强调以村民为主体，在村民代表会议的基础上，通过制定村规民约、建立村务公开制度等方式，实现了村级事务的集体决策和监督机制，形成了尊重村民意愿的基层治理模式。这一模式充分发挥了村民的主体作用，是农村治理的基本形式。

2. 村务管理与自治监督

通过村务管理，村民可以直接参与到村级事务的管理中，村委会的职责涵盖土地分配、福利分配、基础设施建设等，所有事务都必须经过村民代表的决策并向村民公示。这种自治模式显著增强了村民的参与感和责任感。例如，四川省某村在修建村民活动广场的过程中，通过村民投票选定设计方案，并在施工过程中定期公示资金使用情况，有效提升了村民的归属感和认同感。

3. 村民自治与民主决策

在村民自治体系下，村民拥有对村级事务的决策权。各项事务须经过村民代表大会或村民会议商议决定。例如，江苏省某村在村委会成员的带领下，组织村民共同商议公共资源的分配和土地管理的方式，实现了决策的民主化。通过民主决策机制，村民可以有效参与村级事务，保证决策的科学性和合理性，使村民的权益得到保障。

(四) 社会主义核心价值观与乡村治理文化的融合

1. 社会主义核心价值观对乡村治理文化的影响

社会主义核心价值观的推广和践行，使乡村治理更加文明和谐。在乡村治理中，社会主义核心价值观不仅体现在制度建设中，还逐步渗透到村民的日常生活中。村民的思想道德建设、村风民风的形成都受社会主义核心价值观的影响。通过树立道德典范，开展文明村镇创建活动等方式，社会主义核心价值观逐渐成为农村社会的重要文化规范。

2. 村风建设与道德模范评选

村风建设是乡村治理的重点内容之一，许多村庄定期开展道德模范、文明家庭的评选活动，倡导村民的文明行为，提高村民的道德水平。例如，湖南省某村开展的“道德模范”评选活动，选出了“助人为乐”“勤劳致富”等典范，得到了村民的广泛支持和积极参与，营造了良好的社会风尚。

3. 家风建设与社会主义核心价值观的弘扬

家风家训作为农村传统文化的重要内容，是社会主义核心价值观的直接体现。各地通过设立家风文化长廊、开展家训讲堂等活动，将家风文化与社会主义核心价值观结合，形成了良好的社会风尚。例如，在山西省某村，家训成为村民思想道德教育的核心，村民通过传承优良家风，形成了互助友爱的良好风气，促进了村民的思想道德提升。

二、乡村治理的文化与价值观导向

乡村治理的文化与价值观导向是乡村稳定与可持续发展的关键，关系到农民生活质量、村民自治、社区凝聚力以及农村社会的和谐。社会主义核心价值观的导向性作用，体现在乡村治理的方方面面，将其融入农村文化建设中，不仅丰富了乡村治理的内容，还塑造了积极向上的村风民风，使乡村治理更加符合新时代的核心价值要求。以下从乡村文化建设的内涵、价值观导向在乡村治理中的实际作用、实际推动路径及其实现效果等方面展开详细阐述。

（一）乡村文化建设的内涵

乡村文化建设是乡村治理的精神支柱，涵盖农民的生活习俗、道德准则、集体意识和公共行为规范等方面。乡村文化建设不仅涉及家风家训的传承、礼仪习俗的维护，还包括丰富多样的传统文化活动。习近平总书记曾指出，乡村治理应注重文化引领，通过加强农村思想道德建设和公共文化服务，引导农民树立正确的价值观。这些传统文化元素在社会主义核心价值观的现代化引领下，逐渐融入新时代农村的文化体系，极大地增强了农村社区的凝聚力和村民的社会责任感，为乡村振兴战略的有效实施奠定了坚实的文化基础。

（二）社会主义核心价值观在乡村治理文化中的导向作用

社会主义核心价值观通过价值导向作用，为乡村治理提供了明确的目标和方向，使乡村治理更加规范、和谐和富有凝聚力。

1. 道德规范和价值引导

在乡村治理中，社会主义核心价值观中的“爱国、敬业、诚信、友善”等道德理念为农民提供了明确的行为准则，成为村民日常生活中的行动指南。通过广泛宣传和日常教育，这些核心价值逐渐内化为村民的行为选择。例如，农村地区通过创建“文明家庭”“道德模范”等活动，评选出表现优秀的家庭和个人，为村民树立了榜样。在农村社区活动中，也逐渐倡导诚信待人、友善互助的风尚，村民在集体活动中逐渐形成了自我约束、自我管理的意识。

此外，社会主义核心价值观对村民敬业精神的激发，促使村民积极投身于乡村经济建设和公共事务管理，特别是通过农业产业化、农村电商等新型农村发展方式，村民在践行敬业精神的同时，为乡村治理带来了实质性的发展动力。

2. 塑造和谐、包容的社区氛围

和谐的社区氛围是农村治理稳定和社会关系融洽的基石。社会主义核心价值观中的“和谐”理念通过村民活动和村务管理，促进了邻里之间的友好互助。各地农村在推广社会主义核心价值观过程中，注重引导村民之间形成团结友爱、和睦共处的关系。例如，许多村庄通过开展“和谐邻里”“睦邻友爱”等活动，增强了村民间的相互信任和支持意识，逐渐形成了村民互帮互助、共同维护社区和谐的积极氛围。

3. 村民自治中的价值引导

社会主义核心价值观中“民主”“法治”的理念在村民自治中具有重要的导向作用。

通过村务公开、村民选举等民主治理方式，村务治理的透明度和村民的参与度得到显著提高。在实际的村民自治活动中，村干部广泛听取村民的意见和建议，以“公开、公正、公平”为原则处理村务，建立了符合村民意愿的基层治理机制。在村级组织的管理中，民主参与和法治规范成为核心准则，村民在履行选举权的同时，也逐渐树立了法律意识和法治观念，村务治理的合法性和正当性进一步增强。

这种民主法治的治理模式极大地提升了村民对村级组织的信任度，村民不仅更积极地参与村务管理，还显著增强了依法治村的意识，逐渐形成了依靠村民力量共建共治共享的乡村治理模式。

4. 促进绿色发展和生态治理

“生态文明”是社会主义核心价值观的重要内容，尤其适用于农村的环境保护和绿色发展。农村地区通过生态治理，实现了人与自然的和谐共生，保护了农村的自然资源和生态环境。农村治理过程中，以生态环境保护为主的理念得到了广泛认可，例如通过农业生态循环的方式，减少农药和化肥的使用，推动农村环保工作。许多地区也通过生态示范村的创建，鼓励农民参与环境治理活动，比如植树造林、垃圾分类、保护水源等。

生态文明理念的推广不仅有效改善了农村生态环境，还极大地增强了村民的环境意识，逐渐形成了爱护环境、珍惜资源的良好社会风尚。特别是在习近平总书记提出的“绿水青山就是金山银山”的指导思想下，生态文明成为村民美好生活的必要保障，为农村的可持续发展和环境保护提供了强有力的精神动力。

（三）社会主义核心价值观导向在乡村治理中的效果

1. 改善村风民风，提升农村社会文明程度

社会主义核心价值观在农村治理中的导向作用使村民的思想观念逐渐发生转变，诚信、友善的村风逐步形成，村民的整体道德素质得到提升。社会主义核心价值观的推广不仅提升了村民的思想觉悟，也塑造了文明向上的农村社会风气，为乡村治理创造了良好的社会环境。

2. 提升村民参与治理的主动性和积极性

通过社会主义核心价值观的导向，村民逐渐认识到参与村务管理的意义，村民的参政议政意识增强。在民主参与的过程中，村民能够感受到公平和公正，村务管理的透明度和合法性也得到显著提升。村民逐渐从被动接受治理转变为主动参与治理，为乡村治理的民主性和规范性注入了新的活力。

3. 推动美丽乡村和生态文明建设

社会主义核心价值观在乡村治理中强化了生态意识和环保理念，推动了美丽乡村建设和环境治理。农村通过生态文明理念的实践，实现了人与自然的和谐共生。美丽乡村建设不仅提升了农村的基础设施和生活环境，也使村民的环保意识得到了显著增强。

4. 构建和谐共融的社区环境

在社会主义核心价值观的指引下，乡村治理逐步构建起和谐共生的社区环境。村民之间的矛盾纠纷得到妥善处理，村民关系更加融洽，农村社区的和谐度不断提高。通过

“邻里守望”“和睦村庄”等社区活动的开展，村民之间的相互信任得到增强，共同营造了团结友爱的社区氛围。

第二节　基层党组织在社会主义核心价值观实践中的作用

一、农村基层党组织的价值观引领作用

（一）思想引领：凝聚农村党员与群众的价值观共识

农村基层党组织在推广和深化社会主义核心价值观方面，承担着思想引领的重要职责。通过定期组织党课、党员教育和思想政治工作，基层党组织将社会主义核心价值观的理念逐步灌输到党员和村民的思想中，使之成为村民日常行为和生活准则。思想引领不仅强化了党员干部的责任意识和使命感，也帮助村民逐渐将社会主义核心价值观内化为信仰，促进了农村社区的整体文明建设。

1. 主题教育活动深化思想认同

为使社会主义核心价值观的内涵深入人心，基层党组织定期组织各类主题教育活动，确保社会主义核心价值观的理念被广泛传播和深入理解。例如，通过组织观看党的宣传片、开展方针政策宣讲会等活动，帮助村民更好地理解“爱国、敬业、诚信、友善”等社会主义核心价值观的具体意义和实际应用。这些活动不仅强化了党员的思想觉悟，还有效带动了群众对社会主义核心价值观的认同，使价值观教育更具感染力和说服力。

此外，座谈会、知识竞赛等多种形式的活动也起到了推动思想转变的作用。座谈会为党员和村民提供了讨论和交流的平台，让村民能够在轻松的氛围中分享心得，增强对社会主义核心价值观的理解。而知识竞赛则以趣味性和互动性吸引村民参与，使价值观教育在潜移默化中实现了效果提升，逐渐推动村民将社会主义核心价值观内化为行为准则。

党的十九大报告指出，基层党组织要成为“宣传党的主张、贯彻党的决定、团结动员群众、推动改革发展的坚强战斗堡垒。”农村党组织通过率先垂范和深入推广社会主义核心价值观，发挥了强有力的凝聚作用，使社会主义核心价值观逐渐深入人心，并成为村民生活和人际交往的精神指南。

2. 具体实施方法：多样化的思想政治教育

为进一步强化思想引领，农村基层党组织采取了多种教育形式，将社会主义核心价值观的推广与农村生活实际相结合。以下是思想引领的几种具体实施方法：

（1）模范带动与经验分享

基层党组织经常邀请优秀党员、村干部和当地模范人物进行经验分享和演讲，使村民更为直观地理解和感受到社会主义核心价值观的实际应用。通过模范人物的示范引领，村民们能够切实体会到诚信、敬业等社会主义核心价值观在生活和生产中的重要性。这样的经验分享和榜样力量，不仅激发了村民对社会主义核心价值观的兴趣，也在村内形成了学习先进、崇尚美德的良好风气。

（2）“红色文化教育”活动

农村基层党组织还通过组织“红色文化教育”活动，进一步加强思想引领。例如，通过带领村民参观革命遗址、参加纪念活动，让村民了解革命历史，学习革命先辈的奋斗精神，体会到今天生活的来之不易。这种沉浸式的教育形式，有助于村民铭记初心、坚定信仰，并在日常生活中践行社会主义核心价值观。这种教育方式不仅加深了村民对社会主义核心价值观的理解，还增强了他们的民族自豪感和文化自信。

（3）组织党员学习会与研讨会

基层党组织定期组织党员学习会和研讨会，集中学习党的方针政策，深入探讨村内社会治理和经济发展中的实际问题。在这些学习会中，党员们不仅能深入了解社会主义核心价值观的具体内涵，还能通过讨论与交流，进一步坚定对社会主义核心价值观的信念和理解。研讨会的形式促进了党员之间的思想碰撞和知识共享，使社会主义核心价值观的教育更加系统和深入，同时也为村内事务的管理和解决提供了坚实地理论支持和行动指南。

（4）道德教育活动和宣传讲座

基层党组织还通过道德讲堂、社会主义核心价值观主题讲座等形式，在村内营造出良好的教育氛围。例如，村干部定期组织村民参加“道德讲堂”，宣讲诚信、友善、敬业等社会主义核心价值观内容，并邀请有实际经验的村民分享自己的生活故事。这些贴近实际的讲述，使其他村民更好地理解和认同这些价值观念。这样的教育形式，增强了村民对社会主义核心价值观的情感共鸣，进一步激发了村民的参与积极性。

3. 党员率先垂范，发挥示范引领作用

党员干部在社会主义核心价值观的推广过程中发挥着率先垂范的作用。他们以实际行动诠释社会主义核心价值观，积极参与村内的志愿服务、公益活动，为村民树立了正面的榜样。例如，党员干部主动参与村庄环境整治、帮扶困难家庭、提供农业技术支持等，通过无私奉献展示了“敬业”“友善”的内涵。他们的模范行动感染了村民，使村民在潜移默化中受到影响，也更加认同这些价值观。

在一些特殊时期，如应对自然灾害或疫情防控，党员干部更是冲锋在前，以无私奉献的精神带动全体村民的共同参与。例如，在疫情防控期间，党员干部带头捐款捐物，组织村民进行消毒防疫工作，这种责任和担当的精神，极大地增强了村民对党组织的信任感，同时也让社会主义核心价值观得到了实实在在的推广。

4. 增强思想引领的影响力：引入“互联网+”教育模式

随着信息技术的普及，许多基层党组织开始探索“互联网+”教育模式，通过微信群、公众号等线上平台开展思想引领活动。例如，村党支部会定期在微信群中发布社会主义核心价值观相关的学习资料、视频和讲座，方便村民随时学习。这种灵活的学习形式打破了时间和空间的限制，使社会主义核心价值观的教育更加广泛和便利。

通过线上线下相结合的教育模式，村民不仅能够及时了解国家的最新政策，还可以与党员干部保持互动，提出自己的疑问，获得即时的解答和帮助。这种形式极大地扩展了思想引领的覆盖面，使社会主义核心价值观在村民中逐步内化为一种自觉的信念，为实现乡村振兴、共同富裕提供了坚实的思想支撑。

5. 思想引领的成效：提升村民的精神面貌和社会风尚

思想引领不仅让社会主义核心价值观深入人心，还显著提升了村民的精神面貌和社会风尚。例如，通过对“爱国、敬业、诚信、友善”价值观的不断宣传和实践，村民在公共场所自觉遵守村规民约，互相尊重、友爱和帮助，村内形成了和谐友好的社会氛围。同时，村民逐渐树立了奉献意识和社会责任感，在集体活动和公益事业中更加主动积极，极大地提升了农村社区的凝聚力和归属感。

（二）规范引导：通过制度建设推动社会主义核心价值观的实践

在推动社会主义核心价值观的践行中，农村基层党组织不仅依靠思想宣传，还重视通过建立和完善规范制度来强化村民的行为。针对农村地区的具体情况，许多基层党组织制定了《村规民约》，对村民的行为作出具体规范。《村规民约》涵盖了村民的社会交往、环境保护、公共设施管理等多个方面，成为村民共同遵守的准则，并逐渐渗透到村庄的日常生活和治理中。

通过《村规民约》的引导，村民的言行更加规范，公平、公正的观念逐渐在村民心中深化。在这种制度约束下，村民的行为习惯得到了有效规范，社会主义核心价值观中的“诚信”“友善”等理念也逐渐被村民所认同。例如，一些村庄规定，在处理邻里纠纷时，村民应当遵循“和为贵”的原则，禁止以暴力手段解决问题。同时，村规民约还明确了村民在公共事务管理中的权利和义务，使村民在村务管理上拥有更多的参与和决策权，进一步增强了他们对村庄发展的责任意识和归属感。

1. 制度建设的关键作用：村规民约规范行为

（1）行为规范化

《村规民约》是农村社会治理的基础制度，旨在对村民的日常行为进行规范。它通过对环境保护、邻里关系、公共设施的管理等方面进行详细规定，使村民在日常生活中有了明确的行为准则。例如，一些村庄明确规定了垃圾分类和垃圾清理的要求，违者需承担相应的处罚。这种制度不仅有效改善了村庄环境，也让村民逐渐意识到生态保护的重要性，培养了良好的生活习惯。

（2）邻里和谐与冲突调解

在村规民约中，许多村庄将“和为贵”作为调解邻里纠纷的原则。例如，一些村庄规定，当村民之间发生纠纷时，必须通过协商或请村干部进行调解，不得以暴力解决问题。这种约束机制鼓励村民用和平的方式解决矛盾，不仅减少了矛盾激化的风险，还促进了邻里和谐，强化了社会主义核心价值观中的“友善”理念。

（3）公共事务的参与和责任意识

通过制度明确村民在公共事务中的权利和义务，使村民在村务管理中有了实际的参与机会。例如，村规民约规定村民应当积极参与村庄公共设施的维护，如道路清洁、村内河道整治等，营造出人人参与、人人尽责的氛围。制度明确了村民的责任，使他们在村庄发展中更具主人翁意识，增强了对村庄的认同感和归属感。

2. 典型规范引导措施：村民议事会和民主决策机制

基层党组织通过引入村民议事会、村民大会等参与性机制，使村民在村庄治理中有了直接的参与机会。这些机制不仅规范了村庄管理，也有效推动了社会主义核心价值观中“民主”“公正”观念的实践。

（1）村民议事会制度

村民议事会是许多村庄采用的民主管理模式，通过这一制度，村民能够直接参与村内重大事务的决策，行使决策权和监督权。例如，一些村庄的议事会由村民选举产生，议事会成员参与到村内基础设施建设、扶贫资金分配等重大事项的讨论和决策中。通过这样的民主参与，村民逐渐了解了村庄管理的程序和规则，增强了对民主和法治的理解和认同。

（2）村务公开制度

为提高村务管理的透明度，许多农村地区实施了村务公开制度。村干部定期向村民汇报村务收支、项目进展等情况，确保村民对村级事务的知情权和监督权。例如，在一些村庄，每月或每季度都会举办村务公开会议，村干部公开展示村务账目、重大事务决策等信息。这种透明化的治理模式，不仅使村干部的行为受到监督，还让村民在管理中感受到了公平和公正，有效提升了村民对基层党组织的信任感。

（3）民主选举和选举监督的强化

在村规民约的基础上，基层党组织还通过民主选举的方式增强村民的主人翁意识。在选举过程中，村民通过“一人一票”选举产生村干部和村民代表，确保选举的公开、公正和透明。例如，选举前进行公示，候选人介绍个人履历和参选宣言，并接受村民的质询和评议。选举结束后，村民还可以通过监督委员会对选举结果进行监督和复议。这种民主选举制度不仅保障了村民的选择权，也促进了民主政治在农村的实践，进一步增强了村民的民主意识。

3. 典型制度示范的效果

（1）提升村民行为规范与自律意识

通过村规民约的引导，村民逐步养成了自律意识。制度的规范使村民在言行上更加注重自身形象，逐渐形成了遵纪守法、互帮互助的良好风尚。例如，通过村规民约的规定，许多村民在公共场所更加注重环境卫生，逐渐养成了自觉维护环境整洁的习惯。这种行为规范不仅促进了村庄的文明风貌，还进一步增强了村民的责任意识和集体荣誉感。

（2）推动村庄治理的民主化、法治化进程

村民议事会、村务公开等制度不仅有效规范了村干部的行为，也让村民在村庄治理中真正实现了民主参与。通过民主选举和村务公开，村民在村庄事务中拥有了更多的话语权和监督权，逐步树立了法治观念。例如，村务公开会议的实施，让村民了解了村务资金的流向，确保了公共资金的合理使用。随着这些制度的逐步实施，村庄治理的民主化和法治化程度不断提升，村民的主体意识和参与热情也逐步增强。

（3）增强村民集体责任感和共同富裕意识

制度建设让村民在公共事务中拥有了实际参与的机会，使他们认识到村庄发展不仅依赖村干部的努力，也需要每一位村民的贡献。这种集体责任感的培养，使村民在村务管理中逐渐达成了共同富裕的共识。例如，在村庄环境治理项目中，村规民约要求村民分担清洁责任，轮流维护公共区域卫生，逐渐形成了互帮互助的氛围。通过这种集体参与，村民的凝聚力得到了进一步提升，推动了村庄的和谐发展。

4. 制度建设的未来发展方向

随着社会的不断发展，村规民约和村庄治理制度还需不断优化，以更好地适应新形势和新需求。例如：

适应新需求：随着村民文化素养的提升和生活水平的改善，村规民约可以更细化、更具人性化，以便更贴近村民的日常生活和实际需求。

推进法治村庄建设：通过制度强化法治建设，促进村民依法行事。建议将法律知识培训和法治宣传纳入村规民约，以进一步提高村民的法治意识。

增强村务公开透明度：在村务公开方面，应探索更加详尽的财务公开模式，以便村民更好地了解村级事务的具体情况，保障村民的知情权。

（三）典型示范：树立榜样引导村民践行社会主义核心价值观

在农村基层党组织的带领下，典型示范作用极大地推动了社会主义核心价值观的践行。通过树立正面榜样，农村社区形成了积极向上的村风民风，社会主义核心价值观逐渐成为村民日常生活和行为的指导准则。党组织通过表彰优秀党员、推选“最美村民”等方式，生动展现了社会主义核心价值观的具体实践，引领村民在榜样的带动下更加主动地践行。

1. 榜样作用的发挥：树立“党员示范岗”与“党员责任区”

许多村庄设立了“党员示范岗”或“党员责任区”，要求党员干部在公共服务中承担更多的责任，以身作则，带动其他村民践行社会主义核心价值观。例如，在环境保护、公共设施维护、乡村建设等活动中，党员主动承担繁重的工作，以“示范岗”的形式影响和激励周围村民。党员干部在行动中展示了“敬业”“诚信”“友善”等社会主义核心价值观，使村民看到党员的奉献精神和担当意识，进一步增强了党员在村民中的威信。

在这些示范岗位中，党员不仅承担工作职责，还向村民传递着诚信、公平、友善等价值观念。例如，在垃圾分类活动中，党员干部带头实践环保理念，主动清理村庄垃圾，通过实际行动引导村民加入环境保护的行列。随着“党员示范岗”在村民中的影响力不断增强，村民逐渐意识到社会主义核心价值观不仅是抽象的理念，而是体现在日常生活中的具体行为。

2. 表彰典型人物：选拔并树立优秀党员和模范村民为榜样

基层党组织定期选拔并表彰在村庄事务中表现突出的党员和村民，树立他们为模范标兵，激励其他村民参与村务治理和公益活动。例如，村庄会表彰在助人为乐、环境保护、农业生产中表现优异的党员和村民，并在村务公开栏张贴模范事迹，通过公开展示增强榜样的激励作用。这样的表彰活动不仅弘扬了社会主义核心价值观，也提升了村民的集体荣誉感和归属感。

表彰典型人物的方式还有利于营造积极向上的村风。例如，一些村庄推选出“最美村民”“优秀农民”，表彰那些在日常生活中积极践行社会主义核心价值观的村民。通过这些榜样人物的带动，村民在日常交往中更加注重诚信待人、团结互助，从而在村庄内形成良好的风气，进一步推动了社会主义核心价值观的广泛传播。

3. 奖励机制：激励村民积极践行社会主义核心价值观

一些村庄还通过设立奖励机制，鼓励那些积极践行社会主义核心价值观的村民。例如，对在志愿服务、社区活动中表现突出的村民给予物质奖励或荣誉称号，进一步激励村民参与集体事务。奖励机制的引入，不仅提升了村民的积极性，也让更多人深刻认识到社会主义核心价值观的实际意义，推动村民在日常生活中更自觉地将社会主义核心价值观内化为行为准则。

例如，一些村委会在环保活动中设立“绿色家庭”评选，对表现优异的家庭进行物质奖励，这种激励方式鼓励更多的村民参与环保行动。通过物质奖励与精神表彰相结合，村民的环保意识和公共责任感得到有效提升。村党支部还定期举办颁奖活动，表彰“友善邻居”“敬业农户”等先进个人，旨在通过这些活动引导村民在日常生活中践行社会主义核心价值观，为村庄营造出团结和谐的良好氛围。

4. 模范党员的带动作用：邻里互助与责任分担

党员干部通过身先士卒的表现，逐渐在村民中树立了良好形象，引领村民群体形成了邻里互助、团结友爱的社会风尚。例如，一些村庄推行“党员联系户”制度，每名党员负责联系和帮助几户家庭，尤其是老弱病残等需要照顾的群体。党员干部定期走访联系户，帮助他们解决日常生活中的困难，增进村民之间的情感联系。

这种党员带头帮扶的方式，不仅提升了村民的获得感和幸福感，也使邻里之间的关系更加融洽。例如，在农忙季节，党员主动帮助独居老人收割庄稼，在节假日期间探访留守儿童家庭等。党员干部的奉献行为激励了其他村民的参与，形成了良好的互助传统。在这种互帮互助的氛围中，村民逐渐将社会主义核心价值观内化为生活准则，村庄的和谐度和凝聚力也得到显著提升。

5. “党员先锋岗”带动村民践行社会主义核心价值观

通过“党员先锋岗”，党员在日常工作中展现了“爱国、敬业、诚信、友善”等社会主义核心价值观。例如，在村庄的防汛、抗旱等紧急事件中，党员干部总是冲在最前面，主动承担任务。在党员先锋岗的示范带动下，村民感受到团结协作、服务群众的意义，逐步增强了对党组织的信任感和认同感。党员干部在实际行动中展现出的责任心和服务精神，也激励了村民在公共事务中积极参与，形成了共同富裕、互帮互助的村庄氛围。

6. 典型示范的长效机制：榜样力量的传承与扩展

在典型示范作用的推动下，村党支部不断总结和推广优秀党员和村民的事迹，通过召开事迹报告会、模范座谈会等方式，将榜样人物的故事传递给更多的村民。例如，一些村庄每年会举办“模范事迹宣讲会”，让优秀党员和村民分享自己的践行心得。这种榜样力量的传承，使得社会主义核心价值观的理念得以进一步扩展，村民在榜样的激励下，逐渐将这些价值观内化为个人的信念。

此外，为了让更多的村民参与到榜样的行列中，村党支部会定期进行典型人物的评选，确保模范力量的持续发挥。村庄通过典型示范的不断延续，将社会主义核心价值观的精神融入村民的日常生活，形成了人人争做模范的良好风气，为村庄的长久和谐与稳定奠定了坚实的基础。

(四) 教育引领：推动农村社区思想道德建设

农村基层党组织通过开展形式多样、内容丰富的教育活动，将思想道德建设深度融入社会主义核心价值观的推广过程中，逐步在村民中树立良好的思想道德风尚。通过不同主题的活动，基层党组织将“爱国”“敬业”等社会主义核心价值观念渗透进村民的日常生活，使村民在潜移默化中受到教育，从而自觉践行社会主义核心价值观。

1. 传统节日中的家风家训教育

在春节、端午节等传统节日期间，农村基层党组织常常组织“弘扬家风家训”活动，引导村民以家风家训为教育基础，将传统美德代代传承。例如，村党支部会邀请村民讲述自己家庭的家风故事，分享父母、祖辈关于诚信、敬业等方面的教导。这些活动不仅增进了家庭成员的情感联系，也让年轻一代感受到传统美德的价值，使其在潜移默化中树立起正确的价值观。

习近平总书记强调，家风家训是个人品德和社会风尚的重要组成部分，通过家风建设能够推动整个社会的道德水平提升。农村基层党组织正是秉承这一理念，利用传统节日，将家风家训与社会主义核心价值观结合起来，使村民在尊重和学习传统美德的同时，更加深刻地理解社会主义核心价值观的具体内涵。

2. 道德讲堂与农民夜校的思想引导

“道德讲堂”“农民夜校”成为农村基层党组织开展思想道德教育的重要载体。这些活动围绕“孝、悌、忠、信”等传统美德展开，帮助村民树立积极的家庭观念和道德观念。例如，“道德讲堂”会邀请村民讲述自己或他人在敬老爱幼、诚信待人等方面的亲身经历，以真实事例引导村民理解并认同这些社会主义核心价值观。

此外，“农民夜校”通过开设实用性知识讲座，如家庭教育、农业技术等，不仅提升了村民的生产技能和文化素养，也帮助他们在生活实践中更好地践行社会主义核心价值观。通过“农民夜校”的学习，村民逐渐认识到，敬业、诚信、友善等价值观念对个人发展和村庄建设的重要性，从而自发地将这些价值观融入日常生活。

3. 文艺活动与思想道德教育的结合

基层党组织还积极利用丰富多彩的文艺活动，如乡村广场舞、红色电影放映、文化节等，来增强村民的思想道德教育效果。这些活动巧妙地将社会主义核心价值观的内容融入村民喜爱的形式之中，以寓教于乐的方式激发村民的参与热情。

例如，党组织定期组织“红色电影放映”活动，播放革命历史题材的影片，让村民在欣赏影片的同时重温革命精神，激发村民的爱国情感和集体责任感。此外，文化节活动中，党组织会安排书法比赛、诗歌朗诵等文艺表演，展现村民对家国情怀的理解和表达，使村民在活动中潜移默化地接受社会主义核心价值观的熏陶。通过这些活动，村民不仅在思想上受到触动，也在行为上逐步践行“爱国”“诚信”等社会主义核心价值观。

4. 志愿服务活动中的互助友爱

志愿服务活动是村民践行社会主义核心价值观的重要实践平台。基层党组织鼓励村民积极参与志愿服务，通过互帮互助增强村民之间的亲密联系。志愿服务活动的形式多样，例如，村党支部会定期组织党员和村民共同参加公益活动，如帮助孤寡老人、进行义务劳动、清扫村庄卫生等。通过为他人提供服务，村民在实际行动中领会到“友善”“诚信”的深刻含义。

这些活动不仅培养了村民之间的关爱互助精神，也为村庄营造了和谐、友善的社区氛围。例如，某些村庄在村党支部的组织下，推行“邻里守望”制度，通过党员联系户、志愿者互助等方式，确保村内弱势群体获得基本生活保障。这种以志愿服务为载体的社会主义核心价值观教育，不仅促进了邻里之间的和睦关系，也使村民逐渐内化了社会主义核心价值观的精神实质。

5. 教育引领的具体实施方法

为确保教育引领的深入开展，农村基层党组织结合实际情况，采取了多样化的教育方式。例如，村党支部通过组织革命英雄事迹宣讲会、邀请本村模范人物讲述奋斗故事，让村民更为直观地感受到社会主义核心价值观的生动体现。同时，基层党组织也定期开展“红色文化教育”活动，通过组织村民参观革命遗址、纪念馆等，让村民了解历史、铭记初心，进而在思想上更加认同社会主义核心价值观的精神实质。

二、村党支部如何践行社会主义核心价值观

村党支部作为农村基层党组织的核心力量，其职能覆盖村级治理的方方面面，因此在社会主义核心价值观的推广中起到了引领和示范作用。以下从村务管理、环境保护、文化活动、思想教育、村民自治和法治建设六个方面，阐述村党支部如何有效推动社会主义核心价值观的践行。

（一）村务管理中的民主与透明

村党支部在村务治理中始终践行民主和透明的原则，确保村民的知情权和参与权，从而推动农村社区的良好治理。通过规范和完善村级事务管理，村党支部不断强化村务公开制度，将财务管理、土地流转、基础设施建设等村务信息及时向村民公示，使村民可以清晰了解村务管理的内容和过程。这种公开透明的管理方式不仅加强了村民对村党支部的信任，还推动了村民对村级事务的民主参与，有效增强了村民的民主意识。

例如，村党支部每月定期公开财务收支、工程项目进展等村务内容，并邀请村民代表参与重要事务的讨论和决策，使村民切实体会到自己的参与权和管理权。在一些地区，村党支部还通过村务公开栏、微信群、村民代表大会等多种渠道，将各项决策的实施细节及时传达给村民。这种公开透明的村务管理，不仅保障了村民的知情权，还促进了基层民主建设，为村民的民主意识培养和自我管理能力提升提供了实践机会。

1. 村务公开制度的实施

在村务管理中，村务公开制度是实现透明治理的关键。通过公开财务收支、工程项目招标、土地流转等敏感事务，村党支部有效避免了村务管理中的暗箱操作，确保村民对村级事务的了解和监督。每月定期张贴村务公告，或通过线上平台发布村务信息，使村民能够实时掌握村庄发展动态。这种信息的及时公开极大地增强了村民的信任感，使村务管理更具透明度。

以财务公开为例，村党支部会将每一笔支出明细、工程进度等逐一公示，避免村民

产生疑虑，同时也能提升村务管理的公信力。在一些经济状况较好的村庄，还会建立定期财务审计机制，将村务收支的细节逐一公布，接受村民的共同监督。这种透明的财务管理方式不仅保障了村民的知情权，更为农村集体经济的健康运行提供了有力保障。

2. 民主选举和民主管理的推动

村党支部通过组织村内的民主选举和民主管理活动，落实了社会主义核心价值观中的“民主、公正”，让村民能够切实参与到村干部的推选和村级事务的管理中。在村干部选举过程中，村党支部严格遵循公开、公平、公正的选举原则，通过透明的竞选流程、民主的选举程序，使村民拥有真实的选择权，提升了村民的政治参与意识。

例如，在村支书和村主任的选举中，村党支部确保所有候选人的资格和选举程序都经过公开审查，并通过村民大会进行集中介绍和宣传，使每一位村民都能够全面了解候选人的背景和计划。在一些地方，村党支部还会邀请非本村的代表或外部监督员参与选举，以确保选举的公平性和透明度。此举不仅提高了村民对选举过程的信任度，也增强了他们的主人翁意识，激发了更多村民自愿参与到村庄管理之中。

3. 村民大会与村务公开日

村党支部定期组织村民大会和村务公开日，广泛征求村民对村级事务的意见，并在决策中认真采纳村民的合理建议。这种做法为村民提供了直接参与村务管理的平台，使他们在村级事务中更有话语权。

在村民大会上，村党支部会针对土地规划、基础设施建设等重大事务进行集体讨论，并详细解答村民的疑问。村务公开日则以活动日的形式，每季度一次集中展示村务成果，让村民能够全面了解村庄的发展进展。例如，在一些村庄的村务公开日，村党支部会组织参观集体项目的现场，让村民实地查看工程进展并提出意见。通过这种方式，村党支部在日常事务中融入民主管理的理念，使村民更为主动地投入村庄建设。

4. 村民议事会的建立与民主决策

为了让村民能够更加深入地参与村级事务，许多村党支部建立了村民议事会，邀请村民代表直接参与到村庄的重大决策中。村民议事会定期召开，由村支书或指定负责人主持，村民代表参与讨论和表决，涵盖土地使用、基础设施规划、经济发展等关键事务。通过这样的参与性管理机制，村民逐步了解了村庄管理的程序和规则，提升了对民主和法治观念的理解和认同。

例如，在一些地方，村党支部还会设立意见征集箱，让无法参加村民议事会的村民也能提供意见，从而实现更为广泛的民主参与。议事会讨论的结果在会后及时向全体村民公示，确保决策的公平和透明。此外，村务管理的进展情况也会在议事会中反馈给村民，帮助村民更加清楚地了解村务管理的过程，提升村民对民主治理的认同感。

5. 通过村务管理培养村民的民主意识

在基层治理过程中，村党支部通过实施一系列民主公开的措施，逐渐在村民中树立了公民参与意识。村务管理不仅让村民在现实中接触和理解民主治理的过程，也为他们的自我管理和自我服务能力提供了锻炼机会。在村务治理的过程中，村民亲身体验到自己对村庄事务的影响力和责任感，逐步培养了村民的民主意识。

例如，村民在参与村务讨论、环境整治、公共设施维护等事务时，不仅认识到个人对集体的重要性，也理解了“共同富裕”理念的深层含义。在这一过程中，村民逐渐形成了自觉遵守民主程序的意识，也更加主动地配合村党支部进行村务治理。

（二）促进环境保护，推动生态文明

村党支部在推进生态文明建设中，积极践行“绿水青山就是金山银山”的发展理念，将环保意识深植于到村民的日常生活中。通过多样化的环境保护活动，村党支部引导村民共同维护生态环境，将生态文明理念在农村广泛传播和实践。

1. 实施环保行动，推动生态保护落地

在具体的环保行动中，村党支部带领村民开展垃圾分类、河流清洁、植树造林等活动，将环境保护理念付诸实践。例如，村党支部每周组织村民清理村内河道、清扫道路垃圾，确保村庄的清洁整洁。在美丽乡村建设的过程中，村党支部引导村民尊重自然、爱护环境，共同维护村内的公共设施，逐步使生态文明理念深入人心。通过这种集体行动，村民不仅体会到环保的具体好处，也逐渐将环保意识内化为自身的生活习惯。

例如，一些村庄推行“村内无垃圾”活动，定期组织村民集中清扫公共场所，并设置了垃圾分类设施，提高村民垃圾分类的意识。此外，村党支部还组织春季植树活动，通过“党员认领树苗”“家庭绿化责任区”等形式，增强村民对环保的责任感，让绿色生活方式在村庄中逐渐成为共识。

2. 推动环境保护教育，提高村民环保意识

为了进一步强化村民的环保意识，村党支部通过组织生态保护讲座、设置宣传标语、利用村内广播等方式，不断普及环保知识。例如，村党支部在村民集中活动区域张贴“节约资源、保护环境”标语，呼吁村民树立环保意识，并将环保教育纳入村民培训计划中，邀请专家为村民讲解绿色农业和环保措施。

村党支部还在一些节假日开展“生态文明主题日”活动，例如在“世界环境日”组织环保知识竞赛，让村民在参与中增强环保意识。同时，村党支部鼓励村民家庭创建“绿色家庭”，通过家庭环保小实践，如减少塑料袋的使用、推广低碳出行等方式，让每个家庭都成为生态文明建设的积极参与者。通过持续的教育和宣传，村民逐渐理解到环保对自身生活和村庄可持续发展的重要性，逐步形成节约资源、爱护环境的生活习惯。

3. 环保志愿活动的推广

村党支部还通过成立环保志愿者队伍，进一步引导村民主动参与环保活动。例如，村内志愿者在村党支部的带领下定期进行河道清理、植树造林等活动，不仅使村庄环境得到了改善，也促进了村民之间的协作和团结。志愿者的积极参与使村民看到环保带来的实在好处，激发了更多村民参与环保行动的热情。

通过志愿服务，村民在具体的环保活动中体会到“绿水青山”带来的益处，逐渐形成了环保自觉。村党支部还组织志愿者入户宣传垃圾分类知识，帮助村民掌握简单的垃圾分类技巧，让环保行动不仅停留在公共区域，还延伸到每个家庭中。志愿服务活动使环保理念在村庄中得到有效推广，村民逐渐养成了主动保护环境的意识，环保志愿者的示范作用也推动了全村环保氛围的形成。

（三）开展多样化的文化活动，加强村民思想教育

村党支部通过开展丰富多彩的文化活动，以生动有趣的方式将社会主义核心价值观深入村民生活，让村民在潜移默化中接受价值观教育。村党支部利用传统文化活动和现代娱乐形式，将“诚信”“友善”等社会主义核心价值理念融入村民的日常生活，使思想教育更接地气。

1. 道德讲堂和文化节活动

村党支部设立“道德讲堂”，定期组织村民学习“诚信做人”“敬业奉献”等主题，宣传和弘扬社会主义核心价值观。例如，在道德讲堂上，村党支部书记或党员代表通过分享自身经历、讲述身边的模范人物故事，生动展现出社会主义核心价值观的内涵。村民在听取这些故事的同时，感受到社会主义核心价值观的实用性和重要性，从而在心中逐渐接受并践行这些理念。

此外，村党支部定期举办乡村文化节、红色电影放映、广场舞比赛等活动，将“爱国、友善”等社会主义核心价值观通过文化形式传递给村民。例如，乡村文化节以展览和比赛的方式，组织村民展示手工艺品、表演歌舞节目，让村民在互动中体验社会主义核心价值观带来的正能量。红色电影放映通过播放革命历史影片，增强村民的爱国情感和集体荣誉感，而广场舞比赛则以文艺形式推广友善和谐的社区关系，营造积极向上的社区氛围。

2. 志愿服务活动的推广

村党支部还通过建立志愿服务平台，组织村民参与关爱孤寡老人、帮扶贫困家庭等志愿服务活动。这些服务活动不仅增强了村民的社区凝聚力，也让他们在实际行动中理解和践行了“友善”“诚信”等社会主义核心价值观。

例如，志愿者服务队定期为村内的孤寡老人提供生活帮助，为困难家庭的孩子提供学业辅导等，这些活动在为弱势群体提供帮助的同时，也让村民体会到奉献和关爱的价值。村党支部还会定期对表现突出的志愿者进行表彰，鼓励村民持续参与志愿活动。通过志愿服务，村民逐渐养成了互帮互助的习惯，形成了关爱他人的良好氛围，也进一步巩固了社会主义核心价值观在村庄中的落实。

3. 利用民俗节庆推广社会主义核心价值观

村党支部在春节、端午节、中秋节等传统节日开展社会主义核心价值观宣传活动，将节庆活动与思想教育有机结合。例如，在春节期间组织“孝老敬亲”主题活动，通过评选“最孝顺家庭”“最和睦家庭”，宣传敬老爱亲的美德；在端午节举办邻里互助活动，通过包粽子、送温暖等形式，推广友善和团结精神，增进邻里之间的感情。

这些节庆活动不仅增强了村民的参与感和认同感，也使社会主义核心价值观在村庄中形成了良好的文化氛围。村党支部通过传统节日的教育功能，让村民在庆祝节日的同时，自然而然地接受了社会主义核心价值观的熏陶，促进了农村社区的和谐发展。

（四）推动村民自治与法治建设

村党支部在推进村民自治和法治建设过程中，积极引导村民参与到村庄治理中，逐

步提升村民的民主意识和法治观念。通过制定村规民约、建立村民议事会等自治机制，村党支部构建了一个规范的村民自我管理框架，为村民提供了参与公共事务和表达意见的平台。

1. 村规民约的制定和执行

村规民约作为村庄的基本行为准则，由村民共同讨论和制定，使每一条规定都符合村庄的实际情况，同时也体现了社会主义核心价值观的内涵。例如，在村规民约中，村民明确规定了邻里纠纷的调解流程、公共资源的管理方式等内容，确保村民在发生纠纷时有章可循。通过这样的制度约束，村民逐步形成了尊重规则、遵守规范的习惯，逐渐培养了守法意识。

例如，一些村庄在村规民约中明确规定了垃圾处理、土地使用、违章建筑的处罚标准，使村民在日常生活中自觉遵守相关规定。在环境保护方面，村规民约中要求村民定期参与村庄清洁行动，推动了村庄整体环境的持续改善。通过这些具体的行为规范，村民逐渐认识到遵守村规的重要性，在自治的过程中逐渐培养起对法律和规则的尊重意识，社区也逐渐形成了互相尊重、和谐共处的良好氛围。

2. 村民议事会和公开制度的落实

村党支部在推动村民自治中，还积极建立村民议事会制度，鼓励村民广泛参与村庄的管理和决策。通过村民议事会，村民可以共同讨论村内的事务，并对公共决策提出意见和建议。例如，村民议事会讨论涉及基础设施建设、村庄环境整治等议题，村民可以就这些问题表达自己的立场，参与到村庄的公共决策过程中。

此外，村务公开制度的落实也是村党支部推动自治和法治建设的重要内容。村务公开不仅包括财务收支、土地流转等重大事项的公开，还涵盖了村民福利、基础设施建设等日常事务。村党支部定期向村民公开村务情况，确保村民对村务内容的知情权，增强村民对村级事务的监督和参与意识。这种公开透明的管理方式既保障了村民的知情权，也为村民在村务管理中提供了有效的参与途径，从而提升了村民的民主意识和法治观念。

3. 法治宣传与普及

村党支部还通过“法律进农村”等形式向村民普及法律知识，帮助村民更好地理解法律法规，增强村民的法治观念。在这一过程中，村党支部邀请法律顾问或专业人士开展法律讲座，帮助村民了解在日常生活和生产经营中应当遵循的法律规定。

例如，村党支部通过举办家庭财产保护、土地承包法、邻里纠纷调解等主题的法律讲座，让村民掌握法律知识，帮助他们在遇到问题时能够依法解决。这种法治教育不仅提升了村民的法律素养，也让村民在解决问题时逐渐习惯于选择合法途径。例如，村民在面对土地纠纷时，逐渐摒弃了传统的“私了”方式，转而通过法律途径进行调解和解决，从而推动了农村法治化建设的进程。

4. 法律援助和咨询服务

为了进一步推动法治建设，村党支部还定期组织法律咨询活动，为村民提供免费的法律援助。例如，村党支部邀请律师或法律志愿者定期在村内开展法律咨询服务，为有需求的村民提供婚姻家庭、土地承包、债务纠纷等方面的法律援助。这些法律援助服务帮助村民在面对复杂纠纷时，能够选择合理的法律解决途径，从而推动了村庄的法治化进程。

通过法律援助服务，村民不仅获得了实质性的帮助，还逐渐增强了对法律的信任和依赖感。法律咨询活动的推广使村民学会用法律的手段来保障自己的权益，逐步培养起遵守法律、依法律己的意识，为构建和谐法治的农村社区奠定了基础。

（五）教育引领：推动农村社区的思想道德建设

村党支部通过思想道德建设活动，进一步推进社会主义核心价值观在农村的深入贯彻。村党支部利用传统节日和各种文化活动，通过村民参与和互动的形式，潜移默化地引导村民自觉践行社会主义核心价值观中的“爱国”“敬业”等精神内涵。

1. 弘扬家风家训，传播传统美德

在春节、端午节等传统节日期间，村党支部组织开展“弘扬家风家训”活动，邀请村民分享自己家庭的家风故事，通过这些故事加强村民对传统美德的认同感和传承意识。活动中，村民讲述孝顺父母、诚信待人的故事，将社会主义核心价值观的内容在家庭教育中得以具体体现。例如，在春节期间，村民通过讲述长辈的敬业故事，激发家庭成员的责任意识，将敬业精神融入日常生活。

2. 道德讲堂和农民夜校

道德讲堂和农民夜校是村党支部推动思想道德建设的重要平台。道德讲堂以“孝、悌、忠、信”等主题开展活动，旨在引导村民树立积极的家庭观念和道德观念。通过朗诵、故事分享等寓教于乐的方式，村民在轻松的环境中接受道德教育。此外，农民夜校通过开设文化素质课程，如家庭教育、农业技术、法律常识等，帮助村民提升综合素质，并让他们在学习中自觉践行社会主义核心价值观。

3. 利用文艺活动增强思想道德教育

村党支部还通过组织广场舞、戏剧表演、红色影片播放等文艺活动，增强思想道德教育的吸引力和感染力。例如，通过红色影片播放活动，党员干部带领村民回顾革命历史，增强村民的爱国情感和集体责任感；通过文化节举办书法比赛、诗歌朗诵等活动，鼓励村民在娱乐中理解并接受社会主义核心价值观。此外，村党支部还利用村内广播和宣传栏，向村民传播社会主义核心价值观理念，进一步增强村民的思想认同。

4. 志愿服务活动推动社会主义核心价值观的实践

志愿服务是村党支部推动思想道德建设的有效途径。村党支部通过建立志愿服务平台，动员村民参与关爱孤寡老人、帮扶贫困家庭等志愿服务活动。这些活动不仅增强了村民的社区凝聚力和责任感，也让他们在实际行动中践行了“诚信”“友善”的社会主义核心价值观。例如，志愿者服务队伍定期为村内的孤寡老人提供生活帮助，为贫困家庭子女提供学习辅导服务等。这些服务活动在为弱势群体提供帮助的同时，也让村民体会到奉献和关爱的价值，进一步推动了社会主义核心价值观在村庄中的落实。

（六）强化基层党建，促进党群关系和谐

村党支部通过不断强化党建工作，努力深化党群联系，发挥基层党组织在推动社会

主义核心价值观建设中的战斗堡垒作用和党员的先锋模范作用。村党支部通过加强党员管理，提升党员的思想觉悟和服务意识，确保党员在村庄治理和社会主义核心价值观践行中起到模范带头作用，使村民在日常生活中切实感受到党组织的关怀和支持，从而增强村民对社会主义核心价值观的认同感和归属感。

1. 树立党员示范岗，带头参与公共事务

村党支部设立“党员示范岗”，号召党员带头参与村庄的志愿活动和公共事务管理，充分发挥党员的先锋模范作用。例如，党员在垃圾分类、村庄清洁、环境保护等活动中主动担当重任，引导村民积极参与公共事务。党员的实际行动不仅展示了责任感和服务精神，也激发了村民参与村庄治理和践行社会主义核心价值观的积极性。通过党员的示范作用，社会主义核心价值观如“爱国、敬业、诚信、友善”等理念逐渐融入村民的日常生活中，形成良好的村风民风。

2. 开展党员责任区活动，加强党群联系

为进一步推动党员联系群众、服务群众，村党支部设立了“党员责任区”，让每位党员负责联系和服务一部分村民，帮助他们解决日常生活中的困难和问题，增进党群联系。每位党员在责任区内承担着桥梁作用，通过走访慰问、日常交流等方式深入了解村民的实际需求，帮助他们解决遇到的问题。例如，党员帮助困难家庭子女辅导功课、协助年长村民处理生活事务等，切实将党组织的关怀传递到每一个村民家中。

党员责任区活动不仅让党员更深入地融入到村民生活中，也让村民在遇到困难时能够第一时间获得帮助和支持。这种模式使党员在村民中树立了党员的良好形象，增强了村民对党员的信任感和对党组织的依赖感，从而进一步促进了党群关系的和谐。通过党员责任区活动，村民切实感受到党组织的温暖，进一步加深了他们对社会主义核心价值观的理解和认同。

3. 实施党员积分考核，激励党员服务意识

为推动党员积极参与村庄事务和服务村民，村党支部还建立了党员积分考核制度，将党员在责任区内的表现进行量化考核，考核内容涵盖志愿服务、日常帮扶、公共事务参与等方面。通过积分考核，村党支部定期对表现优秀的党员进行表彰，增强党员服务群众的动力。例如，村党支部每季度评选出“服务之星”党员，通过村内宣传栏展示其事迹，激励更多党员积极履行职责，带动村民共同参与到村庄治理中。

积分考核不仅促进了党员自我提升，也为村民提供了透明的评价机制，让村民更清楚地了解党员的服务情况和实际贡献。通过这种透明、公正的考核体系，村党支部进一步强化了党员服务群众的意识，使党员在村民中形成了榜样带动作用，激发了村民对党组织的信赖与支持。

4. 开展定期走访慰问，提升党群情感联系

村党支部通过定期走访慰问活动，进一步拉近了与村民之间的距离，增强了党群之间的情感联系。党员干部走进村民家中，特别关注孤寡老人、贫困家庭和残障人士的生活状况，为他们提供实际帮助。例如，每逢节假日或重大节庆活动，村党支部都会组织党员慰问困难家庭，带去慰问品和精神关怀，进一步增进村民的归属感和幸福感。

通过这样的走访慰问活动，村党支部加强了对特殊人群的关怀，村民切实感受到了

党组织的温暖。这些活动不仅体现了“友善”的社会主义核心价值观，也让村民在党的关爱下感受到了更强的集体荣誉感和社区凝聚力。走访慰问使村民更加信任党组织，从而推动社会主义核心价值观在村庄的深入贯彻。

5. 创新基层党建形式，增强党建活力

为进一步提升基层党建活力，村党支部不断创新党建形式，使党建活动更加丰富多彩、贴近村民生活。例如，村党支部通过开设“党员夜校”，组织党员学习国家政策、农业科技、法律知识等，提升党员综合素质，使他们在服务村民时能够提供更多帮助。在党建工作中，村党支部还创新性地开展了“党员家庭示范户”评比活动，以家庭为单位树立榜样，引导党员家庭在践行社会主义核心价值观方面做出示范。

此外，村党支部还将党建活动与文娱活动结合，通过组织书法比赛、知识竞赛、文艺表演等活动，增强了党建工作的趣味性和参与度。例如，村党支部每年举办一次“党员文化节”，让党员和村民共同参与演出，营造出浓厚的社区文化氛围，进一步增强了党群关系的融洽。

6. 加强党组织与村民的日常互动

村党支部通过丰富的互动方式，积极增强党组织与村民的日常联系。村党支部利用村广播、微信群等现代通信手段，将党建信息、村务公告、公益活动等内容及时传达给村民，确保村民第一时间了解村内动态和党组织的工作安排。通过与村民的日常互动，村党支部建立了更加紧密的沟通渠道，村民能够通过这些平台反映意见和建议，从而使党群关系更加和谐。

例如，村党支部利用微信平台创建了“村民之声”栏目，收集村民对村务管理和党建工作的反馈意见。村民可以直接通过留言形式反映问题，村党支部则根据反馈情况及时调整工作安排，并在平台上公布处理结果。通过这种互动形式，村民对党组织的信任度和支持度不断提升，同时也促进了村庄治理的透明化和民主化。

第三节　农村合作社与社会主义核心价值观的结合实践

农村合作社作为一种新型农村经济组织，是农民在市场经济环境下自主形成的合作模式。它不仅推动了农民经济利益的提升，更为社会主义核心价值观的贯彻提供了载体。以下从合作社的作用与价值观的结合实践，深入探讨合作社在农村中的社会主义核心价值观推广。

一、农民合作社在社会主义核心价值观中的作用

农民合作社作为一种农村经济组织，以集体合作、资源共享为基本原则，紧密围绕农村经济发展的实际需求，在推动民主治理、建立诚信机制、促进共同富裕和绿色发展等方面有显著作用。社会主义核心价值观的引导和支持，进一步增强了合作社的社会功能，以下从四个方面展开。

（一）增进农村经济民主，推动农民公平参与

农民合作社是农民集体自主合作的经济实体，通过合作实现自主管理、资源共享和

收益分配。在运作模式上，合作社以民主决策、平等参与为核心，体现了“民主、公正”的价值观。例如，合作社通过民主选举产生管理人员，实行“一人一票”的投票制度，确保每个成员在财务分配和资源配置方面享有平等权利，从而有效避免垄断和不公平现象的产生。

这种民主决策的方式不仅提升了农民在经济活动中的参与度，还增强了他们的集体意识和自主权。在某些地区的农民合作社中，管理人员由全体成员直接投票选出，重大决策由成员大会审议和表决。这种制度确保了每个成员都能参与合作社的运营，充分体现了“公平、公正”的民主原则。

此外，农民合作社中的民主管理不仅体现在成员之间，还体现在合作社的对外交易中。例如，合作社在农产品销售和供应链合作中，实行透明化的价格制度和交易流程，使成员能够掌握真实的市场情况，并根据市场需求进行调整和管理，从而提高了成员的市场适应性和经济利益。

（二）促进农村社区诚信，推动经济诚信建设

农民合作社的稳定运营离不开成员之间的信任，诚信作为合作社成员之间的基本准则，是维系合作社顺利发展的基础。合作社要求成员遵守契约精神，信守承诺，这种诚信机制符合社会主义核心价值观的“诚信”理念，在合作社和整个农村经济活动中得到了广泛推广。

例如，在合作社的生产、流通和销售各环节中，成员之间签订生产和销售合同，以此合同保障每个成员的权益。这些合同中明确规定了产量、价格、分配等方面的准则，成员按照协议进行生产和销售。这种制度在确保了合作社稳定运营的同时，也推动了诚信文化的形成，为农村经济活动建立了可靠的合作模式。

同时，一些合作社还建立了内部信誉评价体系，对每个成员的诚信行为进行记录和考核。例如，合作社根据成员的履约情况和合作贡献进行信用评级，将此作为下一年度资源分配和收益分成的重要依据。通过这种机制，合作社的诚信文化不断强化，在合作社成员和外部的合作伙伴之间树立了良好的信誉，从而保障了合作社的经济活动和经营质量。

（三）提升村民合作意识，推动共同富裕的实现

合作社作为农民经济的共同体，其宗旨是通过共享资源、降低成本、提高市场竞争力，提升成员的经济收益，从而实现共同富裕的目标。这种以集体利益为核心的合作模式，与社会主义核心价值观中的“富强”理念密切相关，是农村实现共同发展、共创富裕的重要途径。

例如，一些合作社通过统一购买生产资料，如化肥、种子和饲料等，以批量采购的方式降低成本，减少了单户农民的支出。合作社还通过整合生产和销售，形成规模化的农业产业链，为农产品开辟市场渠道。例如，某些大型合作社与超市、批发商建立长期合作关系，保障了产品的稳定销售渠道和价格稳定，从而实现了村民的共同增收。

此外，合作社还通过引入先进的农业技术和管理经验，使成员在生产效率上得到提升。例如，合作社会组织农技人员定期培训成员，提高他们的种植和养殖技术水平，从

而增加生产效益。这种共享知识和技能的机制帮助成员在市场竞争中具备了更强的适应力，减少了因技术落后造成的经济损失，也增强了合作社的整体实力。

（四）推广环境友好型生产方式，体现生态文明理念

在社会主义核心价值观的引导下，农民合作社不仅关注经济利益，还注重环境保护和生态文明建设。合作社通过推行有机农业、推广环保生产技术等方式，积极倡导“绿水青山就是金山银山”的发展理念。生态文明在合作社中的体现，不仅提升了产品质量，也增强了农民的环保意识，逐步形成了绿色生产的良性循环。

许多合作社将环保作为成员加入的基本准则，制定了绿色农业的生产标准。例如，一些合作社要求成员减少化肥和农药的使用，推广有机肥和生物防治方法，从源头上保证农产品的绿色环保属性。在一些地区，合作社还引入了节水灌溉、农业废弃物再利用等技术，减少对环境的负面影响，促进农业的可持续发展。

此外，合作社还会组织成员参加环保公益活动，如植树造林、河道清理等，使成员在实际行动中加深对生态环境保护的认识。例如，某些合作社通过“生态农业”项目，组织成员种植有机果蔬，既降低了生产对环境的破坏，还创造了优质的绿色农产品。这种环保生产方式逐渐为更多村民接受和推广，体现了“和谐”价值观在农村经济中的实践。

二、社会主义核心价值观在农村经济组织中的体现

农村经济组织，尤其是农民合作社，作为农民经济活动的集体组织，不仅在经济方面发挥着重要作用，还成为推广社会主义核心价值观的有效平台。在合作社治理和农村经济组织的运作中，社会主义核心价值观在以下几个方面得到具体体现。

（一）“民主、公正”在合作社治理中的具体体现

农民合作社实行民主治理，这种管理结构通过章程设立权力制衡和监督机制，确保每位成员的平等权利，真正实现了“民主、公正”的价值观。例如，合作社中的重大事项均由成员大会决策，合作社章程规定了决策程序，确保决策过程公开透明。成员享有监督权，可以随时质询和监督管理层的决策，避免决策被少数人操控，从而增强了合作社治理的公正性。

合作社的民主机制还体现在社员选举、财务公开、议事规则等方面。例如，管理人员由全体成员投票选出，管理层每年进行述职，接受成员的监督和评估；合作社定期公开财务状况，让每位成员了解收入、支出和分配情况，这增强了社员对组织的信任。社员参与合作社的经营决策，不仅增强了他们的责任意识，还让他们在实践中逐渐形成民主意识和公正观念，从而推动整个农村社会的民主化发展。

通过这些措施，合作社成员逐渐接受并实践了“民主、公正”的价值观，并将这些价值观逐渐内化为自觉意识，形成了在合作社和村级组织中自觉参与、平等表达和监督管理的良好风气。这种治理模式有助于推动农村地区形成良好的社会治理秩序，也为其他农村组织提供了民主治理的榜样。

（二）“诚信”在合作社经济行为中的实践

合作社的运行依赖于每位成员的诚信履约，只有在成员间建立信任关系、共同维护

诚信准则，合作社才能实现稳定运作。诚信不仅是合作社的道德基石，更是其经济行为的基本准则。合作社通过诚信的经营方式，提高了自身的信誉，使其在市场中形成了品牌效应，为成员争取到了更大的市场竞争力和经济效益。

在具体经营中，合作社的诚信体现在产品质量的把控和履行承诺方面。例如，一些合作社在农产品销售中实施严格的质量管理体系，确保所有产品符合市场标准，不断提升品牌信誉。这种诚信经营的方式，不仅在市场中建立了合作社的良好形象，也使“诚信”逐渐成为合作社成员的普遍共识和实践准则。

此外，为了加强成员间的诚信关系，合作社还会在成员内部实行诚信评估制度，对表现突出的成员进行奖励，同时对失信行为进行处罚。这种内部监督和激励机制，不仅促进了成员间的信任，还将诚信文化逐渐传播至整个农村社区，使“诚信”成为农民生活和经济活动中的社会主义核心价值观。合作社中的诚信文化也影响了农村其他经济活动的发展，推动了农村地区的诚信建设。

（三）“敬业、友善”在合作社文化中的推广

合作社在推广“敬业、友善”方面具有重要作用，通过建立合作文化，使成员在共同的事业中发扬敬业精神，发挥自身的特长，实现资源的最优配置。同时，合作社倡导成员之间的互助与友善，营造和谐的合作氛围，使村民在合作过程中不仅获得了经济利益，还建立了深厚的友谊，形成了良好的社区关系。

合作社通常会在收获、种植等关键季节组织成员互帮互助，使每位成员都能在需要时得到帮助，从而体现了“友善”这一社会主义核心价值观。例如，在许多合作社，成员会自发组织起来，帮助有困难的家庭完成繁重的农活，这增强了社区的凝聚力。在日常工作中，合作社成员也在践行敬业精神，无论是种植、加工还是销售，每位成员都以认真的态度完成自己的工作任务，确保产品质量，维护合作社的声誉。

通过合作社文化的培育和组织，敬业和友善逐渐成为成员的行为准则，形成了合作社内“互帮互助、共同发展”的良好氛围。成员间的友好关系还带动了整个社区的和谐发展，使村民之间形成了良好的邻里关系和社区氛围。

（四）绿色发展理念在合作社中的推广

绿色发展是社会主义核心价值观的重要组成部分。合作社在农村推广绿色发展理念，带动了环境友好型生产方式的普及，使生态文明观念逐渐渗透到村民的日常生活中。合作社通过集体行动，引导成员采用更为环保的生产方式，减少化肥和农药的使用，推动农业生产的绿色转型。

例如，许多合作社引导成员开展有机种植，倡导使用生物肥料和有机农药，并通过合作社的集体优势为成员提供相应的技术支持和市场渠道。这种有机种植方式不仅提高了农产品的市场竞争力，还有效保护了农村的生态环境，促进了农业的可持续发展。

合作社还会组织环保公益活动，如植树造林、清理河道等，让成员在参与环保活动中加深对生态保护的理解和认同。合作社的环境保护举措不仅提升了其在农村社区中的形象，还为其他农村组织和村民提供了可持续发展的榜样。在这种环境友好型生产方式的推广下，绿色发展的观念逐渐成为农村经济组织的共识，推动了生态文明在农村的深

入实践。

（五）合作社的共享模式推动共同富裕

合作社通过资源整合、收益共享的模式，有效提高了农户的收入水平，推动了农村的共同富裕。合作社的成员共同出资、集体决策，避免了单一经营带来的风险，使农村经济活动更加多元化和稳定。合作社还通过规模化的生产、统一的采购和销售，降低了生产成本，使每位成员都享受到经济实惠，促进了经济公平。

在合作社的带动下，成员通过共同投资、共同管理，逐步实现了共同致富的目标。这一共享模式不仅提高了成员的经济水平，还激发了成员的积极性和集体责任感。例如，一些合作社通过建立利润分成机制，根据成员的劳动投入和贡献大小进行公平分配，这极大地激发了成员的生产热情，使合作社的整体经济效益不断提高。

合作社的共同富裕模式成为其他农村经济组织学习的榜样，带动了整个农村的经济发展，为缩小农村收入差距、实现共同富裕提供了实践经验和示范作用。

（六）创新管理机制和成员参与

合作社在管理机制上不断创新，借助现代化的管理手段和信息技术，推动组织内部的透明化和高效化。例如，一些合作社引入了信息管理系统，实现了农产品种植、生产、销售全流程的数据管理，使成员能够实时了解合作社的经营状况。同时，合作社通过建立社员反馈渠道，让成员直接参与合作社的管理决策，增强了组织的凝聚力。

合作社在日常管理中引导成员共同参与，让每位成员都能理解经营运作，培养成员的管理和经营能力。例如，一些合作社建立了民主管理制度，通过社员大会对重要决策事项进行表决，确保每位成员的意愿和权利得到尊重。成员参与管理使合作社的决策更加科学和合理，也提高了成员的责任感和参与感。

此外，合作社的创新管理机制推动了农民现代管理理念的形成，使成员逐步适应市场经济的需求。例如，合作社会定期组织培训，帮助成员学习先进的生产和管理技术，以适应市场的变化。这种管理方式的创新，使合作社在市场竞争中处于有利地位，推动了农村经济的现代化发展。

（七）农村经济组织的多元化发展

在社会主义核心价值观的引领下，农村经济组织逐渐向多元化发展，形成了合作社、农产品加工公司、农业综合开发等多种组织形式。通过产业链的整合，农村经济组织有效利用资源和市场优势，增强了农村经济的抗风险能力，实现了农村经济的稳定发展。例如，一些合作社在经营农产品的同时，还涉足农产品加工、仓储和物流，通过延伸产业链增加了经济收益。

这种多元化发展不仅带动了农村经济的繁荣，也为农民提供了更多的就业机会，使农村劳动力在合作社和经济组织中实现了多渠道就业，提升了农村整体经济的活力。农村经济组织的多元化发展实践了社会主义核心价值观中的“富强”理念，为推动农村经济的可持续发展和现代化进程提供了有力支持。

第八章　社会主义核心价值观与农民自治

第一节　农民自治中的社会主义核心价值观引导

农民自治是我国农村治理的基础模式，旨在通过村民集体参与管理村庄事务，实现农村基层治理的自我管理、自我教育和自我服务。社会主义核心价值观作为新时代思想指导的核心理念，与农民自治的结合不仅是实现乡村振兴的重要途径，也是推动农村社会治理现代化的关键环节。本节从村民自治与社会主义核心价值观的结合，以及农村选举与民主治理中的社会主义核心价值观两个方面展开分析，探索社会主义核心价值观在农民自治中的具体引导作用。

一、村民自治与社会主义核心价值观的结合

村民自治是我国基层治理的重要形式，体现了社会主义核心价值观在农村的具体实践。通过将社会主义核心价值观融入村民自治，能够增强村民的集体意识和社会责任感，推动村规民约建设，提高村民的参与热情与责任意识，促进村民间的和谐共处。

（一）加强村民的集体意识和社会责任感

社会主义核心价值观中的“爱国”“敬业”“友善”等理念，为村民自治提供了思想支持。通过对社会主义核心价值观的宣传和教育，村民逐步认识到自己是村集体的一部分，对村庄的发展负有责任。这种集体意识和社会责任感的增强，使村民在村务决策中积极表达意见，在村集体活动中主动贡献力量，为实现共同富裕、改善农村公共环境贡献自己的力量。

（二）推动村规民约建设

村规民约是村民日常生活、行为规范和社会秩序的基础保障。在社会主义核心价值观的引导下，村规民约逐步融入社会主义核心价值观的内涵，鼓励村民遵守“诚信”“友善”等道德准则。许多村庄在制定村规民约时，会根据“社会主义荣辱观”等内容，制定贴近村民生活的行为规范，如禁止偷盗、赌博、破坏公物，鼓励邻里互助、尊老爱幼等。这些行为规范不仅增强了村民的自律意识，也让社会主义核心价值观在村民自治中落地生根，这些行为规范成为村庄和谐生活的制度保障。

（三）提高村民的参与热情与责任意识

社会主义核心价值观中的“民主”“法治”在村民自治中尤为重要。村民自治是村民共同参与管理村庄事务的机制，社会主义核心价值观通过倡导民主、公正、法治的理

念，激发了村民的自治热情。通过社会主义核心价值观教育，村民不仅认识到自己是村庄发展的决策者和执行者，还认识到参与村务管理和表达自身诉求是其合法权利。村民的参与意识和责任意识得到增强，使村民自治在更具包容性和合法性的基础上运行。

（四）促进村民间的和谐共处

村民自治不仅涉及村务管理，也包括村民之间的日常交往。社会主义核心价值观中的“和谐”“友善”理念有效促进了村民之间的和睦关系。在村民自治的过程中，许多村庄通过社会主义核心价值观的宣传和教育，倡导村民团结互助、和睦共处。这不仅使村民在公共事务上能够形成合力，也有效降低了矛盾和冲突的发生率，使村庄在治理上更为和谐和稳定。

自治、法治、德治都是基层治理的具体方式。与法治、德治不同的是，自治强调基层群众实行自我管理、自我服务、自我教育、自我监督，注重充分发挥人民主体作用。习近平总书记指出：加强和创新社会治理，关键在体制创新，核心是人，只有人与人和谐相处，社会才会安定有序。社会治理的重心必须落到城乡社区，社区服务和管理能力强了，社会治理的基础就实了。村民委员会、居民委员会等基层群众性自治组织，实行民主选举、民主协商、民主决策、民主管理、民主监督，基层群众充分行使民主权利，使积极性、主动性、创造性得到更好发挥。坚持和完善基层群众自治制度，需要在党组织领导下不断提升基层群众的自治能力。通过将社会主义核心价值观融入村民自治，能够不断提升基层群众自治能力，彰显民主的广泛性和真实性。

二、农村选举与民主治理中的社会主义核心价值观

在农村选举和民主治理过程中，社会主义核心价值观的引导为农村治理注入了新的思想内涵和动力。农村选举不仅是村民表达权利、实现自我管理的重要渠道，也是乡村振兴和治理现代化的重要环节。通过将社会主义核心价值观融入农村选举，能够有效地推动农村民主进程，提升村民的政治参与意识，增强村干部的责任心和道德感，从而推进农村治理结构的规范化和制度化。

（一）树立公平公正的选举环境

在农村选举中，社会主义核心价值观中的“公正”“法治”理念是确保选举环境公平和公正的关键。公平公正的选举环境不仅是保障村民参与权的必要条件，更直接关系到农村基层组织的合法性和权威性。许多农村在选举中通过严格遵守法律法规，落实公开、透明的选举程序，以营造一个公正的选举氛围。例如，地方政府积极制定选举章程和监督机制，在选举中保持“程序公开、过程透明、结果公正”，以保证选举能够充分反映村民的真实意愿。这些措施不仅帮助村民认识到选举程序的规范性和结果的公正性，对维护自身权益的重要性，也使村民更愿意参与其中，从而推动农村基层民主的发展。

在公平公正的选举环境中，村民逐渐认识到遵守法律和选举程序是维护自身合法权利的关键。选举制度的完善、选举环节的规范，使村民能够在受到保护的环境中表达意愿，不用担心外界干扰。特别是在以往容易出现的选举贿赂、干扰投票等现象，社会主

义核心价值观的引导对这些行为形成了有效的制约，逐步建立起民主选举的良好氛围。这不仅让村民感受到公平竞争的意义，还促进了村干部通过选举获得的公信力和村庄治理的合法性。

（二）提升村民的政治参与意识

通过社会主义核心价值观的引领，村民的政治参与意识不断提升。社会主义核心价值观倡导“民主”理念，帮助村民逐步意识到民主选举是行使自身权利的重要方式。许多村庄通过设立宣传栏、召开座谈会、组织村干部选举知识培训等方式，向村民普及选举知识，鼓励村民在选举中充分表达意愿和选择适合的人选。这种方式不仅激励了村民的积极参与，也提高了村民的责任意识。村民逐渐意识到，选举不仅是他们的权利，更是对村庄发展的责任。

此外，在社会主义核心价值观的引导下，村民对候选人提出了更高的道德要求。他们更关心候选人是否具备“敬业”“诚信”等品质，关注候选人是否真心为村民谋福祉。村民的参与热情因此不断提高，不少村庄的选民参与率逐年上升，这种情况也为选举的顺利进行提供了保障。提升了村民的政治参与意识之后，村庄治理变得更加民主透明，村民也更加关注村务管理，推动了村民自治的全面发展。

（三）培养村干部的道德品质与责任感

社会主义核心价值观为村干部的道德建设提供了明确的标准，特别是“敬业”“诚信”和“友善”等社会主义核心价值观念，为村干部的行为规范设立了参照。村民在选举过程中更关注候选人是否具备这些品质，倾向于选择具有良好声誉、愿意服务群众、具备实际工作能力的候选人担任村干部。在这种风气下，村干部上任后往往会将社会主义核心价值观作为自我约束的准则，真诚为村民服务，并在日常工作中严格自律。

这种道德约束力有效提高了村干部的责任感。许多村干部在履行职责时，始终将“为民服务”作为首要目标。例如，村干部在面对村民困难时，主动帮助解决问题，并不断提升服务质量。这样不仅增强了村干部的责任意识，还增加了他们在村民中的认可度，进一步拉近了干群之间的关系。通过这种方式，社会主义核心价值观的“敬业”精神得以在村干部的行为中体现出来。

（四）增强村干部的民主意识和服务意识

社会主义核心价值观中的“民主”理念引导村干部在日常管理中树立起民主意识和服务意识。通过对社会主义核心价值观的学习和教育，村干部逐渐认识到自己所拥有的权力来自村民的信任，因此更应以村民的利益为先，积极服务于村民的需求。村干部在处理村务时，不仅要尊重村民的意见，还要积极倾听他们的诉求。许多村干部采取定期召开村民代表大会、开展村民意见收集等形式，让村民充分参与到村务决策中，将村民的声音融入村务管理之中。这种做法既增强了村民对村务的参与感，也为村干部赢得了更多的支持和信任。

在服务意识的驱动下，村干部会在各项村务事务上更加耐心地解决村民的问题，积极为村民提供支持与帮助。例如，在农村扶贫过程中，村干部会为贫困户提供力所能及的帮助，并及时将村民的需求反馈给上级部门，争取政策扶持。通过这种方式，村干部的服务意识得到了增强，村民自治中的民主氛围也更加浓厚，形成了一个良好的自治环境。

（五）推动农村治理结构的规范化与制度化

社会主义核心价值观的引导不仅体现在选举过程中，也对选举后的村庄治理产生了深远影响。许多村庄在社会主义核心价值观的指引下，逐步建立起民主议事、财务公开、干部监督等制度，保障了村民参与治理、监督村干部的权利。这些制度不仅让村民在村务管理中有了发声的渠道，还确保了村干部的行为符合村民的期望，进一步规范了村干部的行为，促进了村庄治理的规范化和制度化发展。

例如，财务公开制度让村民能够了解村集体资金的使用情况，干部监督制度则保证了村干部行为的透明度。这种制度化的治理方式不仅提高了村干部的办事效率和廉洁意识，也使村民在日常生活中感受到了村务管理的公平性和公正性。通过这些制度的建立和完善，农村治理逐渐从传统的经验治理向现代化制度治理转变。

此外，村民在参与治理的过程中逐步转变了参与方式，从自发参与逐步转变为自觉遵守制度要求，增强了村庄治理的规范性和约束力，为农村治理的长效发展奠定了坚实基础。村民的这种自治意识也为农村治理注入了新的活力，促进了农村治理水平的整体提升。

第二节　社会主义核心价值观在农村公共事务管理中的实践

社会主义核心价值观在农村公共事务管理中起到了重要的指导作用，尤其是在民主、公正、法治等方面的体现，使农村治理逐步走向规范化和现代化。通过这些社会主义核心价值观的实践，村民在公共事务管理中能够享有更高的参与度和透明度，农村治理也更符合村民的利益和诉求。

一、公共事务管理中的民主与公正

在农村公共事务管理中，民主与公正不仅是社会主义核心价值观的基本要求，也是村民自治和集体事务管理的关键要素。通过体现民主原则，保障村民平等参与权，让村民能够公开、公正地表达个人诉求，并确保每位村民的利益在决策中被公平对待，农村治理的包容性和透明度大幅提升。

（一）村民议事制度的民主性

村民议事制度作为农村公共事务中的重要民主形式，不仅是保障村民表达权和决策参与权的有效途径，也是社会主义核心价值观在农村基层治理中的直接体现。村民议事会、村民代表大会等民主会议形式，在涉及集体事务和村民切身利益的问题上，发挥着沟通、协调和决策的重要作用。通过议事制度，村民能够直接参与村庄的发展和管理，使基层治理更具民主性和透明度。

1. 村民议事制度的核心作用

村民议事会作为村庄民主议事的核心平台，使村民在村庄发展的各项重要事务上拥有平等的发言权。议事会通常会邀请村民代表、村干部和相关利益方参与讨论，内容涉及村庄基础设施建设、公共资源分配、村内重大项目的实施以及集体经济收益的管理与分配等。村民能够在会上畅所欲言，表达各自的需求和意见，为村庄决策提供第一手的民意支持。这种模式不仅增强了村民的参与意识，也有效提升了村民对公共事务的责任感和主人翁意识，形成了民主协商、集体决策的良好氛围。

例如，在进行村内道路拓宽或公共设施建设时，村民议事会会将项目提上议程，向村民公布详细的计划和资金使用方案，充分听取大家的意见。村民通过讨论，提出不同的方案，最终通过表决达成共识。这样一来，村民的想法能够直接影响到村庄的发展方向，不仅提升了村务决策的科学性和合理性，也促进了村民对村务工作的认同感和支持度。

2. 议事制度的实际流程与规范化管理

为了保障议事会的公平性和广泛性，许多村庄在推进民主议事制度的过程中，建立了完善的议事流程和投票表决制度。在实际操作中，一般包括以下步骤：

（1）议题收集和讨论

村委会会在会前收集村民的意见和建议，形成议题。议事会开始后，主持人会引导村民针对具体议题展开讨论。

（2）公开讨论

村民代表、村干部和利益相关方对议题进行深入交流，听取不同意见。

（3）表决和决策

通过投票或举手表决的方式，达成一致意见。表决结果在会后通过公告等形式向全体村民公布。

这种“多方议事、平等讨论、集体决策”的管理模式，确保了村务管理的包容性，激发了村民的参与热情。规范的议事流程和表决制度不仅使村民能够更理性、有效地参与到村庄治理中，还能提升农村管理的整体水平。

3. 村民议事制度的民主效应

村民议事制度不仅增强了村民的民主意识，还逐渐提升了他们对公共事务的责任感和归属感。村民通过议事会深入了解村务决策过程，逐步认识到自身在集体事务中的重要性和作用，提升了对村务工作的关注度。例如，一些村庄在讨论集体经济收益分配时，会在议事会中提出多种方案供村民选择，村民通过讨论和表决选择最合理、最符合集体利益的分配方式。这样的民主参与过程使村民能够更加主动地承担起自身的公共责任，也进一步增强了村民的集体意识。

通过规范化的议事制度，村民逐渐形成了遵守议事流程、尊重不同意见的良好习惯，提升了村庄的治理水平。村务管理中的公开、透明和民主不仅增加了村民的信任感，也使村庄在处理村民关系和公共事务上更加和谐有序。

4. 持续优化议事制度，提升治理水平

为进一步完善村民议事制度，各地逐步探索制度保障措施，以确保议事会的公平性、广泛性和有效性。例如，一些村庄建立了议事会回顾机制，通过会后总结和反馈，记录议事会的主要决策和实施情况，确保议事会的决策得以落实。村务管理团队还定期向村民汇报项目进展，接受村民监督，确保决策过程和执行结果的透明公开。

此外，村庄还注重通过宣传和教育，增强村民的议事意识和能力。例如，村委会定期组织村民培训，帮助他们了解议事制度的重要性和操作流程，使村民能够更好地参与到村庄治理中。通过持续优化议事制度和强化村民参与，村庄的民主治理水平得到了显著提升，为建设和谐美丽乡村奠定了坚实的基础。

（二）资源分配中的公正原则

公正的资源分配是保障农村社会和谐和提升村民生活质量的重要基础。在农村治理中，公共资源的公平合理分配直接影响村民的信任度、参与度以及对村庄集体事务的认可度。通过践行社会主义核心价值观中的“公正”理念，农村基层党组织和村委会逐步探索和完善资源分配机制，使得分配更加公开、透明，确保村民在享受公共资源的同时感受到公平正义。

1. 公正资源分配的必要性和核心价值

农村的公共资源种类多样，涵盖了土地、集体资金、公共设施收益等多个方面。这些资源在分配和使用上的公平性，直接影响村民的基本生活质量与集体的信任氛围。社会主义核心价值观中的“公正”理念强调资源分配的合理和公平，其根本目的是为了减少村民之间的利益冲突，增强村庄的凝聚力。在资源分配过程中，若能保障分配的公正性和透明度，就能有效消除村民的疑虑，增进他们对集体事务的信任，使其更积极地参与到村庄治理中。

2. 公开、透明的资源分配制度

为了实现资源分配的公平公正，村庄管理者需要建立并严格执行公开、透明的分配制度。村委会在制定资源分配制度时，注重以下几方面的关键措施。

公开会议决策：在集体收益分配、资金使用安排等关键问题上，村委会会通过召开村民会议进行集体决策。村民代表、村干部以及相关利益方共同参与，讨论分配依据、方法和比例。通过这种会议决策形式，村民能够对分配方案充分表达意见，并监督分配过程，保证分配过程的公开和透明。

信息公示：村委会将集体收益的分配情况、土地流转收益以及资金使用情况等关键信息以公告形式向全体村民公示，详细说明分配的方式、收益来源及使用去向。村民可以通过公告板、村内广播等方式随时了解分配情况，这不仅增强了分配过程的透明度，也让村民能够及时监督村务，减少了疑虑和猜忌。

例如，在分配村庄公共收益时，一些村庄设立了利益分红制度，将集体收益按照家庭人口或劳动参与比例进行分配，确保村民能够公平地分享集体经济发展的成果。村民可以明确了解分配依据，清楚自己应得的利益。这种透明度和公开性使村民的权益在集体事务中得到了保障，有效提升了村民的获得感和参与感。

3. 民主参与与公正原则在土地流转中的应用

在农村，土地流转和项目征地是敏感的公共资源分配问题，处理不当容易引发村民不满。为确保土地资源分配的公平性，村庄在面临土地流转或项目征地问题时，通常会采取民主讨论和公开听证的方式，保障村民的利益和知情权。

民主讨论：在土地流转或项目征地初期，村委会会组织村民代表会议，邀请村民就相关土地的用途、租金、补偿方案等问题进行深入讨论。村民能够在会议上自由表达需求和意见，确保每个家庭的利益得到有效代表和反映。

公开听证：在征地方案确定前，一些地方还会举行公开听证会，邀请村民代表、法律顾问、土地管理专家等多方参与，对征地补偿方案的合理性和合法性进行公开审查。通过这种方式，村民的意见被纳入到决策过程，增强了他们对决策的信任度，同时也确保了资源配置更加符合村民的实际需求和法律规定。

在某些农村地区，村民还可以通过投票选择最优的土地流转方案，这一做法进一步增强了资源分配的公正性和透明度。公平的土地流转机制不仅保护了村民的经济利益，还激发了他们参与村庄经济发展决策的积极性，提升了村民的主人翁意识和村庄的整体凝聚力。

4. 公正资源分配机制的实施效果

公正的资源分配机制不仅显著提升了村民的获得感，也在潜移默化中增强了村民的集体意识和社会责任感。通过公正的分配，村民享受到了集体事务中的权益和尊重，因此更愿意参与到村庄治理中，为村庄的长远发展贡献力量。

例如，一些村庄在基础设施建设项目上，通过村民会议确定资金分配方案、工程进度等细节，并由村民代表参与监督。这样的分配和监督机制确保了公共资金的合理使用，每项开支都公开透明，有效避免了资源分配过程中的贪污浪费现象。

此外，村庄通过公正的资源分配制度实现了资源的合理化配置，使村民的生活水平得到普遍提高，进一步增强了农村集体的向心力。公正的资源分配制度减少了村民之间的矛盾，营造出和谐、团结的社区氛围，促进了农村的社会稳定。

5. 持续完善资源分配机制，实现共同富裕

在推进农村治理现代化的进程中，村庄资源分配制度的公正性仍需要持续完善，以进一步促进农村的共同富裕。政府、村委会应鼓励各地在实践中，探索更合理、更贴合实际的资源分配方案，并通过政策支持和法律规范，保证分配制度的可持续性。

通过引入第三方监督机制，保障村庄资源分配的公正性。例如，一些地方政府正在试点将村庄的财务、土地流转信息纳入县级监督平台，实现村务的数字化公开，方便村民实时查询。这种数字化监督机制进一步保障分配公正性的同时，也有效避免了村干部的专断决策，维护了村民的合法权益。

（三）推行信息公开机制

保障村民的知情权，是实现农村公共事务公正、透明的关键所在。信息公开不仅是让村民全面了解村务的必要手段，还是在社会主义核心价值观“民主”“公正”理念的指引下，推动基层民主的重要措施。信息公开机制的实施，使村务管理更加透明，有效地增进了村民对村务工作的理解与信任，进而促进了农村社区的和谐发展。

1. 信息公开机制的主要内容

信息公开机制的核心是让村民能够实时了解村庄的财务和事务情况，尤其是在涉及

村民利益的重大项目、资源分配和资金使用方面，信息公开能够保障村民的监督权和参与权。信息公开主要包含两个方面：财务公开和事务公开。

（1）财务公开

财务公开是村民最为关注的公开内容，它涉及村庄的资金收支、基础设施建设、公益项目投入以及扶贫资金的具体使用情况。村委会通过设立村务公开栏、定期召开村务会议、发布财务公告等多种方式，将村庄的财务情况透明化，向村民公示。例如，每季度公开村内各项支出的详细清单，这包括基础设施项目的投入金额、劳务费用、材料购买费用等，确保每一项资金的使用都清晰可查。通过财务公开，村民不仅可以知晓资金的去向，还可以对村干部的工作进行监督，防止出现挪用资金、违规使用资金等现象，确保公共资源服务于全体村民的利益。

（2）事务公开

除了财务，村务中的决策内容、议题、议程、参与人员等信息也需要定期公开。在召开村民代表会议之前，村委会通常会向村民提前公布议题，并在决策结束后将讨论的结果公示。例如，在土地流转、集体收益分配等事项上，村务会议会将决策过程和结果详细地向村民汇报，让村民清楚地了解决策的具体内容。这种公开透明的做法既保障了村民的知情权，也增强了村民对村务管理的信任和支持。

2. 信息公开的实施方式

为了确保信息公开的有效性和可操作性，许多村庄结合村民的需求和习惯，采取多样化的方式来进行村务信息的披露，常见的方式包括村务公开栏、村民大会和定期报告等。

（1）村务公开栏

在村庄的主要公共场所设立村务公开栏，将最新的财务报表、项目进展和决策内容张贴在显眼位置。公开栏的内容每月更新，村民可以随时了解村庄的各类公共信息。对于不便出门的村民，村委会还会安排专人逐户通知或发放村务公示单。

（2）村民大会

定期组织村民大会，现场公布村务管理情况，并接受村民的质询和反馈。村民大会上，村委会会公开当前村内的重要决策、财务使用情况以及村庄发展规划，村民可以在会上提出意见或建议，从而进一步加深对村务工作的理解。这种面对面的沟通方式，不仅增强了信息交流的效率和透明度，也使村民的意见更直接地融入村庄治理中。

（3）数字化信息平台

随着农村互联网的普及，一些村庄借助数字化手段进行信息公开。例如，使用微信群、村级 App 发布财务收支情况、公共事务进展等内容。村民可以通过手机查看村务信息，提出意见，甚至参与讨论。这种方式不仅提高了信息公开的便捷性和时效性，尤其是对年轻村民和外出务工的村民来说，还提供了更加便捷的参与渠道。

3. 信息公开的监督和反馈机制

为了确保信息公开的真实性和及时性，村委会在推进信息公开的同时，通常会建立监督和反馈机制，鼓励村民积极参与监督，形成双向互动的良性沟通。

（1）监督小组

在一些村庄，村委会成立了村民监督小组，成员由村民代表组成，定期检查村务公开栏内容的更新是否真实、及时。监督小组还可以不定期抽查财务账目和项目进展情况，确保村务管理中的每个环节都公开透明。

(2) 意见箱和投诉渠道

在村务公开栏旁边设置了意见箱，村民可以匿名提出对村务管理的意见或投诉。村委会定期收集并处理意见反馈，对于重要问题，还会召开村民大会或代表会议，商讨解决方案，以确保村民的意见能够及时得到回应。

(3) 年度村务公开报告

一些村庄的村委会还会制作年度村务公开报告，涵盖财务使用情况、重大项目的进展和决策回顾，并向全体村民分发或张贴。报告详细说明各项资金的去向和村务管理中的决策依据，形成系统化的公开文档，使村民对村务工作有清晰的了解。

4. 信息公开对农村治理的积极影响

信息公开机制的实施，使村民在村务管理中拥有了更多的知情权和参与权，为村庄治理带来了显著的积极影响：

(1) 增强村民的参与意识

通过公开信息，村民对村庄的各项事务有了更全面的了解，参与村务的热情也显著提升。村民不仅更加愿意提出自己的意见和建议，还能以主人翁的姿态积极参与村庄的各类公共活动和项目建设。

推动村务管理的规范化和透明化：信息公开消除了“暗箱操作”的空间，确保了村庄财务和事务的透明化，减少了腐败和权力滥用的风险。通过信息的透明化，村务管理日益规范，村干部的廉洁自律意识也得到增强。

(2) 提升村民对村委会的信任感

信息公开让村民清楚地看到村委会的工作内容和成果，增强了村民对村委会的信任。尤其是在涉及资源分配和重大项目时，透明化的操作流程让村民对村干部的工作更加信赖，村庄的整体团结氛围也进一步提升。

5. 信息公开机制的优化方向

尽管信息公开已经在许多村庄逐步推行，但在实际操作中仍面临一些挑战。例如，部分村庄的信息公开内容不够完整，或是公示的方式和频率不能满足村民的需求。为此，村委会可以从以下几个方面进一步优化信息公开机制：

(1) 扩大信息公开的内容范围

在原有财务和事务公开的基础上，增加涉及村民生活的更多信息，如教育、卫生、福利等项目的具体情况，进一步丰富公开内容，以满足村民的多元化需求。

(2) 提高信息公开的及时性

增加信息更新的频率，特别是在资金使用和项目建设方面，确保村民能够随时掌握最新的村务动态，提高信息的时效性和实用性。

(3) 加强宣传教育

通过教育活动提高村民对信息公开的关注度，帮助他们学会阅读和解读公开的村务信息，增强他们的监督能力和参与意识。

（四）加强决策过程的公开性与透明度

在农村公共事务管理中，决策过程的公开性是实现民主、公正治理的关键。将决策过程完全透明化，能够有效确保每一位村民都有机会了解重大事务的讨论和决策，从而积极贡献自己的力量。社会主义核心价值观中的“民主”精神在村庄的决策公开中得到了生动体现，通过透明的决策流程，不仅保障了村民的知情权和参与权，还使得村民的声音在集体决策中得以充分展现，进一步增强了农村社会的凝聚力。

1. 决策过程的公开性影响村民参与度

在许多村庄中，村委会在涉及重大资金使用、村民福利和资源分配的决策时，都会通过广泛征求意见的方式，确保村民的意愿在决策中得到尊重。例如，在决定基础设施建设、公共设施的维护、集体经济分红等重要事项时，村委会通常会在决策前发出通知，邀请村民参加讨论会，并鼓励他们提出意见和建议。通过这种方式，村民不仅可以了解村庄的发展动向，还能在决策中发表自己的见解，从而增强对村庄管理的参与意识。

村民大会是决策过程公开化的主要平台。在会上，村委会会充分讨论各方观点，将不同意见进行整理和记录，并在此基础上进行表决。村民通过直接投票的方式参与决策，民主程序确保了每个人的权利得以实现。这种全程公开的决策流程，让村民在管理村庄事务时感受到强烈的参与感和责任感，有助于提升村民的主人翁意识，进一步促进村庄的民主氛围。

2. 决策过程公开性的具体实施方式

为了进一步提高决策过程的透明度，村委会采取了多种方式确保村民的知情权和参与权：

（1）会议通知制度

村委会会提前发布会议通知，明确告知村民即将讨论的议题、会议时间和地点，并鼓励村民到场参与。这一制度有效保障了村民的知情权，使他们能够在决策初期就了解事务进展情况，并有足够的时间准备相关的意见或建议。

（2）意见征集和记录

在决策过程中，村委会会专门设立意见收集环节，整理村民的建议，并将其纳入会议记录。对于涉及的不同意见，村委会还会在会后进行总结分析，将合理建议纳入最终决策方案中。这种意见收集和反馈机制确保了村民的意见被认真对待，增强了他们在村务决策中的话语权。

（3）表决机制

在所有村民的意见得到充分表达后，村委会通常会采用表决的方式确定最终方案。通过公开表决，村民可以对决策方案进行选择，从而更深刻地感受到自己的参与对村务事务的影响。这一程序不仅体现了村庄管理的民主性，也让村民对最终决策结果更具认同感和责任感。

（4）决策过程的公示

在决策结束后，村委会会通过公告栏、微信群等渠道，及时向村民公示最终的决策内容及其依据，使村民清楚了解决策的全过程。通过将决策内容、讨论过程和表决结果公开化，村委会进一步增强了村务管理的透明度，防止了暗箱操作的可能性，确保了决策的公正性。

3. 公开决策的积极影响

决策过程的公开性带来了显著的积极影响，不仅有效促进了村庄的民主治理，也增强了村民的信任和参与意识：

（1）提升村民的民主意识

通过参与村务决策，村民逐渐熟悉了民主讨论和表决的流程，深化了对民主程序的理解和认同。这种公开透明的决策过程让村民认识到，自己的意见和建议能够影响集体事务，逐渐养成了尊重不同意见、支持民主决策的习惯。

（2）强化村民的主人翁精神

村民通过参与村务决策，更深刻地感受到自身在村庄发展中的角色和责任。村委会在村民参与下做出的决策更具公正性和合理性，提升了村民对村务管理的信心。随着参与度的提升，村民的主人翁意识得到进一步强化，他们不再是旁观者，而是主动参与村庄发展的重要力量。

（3）增加村民对村务管理的信任

公开透明的决策过程减少了村民对村委会的猜忌和不信任，使村务管理更加规范。尤其是在涉及资金使用和资源分配的重大事项上，公开的决策流程让村民看到了村委会工作的公正性，也进一步增强了对村干部的信任和支持。

4. 决策过程公开性的优化方向

尽管决策过程公开性带来了显著的成效，但在实践中也面临着一些挑战和不足。例如，一些村庄的会议通知和意见反馈渠道还不够完善，部分村民由于外出务工等原因无法参与会议。为此，村委会可以从以下方面进一步优化决策公开机制：

（1）扩大决策参与范围

通过直播、录播等数字化手段，村委会可以让外出村民也能参与或观看会议，进一步扩大决策的参与范围。尤其是在资金分配、重大项目决策等重要事项上，村委会可以尝试在线投票或反馈，增强决策过程的广泛性和代表性。

（2）完善意见收集和反馈机制

增加意见反馈环节，特别是对于未能到场的村民，设置线上意见征集渠道。例如，村委会可以在会议前后开设在线意见征集渠道，让更多村民有机会发表自己的看法，进一步提升决策的科学性和民主性。

（3）加强决策过程的宣传和教育

通过宣传教育，帮助村民进一步理解参与决策的意义，逐步提高他们的参与意识。通过设立“村务公开日”或“村民议事日”，定期公开村务内容，使决策过程的公开性成为村庄管理的常态。

二、农村治理中的法治与价值观引导

在推进农村治理现代化的过程中，法治和社会主义核心价值观的引导是不可或缺的两大支柱。社会主义核心价值观中的“法治”理念，不仅提供了农村治理的制度支持和规范机制，还通过倡导“诚信”“公平”等价值观，让村民在日常生活中逐步增强法治观念。法治建设为农村的公共事务管理提供了保障，推动了村庄的和谐发展，使乡村治理更加规范、稳定。

（一）村规民约的法治化

村规民约在农村社会中一直是调节村民关系、维持秩序的重要规则体系。然而，随着农村社会的不断发展和现代化进程的推进，传统的村规民约逐渐显现出规则不明确、执行随意等问题，难以适应新形势下的村庄治理需求。社会主义核心价值观的提出为村规民约的法治化提供了有力的指引，促使村规民约逐步融入了公平、公正、法治等现代价值观，确保了村民合法权益的有效保障。

1. 社会主义核心价值观引领村规民约的现代化

传统村规民约虽然在村庄管理中发挥了积极作用，但因缺乏系统的法律规范和支撑，容易出现执行不力、处罚随意等问题。以社会主义核心价值观为指导，许多村庄开始对原有的村规民约进行修订，融入“公平”“公正”“法治”等现代价值观，使其符合现代农村的治理要求。例如，在制定新的村规民约时，许多村庄加入了禁止破坏村集体财产、维护公共秩序、保护生态环境等具体条款。这些规定不仅有效维护了村庄的公共秩序，也使村规民约更具合法性和权威性，增强了村民对其的认同感和遵守意愿。

通过引入现代法治理念，规范化的村规民约使村庄治理更具权威性和约束力，实现了村民在规则面前的人人平等。例如，一些村庄明确规定村民不得随意堆放垃圾、乱占公共道路，违者须承担清理责任或接受罚款。规范的村规民约不仅减少了纠纷，也培养了村民的规则意识。

2. 村规民约制定与修改中的民主与法治精神

在制定或修改村规民约的过程中，法治精神的引入至关重要。为确保村规民约能够反映村民的实际需求和法律要求，村委会通常会组织民主讨论，广泛征求村民的意见。在一些地方，村委会还会邀请法律工作者或相关专家参与村规民约的制定和修订，使条款内容更加规范、合理。例如，在村规民约中加入法律术语和处罚细则，让村民清楚明了地理解每一条规定的实际含义及其法律后果。这种民主参与与法治融合的方式，确保了村规民约的合法性和可操作性，使其成为村民日常生活中切实有效的行为准则。

通过这样的过程，村民不仅体验到参与村庄治理的权利，也在制定规则的过程中强化了自律意识。例如，在土地使用的管理上，一些村庄规定未经批准的土地不得擅自占用或买卖，违者须承担相应的法律责任。村民通过民主讨论了解规则的背景和意义，从而更自觉地遵守规定，减少了土地纠纷的发生。

3. 村规民约中的社会主义核心价值观融入与行为规范

为提升村规民约的有效性，村委会在条款中有意识地融入社会主义核心价值观的内容，使村规民约不仅是管理工具，更是道德价值的体现。例如，在许多村庄的村规民约中，明确加入了“爱护村集体财产”“关爱邻里”“维护环境卫生”等行为规范。这些规定将社会主义核心价值观的“诚信”“友善”“爱国”理念转化为村民的日常行为准则，让村民在守法的同时，逐渐形成良好的道德品质。

一些村庄还在村规民约中规定村民在处理邻里纠纷时应本着“互谅互让”的精神，

避免冲突升级；在公共事务上，鼓励村民参与义务劳动，共同维护村庄的环境整洁。这些条款不仅增加了村规民约的道德内涵，也帮助村民在规则和规范中找到道德归属感，从而自觉维护村庄的和谐。

4. 村规民约的执行与监督机制

在传统的村规民约中，由于缺乏系统的执行和监督机制，常存在执行随意、处罚不一的问题。而法治化的村规民约则通过建立健全的执行和监督机制，确保条款能够有效落到实处。例如，一些村庄设立了“村规民约执行委员会”，负责监督村民是否遵守村规民约，对违反规定的村民进行处罚。委员会成员通常由村民代表和村干部共同组成，确保了监督的公正性和透明度。

此外，一些村庄在公共场所张贴村规民约内容，并定期组织宣传和教育活动，让村民更加深入地了解条款内容和具体要求。在执行过程中，村民之间的互相监督也成为一种有效的方式。村规民约中的透明化和公开化管理方式，不仅增强了村民的法治意识，也让村规民约的执行更加公平且公正。

5. 村规民约的法治化与农村社会和谐

通过社会主义核心价值观的引领，村规民约的法治化有效提升了村民的自律意识，使他们在日常生活中更加自觉地遵守规定。法治化的村规民约不仅约束了村民的行为，还在村民中建立了相互尊重、共同维护公共秩序的意识。在一些村庄，通过实行新的村规民约，邻里纠纷显著减少，公共资源得到了有效保护，村庄内部的凝聚力和和谐氛围明显提升。

例如，在垃圾分类和环境保护方面，村规民约明确规定村民需按要求分类处理垃圾，违者需承担罚款或清扫责任。通过村规民约的制度化、法治化，村民逐渐养成良好的环保习惯，村庄环境得到了显著改善，公共卫生水平和生活质量也同步提升。

6. 村规民约对村民权益的保护

法治化的村规民约不仅规范了村民的行为，也对村民的合法权益进行了有力保护。在制定村规民约时，村委会明确禁止侵犯村民个人利益的行为，例如，不合理征收、强制劳动等，切实保障了村民的权益。同时，通过公正透明的制度，村规民约还防止了村干部的滥用职权，使村民在村庄事务中拥有平等的权利和话语权。

这种规范化的村规民约制度，使得村民的权利和义务有据可依，保障了村庄管理的公平性。村民在明确的规则框架下，自觉履行义务、享受权利，从而在村庄管理中增强了安全感和信任感。

（二）法律援助和纠纷调解机制

随着农村治理法治化的深入推进，村民在面对纠纷时逐渐倾向于通过法律途径来解决问题，而非依赖传统的人情和家族关系。法律援助和纠纷调解机制的建立，为村民在合法框架内解决矛盾提供了重要支持。这些机制不仅有效地维护了村民的合法权益，还帮助他们更全面地了解法律知识，增强法治意识，推动了农村社会的和谐稳定。

1. 法律援助站点的设立

在农村地区，许多地方政府和村委会设立了法律援助站点，为村民提供便捷、高效的法律服务。这些援助站点配备了专职或兼职的法律工作者，他们负责为村民提供法律咨询、起草法律文件、代理案件等服务。例如，村民遇到家庭财产分割、土地使用纠纷等问题时，可以通过法律援助站点获得专业的指导和帮助。这些法律援助服务有效填补了农村法律资源不足的空缺，帮助村民解决了日常生活中的法律难题。

这种法律援助不仅为村民提供了切实的帮助，还进一步推动了农村法治宣传。法律援助人员在提供服务的过程中，会普及相关法律知识，向村民详尽解释相关法律条款和政策背景，帮助村民深化对法律的理解和认识。例如，在涉及土地承包、婚姻财产等常见纠纷中，法律工作者会向村民普及相关法律规定，使他们更好地维护自己的合法权益。这种普法过程使得村民的法律意识逐步增强，不仅有利于他们自身权益的保护，也在无形中促进了农村法治环境的改善。

2. 法律援助对村民法治意识提升的作用

法律援助服务为村民提供了直接接触法律的平台，也培养了他们遇事找法、依法办事的习惯。许多村民在法律援助站点的帮助下，不仅成功解决了纠纷，还收获了宝贵的法律知识。例如，涉及财产继承、家庭纠纷等法律问题时，法律援助人员帮助村民了解了继承法、婚姻法等方面的基本知识，使村民认识到在合法框架内解决纠纷的优势。这种认知上的转变，促使村民更倾向于以法治思维和手段解决问题，为农村社会的和谐稳定提供了重要保障。

通过法律援助，村民学会了运用法律手段维护自身的权益，避免了因缺乏法律知识而受到损害的情况。此外，法律援助人员在村民中起到了示范作用，让更多村民认识到依法维权的便捷性和有效性。这种实践性的法治教育，进一步推动了农村治理的法治化进程，使得法律在村庄中不仅是一种规范，更成为村民生活的一部分。

3. 纠纷调解机制的作用与优势

除了法律援助，纠纷调解机制在农村的矛盾化解中也扮演着重要角色。农村地区的矛盾纠纷多聚焦于家庭、邻里关系、土地使用等方面，这些问题常常涉及情感纠葛和复杂的人际关系，诉诸法律途径可能会激化双方的矛盾。为此，许多地方建立了村级调解委员会，配备了由党员干部、德高望重的村民和专职调解员组成的调解团队。这些调解员熟悉村内的情况，更能从人情角度出发，在法律允许的范围内进行柔性调解，取得了显著的调解效果。

调解机制在化解矛盾的同时，注重公平公正，力求兼顾双方的利益，使得调解结果能够得到各方的认可。在社会主义核心价值观的引领下，调解过程中秉持“和为贵”的理念，通过耐心沟通、调和分歧，为村民提供非对抗性的纠纷解决方式。例如，在家庭财产纠纷中，调解员不仅会解释法律规定，还会引导双方达成一个双方都能接受的和解方案。这种和谐、公正的调解氛围，不仅帮助村民化解了矛盾，还增进了邻里间的和睦关系，防止了矛盾的进一步激化。

4. 法律援助和调解机制对农村社会的积极影响

法律援助和纠纷调解机制的结合，使得农村社会在治理中逐渐形成了法治与人情并存的治理特色。法律援助的普及提升了村民的法律知识水平，使得他们在遇到矛盾时更倾向于选择合法的解决途径。另一方面，调解机制通过柔性介入，使得矛盾能够在不诉诸法院的情况下得到妥善解决，为村民提供了一种既符合法律精神又保留人情温度的调解方式。

在社会主义核心价值观的指导下，这些机制的实施使农村社会更加和谐稳定。村民通过法律援助和调解服务，不仅解决了实际问题，也学会了如何尊重他人的权利。通过法律援助的学习，村民逐渐认识到社会公平和正义的重要性，法治意识得到了显著提升。而调解机制则在实际生活中，帮助村民理解了“诚信”“友善”等社会主义核心价值观的内涵，使村民更加注重与邻里间的和谐相处。

（三）法治与价值观的协同作用

在农村治理中，法治与社会主义核心价值观的结合不仅有效增强了治理的规范性，还使得村庄管理更加人性化和高效化。社会主义核心价值观中的“法治”不仅是约束和规范村民行为的基础，也与“公正”“诚信”“友善”等价值观理念相辅相成，使村庄治理既遵循法律，又尊重村民的情感和道德需求，从而达到和谐稳定的治理效果。

1. 法治与“友善”原则的融合：促进和谐关系

在村规民约的制定和执行中，许多村庄将“友善”作为一个重要的行为准则，结合法治手段，引导村民在处理矛盾时更加注重互相理解和尊重，避免因激化矛盾而破坏社区和谐。例如，村规民约中规定在邻里纠纷中鼓励双方以和解方式解决问题，不得轻易诉诸法律途径。这种将“友善”价值观融入法治框架的方式，不仅提升了村民的自律意识，还有效降低了纠纷的激化风险。

此外，村委会和村党支部通过法治教育，将“友善”的价值观通过具体的规则融入日常生活中。例如，建立邻里调解小组，规定邻里纠纷的解决流程，并设立村干部或调解员进行劝解。这种机制在法律的框架内兼顾人情，让村民在法治的指引下感受到关怀和理解，增强了社区的凝聚力。

2. 法治与“公正”价值观的结合：保障资源公平分配

农村公共资源的分配问题一直是村庄治理中的核心，公平公正的资源分配不仅关乎到村民的切身利益，也直接影响到村庄的和谐稳定。通过将“公正”价值观融入法治体系，村庄能够在资源分配上实现更大的透明度和公平性。例如，在土地流转、公益资金分配等问题上，村规民约明确了公正的分配规则，通过法律保障村民的公平权益，有效减少因不公正的分配引发的矛盾和冲突。

村委会在分配资源时，通过村务公开制度，将分配标准、资金流向等信息公之于众，保证每位村民的知情权。村民还可以通过定期的村务会议和代表大会表达自己的意见，监督和建议资源分配事宜。这种通过法治手段落实“公正”价值观的做法，不仅增强了村民对村务的信任，还使村民的权益得到有效保障。

3. 法治与“诚信”精神的结合：提升村民自律意识

“诚信”是社会主义核心价值观的重要组成部分。村规民约中也普遍规定了村民需遵守诚信行为规范。随着法制教育的深入，村民的行为逐渐从依赖监督转变为自觉履行，整体诚信水平得到了显著提升。例如，一些村庄在借贷、赊账等经济活动中引入诚信记录制度，将村民的诚信行为记录在案。通过这种制度化的方式，让村民逐渐意识到诚信的重要性，并在集体活动中自觉遵守承诺。

在农村日常生产生活中，诚信的价值观与法治紧密结合。例如，村民在合作社中的行为要求以诚信为基础，遵守集体利益至上的原则，不得以私利损害集体利益。这种规则不仅保障了合作社的运行效率，还让村民明白诚信的经济和社会效益。通过法律约束和诚信教育的有机结合，村民的自律意识得以逐步提升，村庄的信用环境也因此更加稳固。

4. 法治与“民主”理念的结合：促进村民广泛参与

在公共事务管理中，法治与“民主”理念的结合主要体现在村民参与决策的权利保障上。许多村庄通过举办法律知识讲座和法治宣传活动，使村民认识到民主参与的重要性。在村务管理的重大决策中，村委会广泛听取村民意见，以公开、透明的方式进行表决。例如，关于村内的基础设施建设、土地使用等事关全体村民利益的事务，都会通过村民大会或村民代表大会进行深入表决。

在这一过程中，村委会会提前公布决策的背景、可选方案和可能的影响，鼓励村民积极发表意见和建议。这种以法律为依据的民主参与，保障了村民在村务管理中的话语权，使村民更加珍惜自己的权利，主动为村庄的发展贡献力量。

5. 法治与价值观的协同推进：构建和谐共生的农村社会

法治与社会主义核心价值观的协同不仅规范了村民的行为，更促使他们自觉形成对社区的责任感和归属感。村委会在推行法治的过程中，通过宣传社会主义核心价值观，帮助村民深刻理解法治并不是一种外在的约束，而是旨在保障每个人的公平权益。例如，村委会在倡导“守法”观念的同时，还鼓励村民友善待人、互助共进，从而在法律之外为村民提供了一种道德上的自我约束。

这种法治与价值观的双重作用逐渐培养了村民的道德自觉性，村民在参与公共事务、解决矛盾纠纷时，能够遵循法律规定的底线，同时也受到社会主义核心价值观的影响，主动避免激烈冲突。通过这种法治与道德的协同作用，村庄内部形成了以法治为准绳、以道德为规范的良好氛围，公共事务的管理更加和谐、有效。

第九章　农民社会主义核心价值观的认知与践行

第一节　农民对社会主义核心价值观的认知现状

随着社会主义核心价值观的推广，农民对这一理念的认知和理解程度逐渐提升，但在不同地区和人群中，仍然存在一些差异。以下将从认知现状、理解差异、存在的问题和提升认知的有效途径等方面，深入分析农民对社会主义核心价值观的认知状况。

一、农民对社会主义核心价值观的整体认知情况

在农村地区，社会主义核心价值观的理念，如“富强”“民主”“文明”“和谐”等，已经逐渐深入人心。尤其是“爱国”“敬业”“诚信”“友善”等社会主义核心价值观中的个体层面价值观念，更是受到农民的广泛接受与支持。这些价值观与传统的农村道德和伦理观念相契合，村民通过日常生活和政府组织的宣传活动，对社会主义核心价值观有了基本的了解。在许多农村地区，村委会和基层干部积极推动社会主义核心价值观的普及工作，村民通过宣传标语、横幅、公告栏等多种方式逐渐熟悉这些价值观的内容，并在村规民约和日常行为中有所体现。

二、农民对不同价值观理念的理解差异

在社会主义核心价值观的不同层面上，农民的认知和理解存在一些差异。

（一）富强、民主、文明、和谐

这些国家层面的价值观念对于部分农民来说较为抽象，理解相对浅显，部分村民可能仅对“富强”有较直观的认识，认为其与国家经济发展和个人收入提高有关。至于“民主”“文明”等概念，虽然农民能通过一些实践活动有所体会，但仍显得较为模糊。

（二）自由、平等、公正、法治

这类社会层面的价值观念在农民中认知水平相对有限。农民对“法治”有着较为具体的体会，例如农村纠纷的法治化解决、村规民约的法治化等，但“自由”“平等”“公正”等概念相对抽象，部分村民可能未能深入理解。这些价值观更适合通过村务公开、村民自治等实践活动来加深理解。

（三）爱国、敬业、诚信、友善

爱国、敬业、诚信、友善属于个人层面的价值观，更贴近农民的日常生活和情感，认知度和接受度较高。例如，农民普遍认同“爱国”的意义，尊重劳动和家庭的“敬

业”精神，注重邻里互助和“友善”的生活方式，这些都容易与农村传统道德观念相融合。因此，农民对这一层面的价值观理解较为透彻，也愿意在日常行为中遵循这些价值观。

三、农民对社会主义核心价值观认知的主要影响因素

（一）教育水平

教育水平的差异对农民的认知程度具有显著影响。受教育水平较高的农民对于社会主义核心价值观的理解更加透彻，能够深入领会其背后的深层含义和国家倡导的意图。相对而言，受教育程度较低的农民更倾向于以直观的、生活化的理解去接触社会主义核心价值观，其认知范围相对有限。

（二）宣传力度与方式

地方政府和村委会宣传社会主义核心价值观的力度和方法对农民认知产生重要影响。在宣传形式上，口号标语、图示图解等方式更容易吸引农民的注意；而通过村务会议、村民代表大会等方式深入解读，则能进一步加深他们的理解。若宣传形式缺乏生动性和互动性，可能导致部分农民无法全面、深入地理解社会主义核心价值观的内涵。

（三）地域与经济发展水平

不同地区和经济发展水平也影响着农民对社会主义核心价值观的认知程度。经济相对发达的地区，农民对社会主义核心价值观的理解程度较高，他们在实际生活中能感受到政府推动农村发展、改善生活水平的努力。而经济欠发达地区的农民因基础设施和文化生活相对滞后，对“富强”“民主”“和谐”等社会主义核心价值观的认知往往停留在表面层次，亟须加大宣传和普及力度。

四、存在的问题和挑战

（一）社会主义核心价值观的理解片面

部分农民对社会主义核心价值观的理解存在片面化现象。由于农村教育资源有限，一些抽象的价值观在日常生活中难以与现实直接关联，导致部分村民对“爱国”“友善”等个体价值观有较强认同，但对“民主”“法治”等社会层面价值观理解较为肤浅。

（二）社会主义核心价值观与农村传统观念的矛盾

在部分农村地区，社会主义核心价值观的某些理念与当地传统习俗、观念存在一定矛盾。个别村民可能更倾向于“人情大于法”的观念，导致“法治”在村庄管理中的推广受到阻碍。一些村民的“富强”观念较为片面，仅关注收入增长，而忽略了农村集体利益和长远发展的重要性。

（三）宣传方式的单一性

部分地区的社会主义核心价值观宣传仍然停留在口号式、标语式的层面，宣传方式

相对单一，缺乏生动的实践活动和互动式的教育，导致部分农民缺乏深入理解。虽然标语和公告栏能让村民了解社会主义核心价值观的内容，但对于理解其内涵和具体意义作用有限。

五、提升农民对社会主义核心价值观认知的途径

为提升农民对社会主义核心价值观的理解，以下措施可在农村地区逐步推广：

（一）加强乡村教育资源的投入

通过提高农村教育水平，推动乡村学校和文化站深入开展社会主义核心价值观教育，帮助农民在生活中体会到社会主义核心价值观的实际意义。通过举办有组织的乡村讲座、文化活动、读书会等，激发农民学习的积极性，培养他们对社会主义核心价值观的深入理解。

（二）丰富宣传方式

采取多种形式宣传社会主义核心价值观，如播放相关电影、宣传片、举办专题讨论会、组织村民代表学习、培训等，帮助村民更深入地理解社会主义核心价值观的内涵。同时，利用现代化技术，如微信、短视频等新媒体平台，向年轻农民群体传播社会主义核心价值观，使得宣传更加贴近他们的实际生活。

（三）将社会主义核心价值观融入村规民约和日常行为

在村规民约中融入社会主义核心价值观内容，如强调“诚信”“法治”等理念，加大在村庄治理中的民主公开力度，推动村民参与村庄决策，逐步将社会主义核心价值观内容转化为农民日常生活的行为准则。

（四）注重农民自我表达和参与

开展座谈会、听证会等，鼓励农民在村庄事务和公共讨论中表达意见，让他们感受到社会主义核心价值观在民主和公平方面的实际意义。通过村民主动参与公共事务、监督村务管理等实际行动，让社会主义核心价值观成为农民自我认知的内容，并逐步内化于心。

第二节　推动农民践行社会主义核心价值观的有效途径

推动农民践行社会主义核心价值观是实现农村社会和谐和可持续发展的关键。社会主义核心价值观的认同与实践不仅可以促进农村精神文明建设，还能增强农民的社会责任感和集体意识。以下将从如何增强农民对社会主义核心价值观的认同和政府及社会组织在推动农民践行中的作用两个方面进行探讨。

一、增强农民对社会主义核心价值观的认同

增强农民对社会主义核心价值观的认同，是推动农村社会和谐与进步的关键一步。

社会主义核心价值观在农村的推广不仅在于表层的口号传播，更重要的是将这些理念与农民的日常生活紧密结合，使其成为村民自发遵循的行为准则。以下是几个有效的途径。

（一）结合实际生活，贴近农民的日常需求

为了让社会主义核心价值观真正深入农民内心，关键在于将其理念与日常生活紧密结合，使之看得见、摸得着，成为生活中的常态。通过把“爱国”“敬业”“诚信”等社会主义核心价值观自然融入农民的生产和生活中，能够让这些价值观逐渐内化为村民的自觉行为和生活习惯。

例如，在日常的买卖活动中引导村民遵循“诚信”原则。通过倡导公平交易，减少缺斤短两、掺杂掺假的现象，使农民切实体会到守信带来的信誉和回头客。这不仅有利于规范农村集市和市场的交易行为，也帮助村民理解诚信对经济生活的价值。在长期的实践中，村民会逐渐将诚信视为买卖过程中的基本准则，从而形成良好的社会风尚。

在生产活动中，积极推广“敬业”精神。村党支部和村委会可以通过定期的技术讲座和现场示范，引导村民认真对待农业生产活动。无论是播种、施肥还是收割，村民对每一个环节的认真投入不仅能提高农作物的产量和品质，也让村民从敬业的态度中看到劳动成果的提升。随着敬业精神在农业生产中的推广，村民的劳动积极性和生产技能都将得到明显提升，这种进步不仅为农民自身带来收益，而且也推动了村庄经济的整体发展。

在村民自治和邻里关系中，强调“友善”的社会主义核心价值观有助于促进村民间的团结和互助。乡村治理中，通过倡导邻里守望相助、共同进步的理念，村民逐渐形成在日常生活中互相帮助的习惯。例如，村民们可以相互帮助解决一些生活上的琐事，或在农忙时节相互借力。在遇到困难或突发状况时，邻里之间的友善和协助尤为重要，村民通过互帮互助，不仅增进了彼此之间的感情，也使村庄生活更加和谐安定。村委会还可以组织相关活动，表彰在互助中表现突出的村民，以激励更多人参与到“友善”关系的建设中来。

（二）通过村规民约传递社会主义核心价值观

村规民约作为农村治理的重要规范，是实现村民自治的基础工具，同时也是社会主义核心价值观传播的重要载体。在村规民约中融入“诚信”“友善”“爱国”等社会主义核心价值观的内容，成为村民自律的行为准则，村规民约不仅规范了村民的行为，也在潜移默化中增强了他们的道德观念和社会责任感。

例如，村规民约可以明确规定“保护环境、爱护公物”是每个村民应尽的责任，鼓励大家共同维护村庄的整洁和美观。这种环境保护的要求，不仅帮助村民增强环保意识，更让村民在日常生活中逐步养成爱护村庄公共设施的习惯，从而使“绿水青山就是金山银山”的理念更加深入人心。通过这样的内容，村规民约超越了传统的行为限制，成为村民自觉维护村庄环境和资源的道德标准。

此外，村规民约还可以加入“邻里互助、尊老爱幼”的条款，倡导村民在社区生活中关注弱势群体，积极帮助有需要的邻里和家庭。这不仅有助于改善村庄的整体人际关

系，也使村民在日常生活中自觉践行“友善”“和谐”的社会主义核心价值观。比如，在制定村规民约时，村委会可以规定每年开展“关爱老人日”或“邻里互助日”等活动，鼓励村民为孤寡老人提供帮助，或是在繁忙时节协助邻居完成农活。通过这些倡导性条款，村规民约成为鼓励村民互助和关怀的积极力量，推动了村庄的和谐发展。

这种将社会主义核心价值观融入村规民约的方式，使村规的功能超越了传统的管理和秩序维护，进而成为引导村民自觉践行道德和文化价值的行为准则。村规民约不仅在制度层面上规范村民行为，还通过社会主义核心价值观的融入，逐步塑造出村庄的共同道德标准，进而促使村民在日常行为中加强自我约束，增强责任意识。这样一来，村规民约不仅约束了村民的行为，还激发了他们自觉维护村庄共同利益的主人翁意识，使得社会主义核心价值观在农村基层得以深深扎根，为村庄的可持续发展与和谐建设奠定了坚实的基础。

（三）利用农村集体活动加强宣传

集体活动作为农村生活不可或缺的一部分，具备强大的凝聚力，是宣传和推广社会主义核心价值观的理想载体。每当农忙结束或逢年过节，许多农村地区都会举办形式多样的集体活动。通过这些活动，不仅能增强村民的归属感，还能有效地将“诚信”“法治”等社会主义核心价值观的理念渗透到日常生活中，使之深入人心。

例如，村委会在村民集会和传统节日庆典上组织宣传活动，通过讲解诚信经营、遵守法治的重要性，使村民对这些社会主义核心价值观有更直观的理解。在此过程中，还可以融入文艺表演、广场舞等村民喜爱的娱乐形式，以寓教于乐的方式提升活动的吸引力。在文艺表演和广场舞活动中，村委会可以组织村民编排以社会主义核心价值观为主题的节目，如通过小品、相声等形式展现诚信、友善的价值观念，使村民在观赏娱乐的同时，也自然地接受这些道德理念的熏陶。此外，村委会还可以通过设置知识讲座，将“爱国”“敬业”等社会主义核心价值观教育与农技知识普及、法律知识宣讲等实际需求结合起来，使村民在提升个人技能的同时，也能够更加理解和认同这些价值观的内涵。

（四）发挥村民榜样的引领作用

榜样的力量在农村地区具有非常强的示范和带动作用，树立并表彰践行社会主义核心价值观的先进典型，能够有效引导更多村民认同和践行这些价值理念。通过榜样的引领作用，全村逐渐形成了崇尚美德、共建和谐的氛围，为社会主义核心价值观在农村的广泛传播和深度落实奠定了坚实基础。

具体来说，村委会可以通过组织评选“文明村民”“孝顺子女”“模范邻里”等活动，对那些在“敬业”“诚信”“友善”等方面表现突出的村民进行表彰。这样的评选和表彰活动，不仅让村民有了学习和模仿的具体对象，也让社会主义核心价值观不再仅仅是抽象的理念，而是通过优秀村民的行为在现实生活中得到了生动的体现。例如，“孝顺子女”的典型人物可以是长期照顾年迈父母、无怨无悔地承担家庭责任的村民；“模范邻里”可能是在村中邻里关系中扮演和解人、帮扶者的热心人士；而“文明村民”则可以是带头遵守村规民约、维护村庄整洁、在村务管理中积极贡献的人。这些具体的榜样让村民对社会主义核心价值观有了更真实的认同感，也使他们更加理解和接受这些价值观的内涵和意义。

通过树立这些先进典型，村委会不仅提升了村民的积极性，还让社会主义核心价值观的传播变得更加接地气。村民看到身边的人践行“敬业”“诚信”“友善”等社会主义核心价值观理念，并在全村获得尊重和认可，自然会受到感染和鼓舞。许多村民在榜样的带动下开始反思和改进自己的行为，主动参与到村庄的公益活动中，积极承担家庭和社区的责任，使社会主义核心价值观的影响进一步扩展。这样，榜样的行为不仅得到了认可和效仿，也在潜移默化中带动更多村民共同努力，追求美好品德，树立道德规范，从而在村庄中形成了互相激励、共同进步的良好氛围。

（五）提供教育和培训资源

一些社会主义核心价值观的理念，如“法治”、“民主”等，对许多农民来说确实较为抽象。教育和培训成为帮助村民理解这些理念的重要手段。通过在村内设立村民文化活动中心、农民夜校等教育场所，并定期组织法治教育、民主参与和价值观培训活动，可以显著提升村民对社会主义核心价值观的理解和认同。

具体而言，村民文化活动中心和农民夜校可以成为社会主义核心价值观传播的主要阵地。例如，村委会可以定期举办知识讲座、电影放映和普法讲座，向村民阐释“法治”“民主”等社会主义核心价值观的基本含义，让村民意识到这些理念如何直接关系到他们的个人权益和村庄发展。通过知识讲座，村民可以了解到如何依法维权、如何参与公共事务管理，从而在面对问题时，不再一味依赖传统的乡土习俗和关系网，而是能够更加理性地选择合法途径来维护自身权益。

在普法讲座中，通过生动的案例讲解，村民逐渐认识到“法治”不只是一个抽象的概念，而是与日常生活息息相关的原则。例如，村里可能会就土地权利、环境保护等议题展开普法教育，让村民了解到依法解决纠纷、保护公共资源的重要性，避免因为法律知识缺乏而产生不必要的矛盾。这种知识普及不仅让村民意识到法律的重要性，还让他们懂得如何利用法律武器保护自身利益，从而提升村庄的整体法治意识。

为了进一步加深村民对社会主义核心价值观的理解，政府和村委会还可以通过派驻讲师、播放宣传片等方式，帮助村民从思想观念上认识到社会主义核心价值观的实际作用。例如，邀请法律专家、道德模范、乡村振兴领域的专家到村里讲授社会主义核心价值观的相关内容，使村民更加生动直观地理解“爱国”“诚信”“敬业”等理念。这些讲师能够通过生动的案例和故事讲述，使村民了解社会主义核心价值观如何在实际生活中发挥作用。例如，讲师可以用具体事例讲述如何在工作中做到“敬业”，如何在邻里交往中做到“友善”，让村民在听到真实案例时产生共鸣，从而更容易理解和接受这些价值观。

除了正式的课堂教育和讲座，村内也可以定期播放宣传片和电影，通过视觉化的手段向村民展示社会主义核心价值观在农村生活中的实际应用。比如，通过播放以“爱国”“诚信”为主题的电影，使村民在观影的过程中潜移默化地受到教育。宣传片则可以通过记录真实的村庄故事，展示社会主义核心价值观如何在村民身边实际践行，增强村民的情感认同感。电影和宣传片通过生动的情节引导，既可以增强村民对社会主义核心价值观的情感共鸣，也让他们从直观上理解到这些理念的重要性。

教育和培训不仅提高了村民的知识水平和思想认识，还逐渐引导他们在日常生活中将所学知识付诸实践。村民在参与学习的过程中逐渐理解到“诚信”在市场交易中的重要性、“法治”在社会秩序中的作用，进而在生活中自觉遵循这些原则。例如，在日常的买卖交易中，村民自觉地坚持诚实守信，避免缺斤短两或掺杂掺假的现象，以维护长久的信用；在村民间的矛盾冲突中，更多人选择通过协商或合法途径解决，避免了矛盾激化。

（六）鼓励建立村民互助组织，强化集体意识

在农村发展过程中，许多村民互助组织如合作社、农业协会等，不仅能为村民提供经济支持，还在社会主义核心价值观的传播中发挥了积极作用。这些组织通过经济合作、集体管理和共同发展，不仅帮助村民实现增收，还在日常运作中将“民主”“法治”“诚信”等社会主义核心价值观理念融入到村民的生活与生产之中，使得社会主义核心价值观在农村逐渐内化为村民的自觉行为准则。

首先，合作社和农业协会的集体决策机制，为村民提供了一个实践“民主”和“法治”的平台。在合作社的日常管理中，重要事项如集体资金的使用、项目的选择、收益的分配等，都需要由全体成员通过会议或投票形式来决定。村民在这种集体决策中，不仅有机会发表个人意见，还学会了倾听他人看法、尊重多数人意见的民主参与精神。同时，这些决策过程严格遵守合作社章程和相关法律法规，使村民切身体会到“法治”对于规范合作和保障权益的重要性。这种过程让村民逐渐意识到，只有在民主和法治的引导下，合作社的决策才能公平公正，才能赢得大家的信任和支持。

其次，在协会的日常运作中，村民学习到了“诚信经营”和“友善互助”的价值观。合作社和农业协会经常进行产品的统一种植、统一销售，这种模式要求所有成员保持产品质量的一致性，严格遵守种植和销售标准，以确保集体品牌的信誉。这种集体责任感强化了村民的诚信意识，使他们逐渐认识到“诚信”不仅是个人的道德修养，更是保证集体利益的重要因素。在长期的合作中，村民也逐渐形成了一种互助互爱的友善精神。在农业生产的关键时期，村民之间经常互相帮助、提供劳动力支持，或是分享技术经验和市场信息。这种良好的合作氛围让村民感受到团结互助的力量，也进一步巩固了他们对社会主义核心价值观的认同。

这些互助组织在带动村民增收的同时，也在村民日常的生产和生活中将社会主义核心价值观的内容融入其中，使村民在实际行动中逐渐认同和接受这些价值观的引导。例如，通过合作社的共同劳动和分工，村民更好地理解了“敬业”和“友善”的内涵，认识到每个成员在集体中的作用和价值；通过参加集体培训、参与农产品质量管控等环节，村民逐渐树立了“敬业”和“责任”的意识，不再仅仅把农业生产看作一种谋生手段，而是视其为服务社区、贡献社会的重要途径。

此外，合作社还会组织集体学习和培训，让村民在实践中不断加深对社会主义核心价值观的理解。例如，通过组织农业技术培训、市场分析讲座等活动，村民在学习先进种植技术的同时也学习到了“诚信”经营的理念，认识到产品质量对于市场的影响和对集体品牌的意义。在这些活动中，合作社还会邀请法律专家讲解市场法规，让村民进一步理解“法治”在经营中的作用和意义，培养村民依法经营、遵纪守法的意识。

在一些地区，农业协会还会定期组织村民互助活动，如帮扶生活困难的村民、参与村庄环境整治等公益活动，使“友善”“互助”的价值观在村民生活中得到广泛践行。这些活动增进了村民之间的情感联系，推动了村庄的和谐发展，让村民感受到集体组织的温暖与关怀，同时也促使他们在日常生活中更加自觉地践行社会主义核心价值观。

（七）鼓励参与公益活动，增强社会责任感

社会主义核心价值观不仅是一种观念，更需要在行动中去践行和体验。在农村地区，通过鼓励村民参与各类公益活动，能够有效地将社会主义核心价值观的理念转化为具体的行为，从而增强村民的认同感和责任感。例如，通过组织村民参与义务劳动、捐助贫困家庭、关爱孤寡老人、参与环境保护等公益活动，使村民在实际行动中真切地体验到“友善”“和谐”“奉献”等社会主义核心价值观带来的集体温暖与社会价值。

这些公益活动不仅使村民在日常生活中培养了助人为乐的精神，还在无形中增强了他们的集体归属感和社会责任感。例如，通过组织义务清扫村庄、清理河道、修缮公共设施等集体劳动活动，让村民体验到共同劳动的乐趣和集体合作的成就感。同时，村委会在这些活动中宣扬“爱国”“敬业”的精神，使村民意识到参与集体劳动不仅是对自己生活环境的改善，更是对国家乡村振兴事业的一份支持。这加深了村民对国家发展和自身角色关系的理解。

另外，公益活动在促进“友善”与“和谐”方面也发挥了重要作用。在组织村民互帮互助的过程中，村民不仅学会了尊重和关心他人，还逐步建立起一种互助的村庄文化。例如，在捐助贫困家庭或关爱孤寡老人时，村委会联合村民为困难家庭筹集善款或送去生活物资。这种爱心传递的举动让村民真正体会到社会主义核心价值观中“友善”和“关怀”的温暖。这种互助氛围不仅让受助者感受到村庄的关爱，也让参与者获得了成就感和社会认同感，逐渐在村庄中形成团结和谐的集体意识。

二、政府与社会组织在推动农民践行中的作用

在推动农民践行社会主义核心价值观的过程中，政府和社会组织发挥着关键作用。这两者不仅为农民提供政策支持和物质帮助，还通过教育引导和志愿服务等多种形式，引领农村居民的思想与行为向社会主义核心价值观靠拢。以下是政府与社会组织在这一过程中发挥的主要作用。

（一）政府的政策引导与支持

政府作为推动社会主义核心价值观的主要力量，通过制定政策、提供资金支持和完善制度建设来引导农民践行社会主义核心价值观。政府可以为农村社区建设提供资金，建设以社会主义核心价值观为指导的公共设施，如农村文化礼堂、农民活动中心和社区服务站等，推动农村社区的文化建设，营造充满社会主义核心价值观氛围的集体生活空间。这些设施不仅为村民提供了日常集会和活动的场所，还通过举办讲座、展览、社区活动等方式，传播“爱国”“敬业”等社会主义核心价值观的理念。

政府还可以通过经济支持和技术培训，帮助村委会更好地管理村务、解决矛盾。例如，政府可以引导村委会在农村土地流转、农业合作社管理等事务中引入“诚信”“法

治”等原则，确保公共事务管理的透明和公正。通过这些政策引导，村民在日常管理事务中自觉融入社会主义核心价值观，使其成为行为准则。

（二）政府主导的教育和宣传活动

政府在农村的宣传活动中，起到了普及社会主义核心价值观的重要作用。地方政府可以利用宣传车、宣传片、图文标语、村广播和微信等多种形式，将社会主义核心价值观的理念深入传播到村民生活的方方面面。例如，利用农村地区的电视台和广播站播报宣传内容，使社会主义核心价值观的教育宣传覆盖到每个村庄。同时，政府可以组织专题活动、展览和法治讲座，在讲座中让村民更深入地理解“民主”“法治”的意义，从而促进社会主义核心价值观的内化。

此外，政府定期组织法治教育活动，引导村民意识到遵守法律和尊重规则的重要性。在这类活动中，政府通过案例分析、模拟法庭等生动形式向村民深入浅出地讲解法律知识，使得村民对“法治”的理解更加深刻。通过这样的教育活动，村民逐渐建立起遵纪守法的自觉性，使社会主义核心价值观的精神更加牢固地根植于日常生活中。

（三）社会组织的桥梁作用

社会组织作为政府与农民之间的桥梁，能够在推动社会主义核心价值观的过程中发挥积极的作用。乡村发展基金会、农村合作社等社会组织为农民提供技术指导、金融支持和培训，帮助其在生产和生活上实现增收，同时让他们更直观地理解“敬业”“诚信”等价值观。例如，合作社在推广农业新技术时，能够在技术培训的同时强调诚信经营和合作互助的重要性，使农民在实际操作中将社会主义核心价值观融入日常工作中。

此外，社会组织还可以通过“双向沟通”有效地将政府的政策意图传达给村民，同时将村民的需求和意见反馈给政府，使政府能够更精准地为农民制定适宜的政策。社会组织的桥梁作用使社会主义核心价值观的传播更加贴近农村实际，也更容易被农民接受和践行。

（四）志愿服务与公益活动的推动作用

志愿服务和公益活动是社会组织向农村传播社会主义核心价值观的重要途径。社会组织可以通过组织志愿者开展义务劳动、环境整治、文化演出等活动，向村民生动展示“友善”“互助”的社会主义核心价值观。通过这些公益活动，村民不仅获得了实实在在的服务体验，也在潜移默化中理解了社会主义核心价值观的精神内涵。例如，志愿者可以在村庄内组织环境保护活动，引导村民参与清理垃圾、维护村庄卫生，从而提高村民的环保意识，使他们在实际行动中逐渐体悟到“爱国”“奉献”的含义。

此外，社会组织还可以组织一些带有互动性的活动，例如，家族文化活动、邻里互助活动等，让村民在参与过程中建立起集体荣誉感和社会责任感。在这些公益活动中，村民不仅接受了社会主义核心价值观的教育，也提高了集体凝聚力，使村庄的自治和协同发展更为稳固。

（五）推动村民自治的实践

农村自治是农民践行社会主义核心价值观的重要途径，社会组织在推动农村自治中起到了重要作用。社会组织能够协助村民管理公共事务，引导他们更积极地参与村庄治理。例如，社会组织可以帮助村民召开代表大会、收集意见、进行民意调查，从而增强村民在村务管理中的参与感和责任感。

在村民自治的过程中，社会组织还可以提供技术支持和管理方法指导，帮助村民提高治理效率，使得“民主”和“法治”理念逐步在村民自治中落地生根。例如，在村民讨论土地流转和资源分配时，社会组织可以提供法律咨询服务，确保决策过程符合法律规定和民主原则。这种法治化的村务管理方式，让村民在日常治理中逐渐习惯遵守规则，践行社会主义核心价值观。

（六）多部门协作机制的建立

为了更好地推动农民践行社会主义核心价值观，政府可以与社会组织、企业、学校等多方合作，形成全方位、多层次的社会主义核心价值观推广机制。通过村委会、学校教育、农业协会等多方联动，确保社会主义核心价值观的理念贯穿农村的经济、文化和社会生活等方方面面。例如，农业技术推广部门在为农民提供新技术培训时，可以融入“敬业”“诚信”等内容，鼓励农民在农业生产中发挥工匠精神，注重诚信交易和质量提升。

通过这种多部门协作的方式，社会主义核心价值观的推广更加深入持久。在农村教育方面，学校可以通过德育课、文化课等方式，将“爱国”“敬业”等社会主义核心价值观潜移默化地传递给青少年，使其逐渐养成良好的价值观念，最终带动整个村庄的价值观建设。

（七）提供资金支持与技术援助

政府和社会组织可以通过资金支持和技术援助，帮助村民更好地将社会主义核心价值观融入生活和生产中，使其更加具体和可操作。例如，政府可以设立专项资金，用于支持农村的环境治理、社区活动以及公共设施建设等项目，满足村民的多元化需求，提升村民的生活质量。在环保和社区建设项目中，资金支持使村民有机会参与环境改善，体验集体行动的力量，这不仅让他们感受到“和谐”“公正”等社会主义核心价值观的实践意义，也让他们更加关心社区的发展。

此外，社会组织在提供资金支持的同时，还可以进行技术援助和知识培训。通过农业技术培训，农民可以学到新型种植、养殖技术，从而提高生产效率和收入水平；通过金融知识培训，村民可以掌握基本的财务管理和风险防范技能，增强经济自立能力。例如，一些农业合作社通过获得技术援助，在粮食生产中采用先进的节水灌溉技术，减少了资源浪费，同时提升了产量，直接提高了农户的收入。这种技术援助使村民认识到社会主义核心价值观不仅是道德上的要求，更是通过实际行动提升生活品质的途径，让村民更加自觉地将“敬业”“创新”等社会主义核心价值观融入日常生活和工作中。

（八）改善农民的生活条件

在推动社会主义核心价值观的过程中，改善农民的生活条件是提升其幸福感和村庄凝聚力的重要途径。政府和社会组织通过基础设施建设，帮助农村改善道路、供水设施、住房条件以及医疗、教育服务等，使村民的生活品质显著提高。通过不断改善村庄的公共基础设施，村民不仅能够享受到优质的生活服务，也能感受到国家和社会的关怀，激发出对乡村发展的参与热情，增强了对村庄的归属感。

例如，在一些偏远农村地区，政府通过修建村级公路，解决了村民出行难的问题；在供水设施不足的地区，通过建设净水站，改善了村民的饮水条件；在医疗服务匮乏的地区，通过增加乡村医生的数量、引进远程医疗设备，村民看病难的问题得到了有效缓解。这些改善措施，不仅让村民切实感受到生活质量的提高，也使他们逐渐认同"爱国""和谐"等社会主义核心价值观，从而在生活中更加注重集体利益、邻里关系和村庄治理。

通过改善生活条件，村民不再仅关注个人的温饱问题，更愿意主动参与村庄的建设和治理，逐渐形成对家乡的热爱和对公共事务的关注。村委会和基层党组织可以借此机会，积极引导村民关注环境保护、社区卫生、邻里和睦等方面的村庄事务，将社会主义核心价值观进一步渗透到日常生活中。例如，村庄的公共卫生设施改善后，村民更愿意自觉保持村庄环境的整洁；基础设施的提升则激发了村民参与公共事务的积极性。这些行动不仅塑造了更和谐美好的生活环境，也使社会主义核心价值观在农村基层扎根生长，村民逐渐将"爱国""和谐""诚信"等观念内化为自身生活的基本准则。

第三节　农民践行社会主义核心价值观的具体措施

一、基层宣传与教育的创新手段

基层宣传和教育创新是推动社会主义核心价值观在农村落地生根的关键。在传播方式上，结合农民的生活习惯和实际需求，创新宣传手段可以有效地增强村民对社会主义核心价值观的理解与认同。以下是一些行之有效的创新宣传方法：

（一）利用新媒体和数字化传播

当前，随着智能手机和网络的普及，新媒体逐渐成为农村地区接触信息的主要途径。通过微信、抖音、快手等平台，可以生动活泼地传播社会主义核心价值观内容，使宣传更具吸引力。例如，村委会和基层组织可以通过微信公众号或短视频平台发布简洁有力的宣传视频，分享实际生活中的"爱国""敬业""诚信"故事，让村民在娱乐休闲时受到潜移默化的教育。尤其是短视频平台的直观性和互动性，使村民不仅能够方便地观看，还可以与亲友分享和讨论，从而扩大社会主义核心价值观的影响力。

例如，有些村庄会发布村民互助、敬老尊贤、诚信经营等正能量的短片，以生动的场景呈现农村生活中的社会主义核心价值观故事。这些视频还可以附加字幕和说明，帮助年长的村民更好地理解。同时，在线上组织互动活动，如社会主义核心价值观问答小竞赛，吸引村民参与，使得新媒体成为一种参与度高、影响力广的宣传工具。

（二）建立农村文化宣传阵地

文化宣传阵地的建设是农村社会主义核心价值观宣传的基础。通过设立村文化宣传站、公告栏、文化墙等设施，使社会主义核心价值观成为日常生活的“背景音乐”。村委会可以在村民活动中心、公共广场、集市等人流量大的地方设立展板、粘贴海报，将“诚信”“法治”“友善”等社会主义核心价值观的内容用简明的文字和图解呈现，吸引村民驻足观看。这种长期、可视化的宣传形式让村民在日常出行中随时随地接触到社会主义核心价值观。

比如，一些村庄在村口墙壁上绘制社会主义核心价值观主题的彩绘，将“爱国”“敬业”理念与农村生活的风景结合起来，形成具有文化气息的村庄景观。宣传栏、公告牌等还可以定期更新内容，结合农忙时节、重大节日发布相关主题的社会主义核心价值观标语，让村民在潜移默化中接受价值观的影响。

（三）组织社会主义核心价值观主题活动

社会主义核心价值观的传播需要生动活泼、贴近生活的形式。通过村集体活动，如节庆庆典、劳动竞赛、集体娱乐等，能够有效激发村民的参与热情和认同感。例如，在春节、中秋等传统节日期间，村委会可以组织“敬老爱亲日”“诚信乡村故事会”等活动，邀请村民分享生活中的诚信、互助故事，表彰在村庄事务中表现突出的村民。这些活动不仅增强了村庄的凝聚力，还让村民在亲身参与中逐渐接受并认同社会主义核心价值观。

此外，还可以举办主题展览或知识竞赛，将社会主义核心价值观知识与趣味性活动相结合。例如，举办“敬业劳动竞赛”“守法知识问答”等活动，以奖励机制吸引村民参与，让社会主义核心价值观的教育融入轻松愉悦的氛围中，增强教育效果。

（四）培养社会主义核心价值观宣传员

农村宣传员在社会主义核心价值观传播中扮演着重要角色。选拔出一些在村中有威望、责任感强的村民作为社会主义核心价值观宣传员，不仅能提高宣传的可信度，还能使得宣传活动更有针对性。宣传员可以通过村务会议、入户走访等方式与村民交流，回答村民关于社会主义核心价值观的疑问，讲解“法治”“民主”等社会主义核心价值观在村庄治理中的重要性。

例如，一些宣传员在入户宣传时，会将社会主义核心价值观与村民关心的农田保护、环境卫生等实际问题结合起来，用简洁、易懂的语言让村民理解这些理念的实际意义。此外，宣传员还可以带动村民自发学习社会主义核心价值观，营造“人人参与、人人宣传”的良好氛围。

（五）推动乡村文化活动

乡村文化活动是农民接受和践行社会主义核心价值观的重要载体。基层组织可以与当地的文化团队合作，通过戏曲、舞蹈、说唱等传统和现代文艺形式，把“爱国”“敬业”“诚信”等社会主义核心价值观生动地表现出来。通过村民喜闻乐见的表演方式，使社会主义核心价值观深入人心。例如，在重大节日或农闲时期，组织文艺汇演，将社会主义核心价值观融入戏曲、小品、歌舞中，寓教于乐，让村民在愉悦的氛围中接受教育。

此外，村委会可以联合各类文艺团体定期开展巡演活动，把价值观宣传带到各个村庄角落。通过举办广场舞大赛、村民联欢等活动，使村民在欣赏节目、互动交流的过程中潜移默化地接受社会主义核心价值观的教育。

（六）宣传典型人物和先进事迹

树立社会主义核心价值观的榜样人物，是让村民更深刻地理解和践行价值观的有效途径。通过评选“最美村民”“优秀志愿者”“诚信经营者”等，村委会可以表彰在“爱国”“敬业”“友善”等方面表现突出的村民，让他们成为社会主义核心价值观的代言人。榜样人物的事迹会在村民中产生积极影响，激励更多人效仿他们的行为。

例如，可以在村内设立光荣榜或荣誉墙，展示这些典型人物的事迹及其在村庄中的贡献，让村民感受到社会主义核心价值观的可操作性和具体意义。这种做法不仅增强了榜样人物的社会荣誉感，也在村庄内营造出“崇尚先进、学习榜样”的风气，使社会主义核心价值观成为村民自觉践行的准则。

二、农村社会实践中的社会主义核心价值观落实

在农村社会实践中贯彻落实社会主义核心价值观，使其渗透到村民的日常生活和村庄的治理方式中，不仅能增强村民对社会主义核心价值观的认同感，还能使社会主义核心价值观成为村民行为的自觉准则。以下是几种将社会主义核心价值观融入农村社会实践的具体措施：

（一）结合村规民约的约束作用

村规民约作为农村社区治理的根本规范，是村民遵循的基本准则。在村规民约中融入社会主义核心价值观的内容，如“诚信”“友善”“敬业”等，能够更好地引导村民的行为。例如，村规民约可以设定条款倡导邻里间的互助、尊重长辈、和睦相处，约束村民行为规范，使“爱国”“友善”等理念成为村民的共识。

村委会可以定期召开村民会议，讨论村规民约的内容，通过集体讨论将村规民约与社会主义核心价值观有机融合。这样的村规民约不仅强化了村民的自我管理意识，还形成了更加规范的行为准则，营造了和谐友善的生活氛围。村规民约的制定过程本身也是村民讨论社会主义核心价值观、强化对这些价值观认知与接受的过程。

（二）设立村民荣誉榜和评优活动

设立“村民荣誉榜”可以有效地展示社会主义核心价值观实践的成果。村庄可以评选出在“诚信”“敬业”“友善”等方面表现突出的村民，如“敬老模范”“互助先锋”“诚信经营户”等。通过公开表彰，让村民在村庄的公告栏、宣传板上看到自己的事迹，使优秀村民的行为得到广泛认可。这种榜样示范作用能够激励更多村民以他们为榜样，积极践行社会主义核心价值观。

荣誉榜不仅为社会主义核心价值观的践行提供了激励，还帮助村民在日常生活中明确了价值观的具体现实意义，使村庄氛围更加积极向上。评选活动还可以通过村民推荐、自我申请的形式进行，让村民们积极参与到村庄管理中，增进村民对集体荣誉和社会责任的理解。

（三）鼓励村民参与公益劳动

公益劳动是体现“和谐”“友善”价值观的重要途径。村委会可以定期组织村民参加公益活动，如道路修缮、村庄环境清洁、河道清理等。这些活动不仅改善了村庄的整体环境，也增强了村民的集体意识和社会责任感。在参与公益劳动的过程中，村民体会到为集体服务、贡献的满足感，进而更加自觉地在日常生活中践行社会主义核心价值观。

此外，村庄还可以将一些公益活动与节日庆祝结合起来，例如在春节前组织“清洁家园”活动，让全村共同参与美化环境。通过这些活动，村民能够体验到“爱国”“敬业”的社会主义核心价值观理念，从而使其在生活中进一步融入村民的思想和行动中，逐步形成村庄的自律和自治氛围。

（四）加强村民法治教育

法治是农村社会实践中的关键因素。通过法治教育活动，村委会可以向村民普及法律知识，增强村民的法治意识，推动社会主义核心价值观中“法治”理念的落实。例如，村委会可以邀请法律专家或律师为村民进行法治宣讲，普及土地管理、合同法等与农民息息相关的法律知识，帮助村民在日常生活中更好地理解并遵守法律法规。

通过法治教育，村民逐渐认识到依法维权的重要性，并在日常生活中运用法律知识解决矛盾和纠纷，从而减少了村庄内部冲突。这不仅推动了“法治”理念在农村的深入实践，也促进了和谐稳定的社会秩序的形成。法治教育还可以通过发放普法手册、播放法治视频等多种形式进行，进一步帮助村民更深入地理解法律在社会生活中的作用。

（五）利用乡村资源进行宣传教育

乡村拥有丰富的文化和自然资源，村委会可以充分利用这些资源，在日常教育中融入社会主义核心价值观。例如，利用乡村历史建筑和名人故居等文化遗产，开展“爱国”教育，增强村民对家乡的自豪感和责任感。同时，在村里的传统节庆和习俗中融入“友善”“诚信”等价值观内容，引导村民在日常生活中自觉践行社会主义核心价值观。

例如，在农历新年期间，村委会可以组织“家乡历史故事会”，讲述村庄的发展历史和英雄人物的故事，将爱国情怀和村庄集体观念深深植根于村民心中。通过这种形式，村民在日常生活和乡土文化的熏陶中更加自觉地践行社会主义核心价值观。

（六）鼓励乡村志愿服务活动

志愿服务活动是推动“友善”“互助”社会主义核心价值观的重要方式。村委会可以组织村民志愿者队伍，为村庄的老人、留守儿童等弱势群体提供帮助。例如，村民可以定期探访孤寡老人，为他们提供生活上的关爱和帮助；或组织村民为困难家庭募捐，通过实际行动传递爱心，增强村庄的凝聚力和归属感。

这些志愿服务活动不仅提升了村民的社会责任感，也让他们在日常生活中更加深刻地感受到社会主义核心价值观的温暖。志愿服务活动还可以促进村庄内部的相互支持和资源共享，村民在志愿服务中形成了彼此关怀、和谐共处的风气，使社会主义核心价值观在村民生活中得到真正的落实。

第十章　社会主义核心价值观的宣传教育与农民文化建设

第一节　农村宣传教育中的社会主义核心价值观传播机制

一、农村宣传教育体系的建设

农村宣传教育体系是推动社会主义核心价值观在农村地区有效传播和落实的基石。通过系统的组织建设、合理的内容设计、丰富的传播媒介以及有效的人员培训，能够逐步形成全方位、多层次、可持续的农村宣传教育网络，实现社会主义核心价值观的深度普及和内化。

（一）组织建设

1. 基层党组织的主导作用

农村宣传教育体系的建设是农村发展的重要组成部分，而其完善首先依赖于组织架构的精心构建。基层党组织和政府在其中扮演着至关重要的主导角色，通过协调设立一系列专门机构，如宣传教育中心、文化站、农民夜校等，来全面统筹和推进教育活动。不仅如此，这些组织还肩负着制定宣传教育规划和策略的重任。在众多农村地区，“乡村文化站”纷纷设立，通常由村党支部书记或专职人员负责精心管理。这些文化站犹如璀璨的明珠，闪耀着光芒，它们积极组织各类文艺活动、理论学习班以及政策宣传活动，成为传播社会主义核心价值观的重要阵地，让社会主义核心价值观在农村这片广袤的土地上深深扎根。

基层党组织的主导作用更是体现在对教育资源的巧妙整合与协调上。村党支部充分发挥其智慧和力量，将当地的学校、农村图书馆、文化活动中心等丰富资源有机整合，形成一个紧密相连、高效运作的宣传教育体系。同时，基层党组织还定期举办一系列意义重大的党建培训、政策讲解等活动，让宣传教育与党的政策方针紧密结合。如在春节期间，一些村庄的村党支部别出心裁地组织了“社会主义核心价值观与新春祝福”的活动，借助传统节日的浓厚氛围，进一步加强社会主义核心价值观的宣传力度，让社会主义核心价值观的光辉照亮每一个农村居民的心灵。

2. 宣传教育中心的职能

农村宣传教育中心在整个宣传体系中起着关键的核心节点作用，它承担着诸多重要职能。首先，它负责精心组织策划各类宣传活动，确保活动的针对性和有效性。其次，它还承担着信息传达的重任，及时将重要的政策、知识和理念传递给广大农村居民。此外，它在资源配置方面也发挥着重要作用，合理调配各种资源，以保障宣传教育工作的顺利开展。

宣传教育中心会定期制定详细的宣传计划，有条不紊地安排各项教育活动。比如，某些宣传教育中心会根据国家政策和时事热点，精心策划一系列主题宣传活动，如“环境保护与生态文明”“爱国主义精神”等，让教育内容更加丰富多彩。同时，宣传教育中心还会认真履行监督职责，密切关注活动的执行情况，以确保宣传活动能够达到预期的效果和质量。通过这些努力，农村宣传教育中心为农村的发展和进步提供了坚实的支持和保障。

（二）内容设计

1. 内容的通俗化与实用性

宣传教育内容的设计必须充分结合农民的实际情况，考虑他们的文化背景和认知水平。将社会主义核心价值观巧妙地转化为农民在日常生产生活中能够切实操作且易于理解的具体内容，这是宣传教育中至关重要的策略之一。比如，将“诚信”这一社会主义核心价值观与农村的商业交易、家庭关系紧密联系起来，让农民在日常的买卖和交往中更加明白承诺与信任的重要性。在内容设计过程中，还可以充分借助农民所熟悉的谚语、民间故事、典故等富有文化特色的形式，使宣传内容变得更加生动形象、深入人心。

就像利用“种瓜得瓜，种豆得豆”这一谚语来深入浅出地解释诚信和善良的价值理念，让农民能够更加直观地理解其内涵；通过讲述“农夫与蛇”的故事，形象地传达善有善报、恶有恶报的道德教育，让农民在聆听故事的过程中受到启发和教育。这种本土化的表达方式，更能贴近农民的生活，也更容易被他们接受和内化，从而使社会主义核心价值观真正成为他们生活中的重要指导原则。

2. 与农村实际问题的结合

内容设计不仅限于宣传社会主义核心价值观的理念本身，还需要与农村的实际问题相结合。例如，在农村地区推广生态文明时，可以将“绿水青山就是金山银山”的理念与当地的水源保护、垃圾分类等具体问题结合起来。通过解释环境保护对农业生产和生活质量的直接影响，使农民认识到生态文明建设的重要性，并转化为实际行动。

再如，针对农村中的“重男轻女”问题，可以在内容设计中突出“平等”社会主义核心价值观的意义，强调男女平等对家庭幸福和社会和谐的促进作用。通过组织家庭座谈会、播放教育影片等方式，使社会主义核心价值观教育不仅限于口号，而是深入到农民的家庭生活中。

（三）传播媒介

1. 传统传播媒介的利用

在传播媒介方面，传统媒介如乡村广播、宣传栏、公告板等，仍是农村地区重要的信息传播渠道。这些媒介具有覆盖面广、使用成本低、易于操作等优点。例如，许多农村地区每天固定时段通过广播宣传社会主义核心价值观的内容，村民在田间地头、屋前屋后都可以听到，有效实现了宣传的广泛覆盖。

此外，宣传栏作为视觉传播媒介，可以通过图文并茂的形式直观呈现社会主义核心价值观的内容。例如，将社会主义核心价值观的12个词条设计成精美的宣传画，张贴在村委会和公共场所，农民在日常生活中随时都可以看到这些宣传内容，从而潜移默化地接受教育。

2. 新兴媒介的融合与应用

随着互联网和智能手机的普及，新兴媒介如微信、抖音、快手等社交平台也成为农村宣传教育的重要载体。例如，通过在微信村群中发布社会主义核心价值观相关的政策解读、视频讲座、学习资料等，使农民能够随时在手机上获取信息。部分农村地区还推出了"微课堂""微党课"等在线学习平台，利用短视频形式宣传社会主义核心价值观。

同时，一些地方政府和基层党组织还通过开设抖音账号、制作短视频，将社会主义核心价值观内容以更加生动的方式呈现给农民。例如，某地的村党支部制作了一系列关于"爱国"的短视频，讲述抗战老兵的故事，深受村民喜爱。这种短平快的传播方式能够迅速引起村民的关注和共鸣，达到宣传效果最大化。

3. 多媒介结合的综合传播

为了提升宣传效果，农村宣传教育还注重多种媒介的结合使用。例如，结合广播、互联网、纸质宣传材料等形式，在不同场合、通过多渠道反复传播社会主义核心价值观内容。某些地区在举行村民大会时，采用现场广播、视频播放和书面材料相结合的方式，使宣传内容立体化、多样化。

这种综合传播方式通过多次反复和多种形式的传播，使农民对社会主义核心价值观的理解逐步深化。通过线上线下的结合，不仅扩大了宣传的覆盖面，还能使宣传内容更深入、更生动地融入村民的日常生活。

(四) 人员培训

1. 村干部和宣传人员的教育培训

为了确保宣传教育的有效性，定期对村干部和宣传工作人员进行社会主义核心价值观教育的培训至关重要。这种培训包括理论知识、宣传技巧、沟通策略等内容，旨在提高他们的宣传能力和水平。例如，组织村干部参加社会主义核心价值观主题培训班，学习党的政策理论和教育方法，以提高他们对宣传内容的把握和解释能力。

通过系统化的培训，村干部和宣传人员能够更好地理解社会主义核心价值观的内涵，在宣传过程中针对不同的受众群体选择合适的教育方式和话语。例如，对于文化程度较低的农民，宣传人员可以采取讲故事、举例子的方式讲解社会主义核心价值观；而对于年轻人，则可以通过网络和多媒体工具传播更生动的教育内容。

2. 教育人员的激励与考核机制

为了提高宣传人员的积极性和责任心，还需要建立相应的激励和考核机制。通过设立宣传教育先进个人奖、优秀村干部称号等，对表现突出的人员进行表彰和奖励。例如，某些地方通过定期评选"宣传工作优秀村干部"，并在村民大会上进行表彰，不仅激发了宣传人员的工作热情，也提高了他们在村民中的威信。

此外，宣传人员的考核机制也非常重要。例如，制定年度考核计划，通过考核宣传工作的执行情况和效果，确保宣传活动的有序开展和有效落地。通过评估村民的参与率、满意度和行为转变等指标，可以客观反映宣传工作的实际成效，进而不断优化和改进宣传策略。

3. 志愿者的招募与培养

除了专业的宣传人员，农村宣传教育还可以通过招募和培养志愿者参与到宣传活动中来。例如，在村庄中招募积极参与公益活动的村民作为志愿者，经过简单培训后参与宣传活动。志愿者可以在文化活动中担任主持、讲解或演出人员，利用自己独特的方式传达社会主义核心价值观内容。

这种方式不仅可以丰富宣传队伍的构成，还极大地调动村民参与宣传教育的积极性。例如，一些农村地区在每年的"学雷锋志愿服务日"开展志愿者活动，由村民志愿者带领其他村民进行社区清洁、帮扶老人等活动，以实际行动践行社会主义核心价值观，从而增强村民对宣传内容的认同感。

二、农村教育中社会主义核心价值观的传播方式

在农村传播社会主义核心价值观，传统的课堂教育只是其中一种方式。实际推广中，基层党组织和政府通过多种形式的文化活动、实践行动、家庭教育、典型示范以及新兴媒体的应用，让社会主义核心价值观的传播更加立体、深入。以下详细探讨各类传播方法在农村中的具体实施。

（一）传统课堂教育

1. 基层组织主导的夜校和讲堂

在习近平总书记提出的"全面建成小康社会"战略中，乡村振兴和社会主义核心价值观的传递是关键支柱之一。基层党组织与政府部门积极响应，通过"农民夜校""道德讲堂"等形式，定期为农民开设社会主义核心价值观的主题讲座，帮助农民从理论上理解这些价值观的重要性。这种课堂教育便于集中学习，适合规模较大的农民集体，通过党课、辅导课等方式，使社会主义核心价值观逐渐深入农民心中。

在夜校课堂上，农民们不仅学习理论，还会探讨如何在日常生活中践行这些价值观，例如，诚信在市场交易中的重要作用，以及敬业在农业生产中的具体表现等。农民通过集体学习和互动，既理解了社会主义核心价值观的内涵，也汲取了他人的实践经验。例如，道德讲堂上通过讲述村内模范事迹、分组讨论等活动，帮助村民更深刻地理解这些价值观如何在日常行为中体现，使社会主义核心价值观从理论变为可操作的生活准则。这种集体学习模式，有助于农民将个人愿景与国家发展目标统一起来。

2. 深入社区的流动课堂和巡回宣讲

为扩大社会主义核心价值观在农村的传播覆盖，一些地区采用了流动课堂和巡回宣讲的方式，将教育带到每一个角落。基层治理是国家治理的基石，而宣传社会主义核心价值观正是奠定这个基石的重要方式之一。流动课堂一般在村庄的广场、田间地头等地设置临时课堂，由村干部或乡村教师亲自授课。这种教育方式将课堂搬到村民生活和劳作的现场，使学习更加贴近生活。

巡回宣讲团通常由资深党员、模范人物组成，他们通过生动的故事和切身的经验分享，让社会主义核心价值观变得具体而有温度。例如，一位农民党员讲述自己在市场上如何坚持诚信经营、获得客户信任的经历，这样的故事比枯燥的理论更能触动人心。宣讲团的成员还会根据村民的提问和实际需求，及时解答疑问，使课堂更加互动化、个性化。社会主义核心价值观是民族的脊梁。而这种教育方式不仅将社会主义核心价值观深入基层，还进一步加深了农民对其的理解和认同，让社会主义核心价值观成为农村生活中的“脊梁”。

（二）文化活动宣传

1. 村民文化节与主题活动

村民文化节、歌唱比赛、戏曲表演等文化活动已成为农村日常生活中的重要组成部分。这些活动不仅极大地丰富了农民的业余生活，也成了宣传社会主义核心价值观的有效途径。在习近平总书记强调的“文化自信”建设中，社会主义核心价值观的推广是其中的关键环节。党组织通过举办村民文化节，巧妙地将社会主义核心价值观教育融入文艺活动中，例如，通过朗诵比赛、合唱比赛、文艺表演等环节，生动展示了“爱国、诚信、友善”等价值理念，使农民在享受娱乐的同时接受教育。

在文化节中，村委会精心设计多个社会主义核心价值观宣传环节，使这些价值观的理念更接地气。习近平总书记曾强调，基层文化建设要“讲述好故事、传播好声音”，使社会主义核心价值观成为人们耳熟能详的行为准则。通过村民文化节，农民在轻松愉悦的氛围中接触和理解社会主义核心价值观，感受到国家发展、村庄变化与个人成长的密切联系，增强了他们对社会主义核心价值观的认同感。

2. 节庆活动的教育延展

利用春节、端午等传统节日开展主题活动，既能增强村民的节日仪式感，也为社会主义核心价值观的传播创造了天然的契机。例如，在春节期间，村委会举办“爱国、敬业”主题的歌咏比赛，让村民用歌声表达爱国情怀；在端午节，组织家庭故事分享会，让村民讲述生活中的敬业、诚信故事，将社会主义核心价值观的内涵与日常生活结合起来，使农民在欢乐的节日氛围中体会社会主义核心价值观的实质。习近平总书记多次提到，要把优秀传统文化与社会主义核心价值观相结合，创造一种具有中国特色的现代价值观教育模式。

节庆活动中的宣传不仅让社会主义核心价值观更容易被村民接受，还让节日成为富有教育意义的传统。例如，在“家风家训”的主题分享会上，村民分享家族中的美德故事，这不仅有助于加强村民的认同感和亲密感，还深化了他们对“诚信、友善”等社会主义核心价值观的理解。这种方式使村民逐渐将社会主义核心价值观视为生活准则，让社会主义核心价值观融入百姓生活的目标得以落实。

3. 戏剧和演艺宣传

戏曲作为农村地区深受喜爱的艺术形式，通过寓教于乐的方式实现了社会主义核心价值观的普及。地方政府和党组织通过组织戏曲团队，编排富有教育意义的戏剧，将“诚信”“敬业”等价值观融入剧情中，旨在让群众的日常文化活动成为传播思想、提升素养的重要途径。在戏剧演出中，观众通过正反角色的对比，直观理解到诚信与失信的区别，并看到了不同道德选择带来的生活影响。

演出结束后，党组织还设置了互动环节，引导村民分享观后感。村民通过交流，不仅进一步加深了对戏曲内容的理解，也增强了对社会主义核心价值观的反思。这种形式既增加了活动的互动性，又让村民有机会在讨论中思考如何在实际生活中践行社会主义核心价值观。通过戏剧和演艺宣传，农村地区的文化活动更加生动活泼，社会主义核心价值观在乡村的传播也更加深刻而有效。

（三）实际行动推广

1. 环境保护行动

在农村地区推广社会主义核心价值观的一个重要途径是组织环境保护活动，通过垃圾分类、村庄清洁和植树造林等集体行动，推进“生态文明”理念的落地生根。基层党组织通过带领村民每周参与集体清洁活动，使村庄环境整洁的同时也增强了村民的环保意识。习近平总书记强调“绿水青山就是金山银山”的生态理念，而这种集体活动帮助农民将这一理念转化为实际行动。

在环境保护活动中，村委会通常会结合社会主义核心价值观中的“和谐”理念，向村民阐述环境保护对农业生产、生活质量的重要性。例如，许多村庄定期开展清理河道、清洁公共场所的活动。在党员和村干部的带领下，村民积极参与，自觉投入到村庄环境的改善中。在这个过程中，村民不仅体会到环境保护对生活的积极作用，还在行动中逐步培养了生态责任感与集体荣誉感。

2. 志愿服务与社区互助

农村地区的志愿服务活动是社会主义核心价值观传播的另一重要渠道。通过鼓励村民参与志愿服务，社区凝聚力得以显著增强，社会主义核心价值观得以推广。村党支部在村内组织志愿者为老弱病残和贫困家庭提供生活帮助，或在农忙季节为年长村民提供收割、搬运等劳力支持。这些活动使村民在互帮互助中践行“友善”和“敬业”的社会主义核心价值观。

通过志愿服务，村民逐渐在社区事务中找到自己的位置，形成了强烈的社区责任感。例如，一些村庄在节假日组织村民参与“邻里守望”活动，帮助有需要的家庭解决生活中的困难。这些志愿活动不仅让村民彼此更加熟悉，增加了社会互信，还让村民在帮助他人中感受到社区生活的温暖，进而提升了公德意识和责任心。

（四）家庭文化教育

1. 家庭教育与社会主义核心价值观结合

家庭是社会主义核心价值观传播的重要场所。村党支部通过组织家庭教育讲座、家风建设活动，积极鼓励村民将家风家训与社会主义核心价值观相结合。例如，家庭可以制定学习计划，让每个家庭成员学习“爱国、敬业、诚信、友善”等理念，共同形成全家的社会主义核心价值观。习近平总书记提出的“要注重家庭、注重家教、注重家风”的指导思想，使社会主义核心价值观在家庭教育中得到了有效落实。

一些农村地区通过“家庭文化日”活动，鼓励家长和孩子们分享家风家训的故事。这些活动不仅加深了村民对“诚信、友善”等价值观的认同，还在家庭内部增强了成员间的理解与信任。农村基层党支部通过这种家风活动，使社会主义核心价值观在家庭成员的相互影响中逐渐内化为自觉的道德规范。

2. 家风的延续与家训的实践

家风是家庭的道德规范，在社会主义核心价值观的实践中，家风教育起到了重要作用。村党支部宣传良好家风的价值，倡导每个家庭结合社会主义核心价值观建立良好家训。例如，“勤俭节约、助人为乐、和睦相处”等家训不仅能够促进家庭内部的和谐，还能够对村庄社区产生积极的影响。正如习近平总书记所强调的那样，家风正则社风淳，社风淳则民心安。通过家庭成员的代代传承，社会主义核心价值观的内容逐渐内化为家族文化的精髓。

在家风的影响下，家庭成员在长辈的指导下形成社会主义核心价值观的认知，并通过日常生活中的潜移默化理解并接受社会主义核心价值观的内容。例如，孩子们在长辈的言传身教下逐渐养成勤俭、诚信的好习惯，而青年人则在敬业精神的熏陶和责任感的培养中勇于承担家庭和社会责任，从而使社会主义核心价值观在家庭和社会的双重影响下得以延续和传承。

（五）典型示范宣传

1. 模范党员和村干部的示范引领

模范党员和村干部在村民中具有很高的威望，他们的示范作用是推动社会主义核心价值观落地的有效途径。作为社会主义核心价值观的践行者，村干部和优秀党员通过设立“党员示范户”“文明村民”等榜样，引领村民学习身边的榜样，践行社会主义核心价值观。例如，村干部在环境保护、家庭建设等方面起到带头作用，带动村民积极参与。

村党支部会定期张贴优秀事迹、组织村民参观学习，让村民从榜样的事迹中感受到社会主义核心价值观的力量。例如，一位村干部在为村民处理纠纷时表现出公正无私、认真负责的态度，这种行为不仅受到村民的认可，还成为全村的学习榜样。通过这种榜样力量的引领，社会主义核心价值观的内容被村民逐渐理解和接受，并转化为他们的行为准则。

2. 榜样力量的扩散效应

“身边的榜样”这一宣传方式在农村地区取得了显著成效，村民在村党支部的组织下学习模范人物的事迹，增强了践行社会主义核心价值观的自觉性和主动性。村党支部通过表彰邻里互助、诚信经营的优秀村民，授予他们“社会主义核心价值观示范户”或“优秀农民”等荣誉称号，使村民在榜样的带动下逐渐产生对社会主义核心价值观的认可与共鸣。例如，一位邻里互助的优秀村民获得表彰后，其诚信、友善的行为得到周围村民的认同和效仿，形成了良好的社区风尚。

榜样的宣传不仅增强了村民的责任感和荣誉感，还使社会主义核心价值观在日常生活中得到了广泛普及。通过榜样力量的扩散和传播，村民自发形成了对社会主义核心价值观的认同和尊崇，并在日常生活中自觉践行这些价值观。习近平总书记多次提到要“充分发挥榜样的带头作用”，这种带动效应在农村基层得到了实际应用，为社会主义核心价值观的普及提供了强有力的支持。

（六）新兴媒介宣传

1. 移动互联网和社交媒体的运用

随着互联网和智能手机在农村地区的广泛普及，村党支部和村委会逐步借助新兴媒介拓宽了社会主义核心价值观的宣传渠道。通过微信公众号、抖音账号等平台，村委会发布社会主义核心价值观的内容，如政策解读、法治观念、诚信教育等，方便村民在手机上随时随地获取信息。正如习近平总书记所言，宣传思想工作要“坚持移动优先战略”，这种方式让社会主义核心价值观的传播更贴近农村的实际和年轻人的生活方式。

此外，通过“微课堂”、在线讲座等形式，村民可以在线参与学习。这种形式方便了农民的学习，打破了时间和空间的限制，使社会主义核心价值观教育更加广泛。村党支部通过微信、抖音推送社会主义核心价值观相关内容，为农民提供了便捷的学习途径，使社会主义核心价值观的传播更加高效。

2. 短视频和直播活动的创新传播

短视频平台如抖音、快手在农村地区拥有广泛的用户群体。许多村党支部利用这些平台制作简洁有趣的短视频，将社会主义核心价值观的内容巧妙融入日常生活中。例如，一些村干部通过直播讲解环保、诚信等理念，吸引了大量村民的关注。在这种新媒介的辅助下，农村的社会主义核心价值观宣传不再拘泥于传统方式，变得更加生动有趣。

例如，通过拍摄村干部带领村民进行环保活动的短视频，村民不仅能在观看中接受教育，还能通过点赞、评论等方式增强互动性。这种创新传播方式极大地增强了社会主义核心价值观的吸引力，尤其对年轻村民具有极强的感召力。直播活动也使宣传更加实时、生动，有助于提升村民的参与感，使社会主义核心价值观的理念深入人心。

第二节　农村宣传教育的创新与发展方向

随着信息技术的进步和农村生活方式的变迁，农村宣传教育正在从传统的面对面教学向数字化、网络化、便捷化转型。这种创新发展不仅极大地丰富了宣传教育的形式，还显著提高了社会主义核心价值观传播的广度和深度，为农民思想观念的转变提供了强大的动力。

一、利用现代技术提升农村教育宣传的效果

在全面推进乡村振兴和共同富裕的背景下，现代技术的应用为农村教育注入了新的活力。移动互联网、大数据和远程教育等手段在农村地区的普及，使社会主义核心价值观的传播更具广度和深度。通过运用这些技术，农村教育不仅提高了效率，还增强了村民的参与感和获得感。当前的政策导向也逐步强化了现代技术在乡村治理和教育中的应用，推动社会主义核心价值观更加深入地融入农民的生活。

（一）移动互联网的普及

移动互联网的普及近年来为农村宣传教育工作带来了革命性的变化。村民们通过智能手机可以随时随地获取教育信息，线上宣传的优势日益凸显。村党支部和村委会顺应这一趋势，积极建立起包括微信公众号、抖音号、快手号等社交媒体在内的多种社交媒体平台，定期向村民推送社会主义核心价值观的内容。这些内容通过视频、图片、文字等多样化的形式展现，并采用通俗易懂的语言，使"爱国、敬业、诚信、友善"等价值观以生动、形象的方式呈现在村民面前。

在这种方式的推动下，村民不仅能方便快捷地获取信息，还能通过故事化、视觉化的呈现形式激发学习兴趣。例如，村级党支部制作的简短视频，通过展示本地村民真实的生活场景，讲述诚信经营、敬业奉献的故事，增强了村民的代入感，让社会主义核心价值观的宣传更加贴近实际、贴近生活、贴近群众。村民在潜移默化中接受这些内容的熏陶，逐渐将其内化为日常行为的准则。

1. *移动互联网在村民自治和公益活动中的应用*

在"共同富裕"的大背景下，移动互联网也在村民自治、公益活动宣传方面发挥着重要作用。村委会利用微信、抖音、快手等社交平台，迅速将公益活动、村务通知及村规民约等信息传递给村民。例如，通过线上平台发布村内义务劳动、环境整治等活动的信息，使村民能够及时了解并主动参与。同时，村民还能在线随时查看最新的公益活动时间、地点及相关要求，这大大提高了参与度和活动组织的效率。

例如，浙江等省份在智慧农村建设方面的创新实践为农村移动互联网的推广树立了典范。浙江将"村级事务一键通"功能整合到手机 App 中，村民可以通过这一平台查看本村政策动态、村务信息，甚至可以通过"随手拍"功能对不文明行为或环境问题进行举报。这一功能不仅提升了村务的透明度，还在潜移默化中引导村民参与村庄治理，增强了村民对公共事务的责任感和参与度。通过这一渠道，村民能及时了解到村党支部的工作情况和村庄事务，从而增强了村民的主人翁意识和民主参与感，使他们更自觉地践行社会主义核心价值观。

2. *移动互联网推动村民文化素养提升*

移动互联网在农村的推广也带动了村民整体文化素养的提升。村党支部通过定期在社交平台发布"诚信""友善"等主题内容的故事，帮助村民理解社会主义核心价值观在生活中的重要性。例如，在浙江的智慧农村建设中，村委会定期推送"村庄模范人物"事迹，讲述他们在日常生活中如何践行"敬业、诚信"的社会主义核心价值观。这种榜样激励模式不仅让村民对这些价值观有了更深的理解，还带动了更多村民向榜样看齐，共同营造良好的村庄风气。

此外，村党支部还可以利用直播功能，与村民进行线上互动，解答村民在政策、生活、生产方面的疑问，并结合社会主义核心价值观教育的内容，让村民在交流中学习和提高。例如，通过网络直播解读村规民约、宣传村庄发展规划等，不仅促进了村民对本村事务的了解，也让村民感受到参与村庄治理的成就感，更好地推动村庄的和谐发展。这种新媒体教育方式让村民不再仅仅是信息的接收者，而是参与到宣传互动中的主体，有效提升了他们的文化自信和认同感。

3. 促进乡村治理与文明建设的创新平台

随着“智慧农村”建设的不断推进，农村治理逐渐向智能化和高效化方向发展。例如，在村庄治理中，借助 App 和社交媒体平台，村党支部和村委会通过发布不文明行为的举报方式，鼓励村民积极参与村庄治理。村民通过“随手拍”等功能，在发现垃圾乱扔、噪声污染等问题时，可直接向村委会反映。这种治理模式不仅增加了村民对村庄管理的信任感，还让村民在日常生活中逐步认同和践行社会主义核心价值观的“公正、法治”理念。

这一创新在提高治理效率的同时，还引导村民主动维护村庄公共环境和遵守村规村约。通过这样的互动平台，村民对自身在村庄中的角色有了更清晰的认知，从而在日常行为中自觉遵守文明规范，共同维护村庄环境。例如，浙江的一些乡村通过“美丽乡村 App”实时展示村庄环境治理成效，促使村民更加重视环境保护。这种“线上+线下”相结合的治理方式，不仅拓宽了宣传教育的渠道，还让村民亲身参与到家乡的建设中，提升了农村整体的文明程度。

4. 社会主义核心价值观的深入人心

移动互联网的普及为社会主义核心价值观在农村地区的宣传增添了新的动力。村党支部和村委会利用社交平台和移动 App 的便捷性，不断创新教育形式和内容，使社会主义核心价值观的宣传不再局限于传统的讲座和标语，而是转变为村民随时随地可以接触到的信息流。这种形式使社会主义核心价值观更加生活化、具体化，成为村民日常生活中自然内化的一部分。

通过移动互联网的支持，村民在潜移默化中逐步接受并践行“爱国、敬业、诚信、友善”的社会主义核心价值观。越来越多的村民在互动平台上关注村务、参与社区活动，社区归属感和责任意识逐渐增强。村级党支部通过这些互动，鼓励村民以更开放的心态接触新事物，促使他们在思想观念和生活方式上实现了现代化转变。

（二）在线课程与远程教育

在偏远农村地区，由于地理位置偏远、基础设施薄弱等条件的限制，传统课堂教育难以覆盖所有村民。然而，在线课程和远程教育的推广为解决这一难题提供了有效途径。村党支部和村委会充分利用互联网和多媒体技术，联合教育平台和专家资源，通过网络课堂、在线讲座和直播等形式，推动社会主义核心价值观教育，使其突破时间和空间的限制，惠及更广泛的村民群体。

例如，在一些村党支部，乡村振兴领域的专家会被邀请开展远程讲解，村民可以通过直播形式学习这些课程，无须外出即可了解国家政策和社会主义核心价值观的相关内容。这种远程教育模式不仅消除了地理障碍，还提升了村民的政策理解和思想觉悟。村民能够灵活安排学习时间，根据自己的实际需求选择学习内容，实现了学习的个性化和便利化。同时，村党支部还在村委会安排专人协助年长或文化水平较低的村民掌握使用在线课程的技巧，进一步提高了学习的普及率。

1. 远程教育的多层次支持

近年来，线上学习的需求持续增长，各地党组织和政府部门也加大了对远程教育的投入。例如，湖南省通过“智慧党建”云平台，定期向村民推送社会主义核心价值观学习资料和视频资源。村民可以通过手机轻松登录平台，随时随地自主学习各类课程，内容涵盖了社会主义核心价值观的各个方面，使村民更加全面地了解和接受这些价值观的内涵。为了保证教育覆盖面，村党支部还针对不同文化层次的村民提供多层次的教育支持，比如，为年长村民提供简化版的教育资料，并通过语音、图像等形式进行辅导，确保教育内容契合他们的理解能力。

2. 智慧党建平台的创新实践

智慧党建平台在推动社会主义核心价值观教育方面具有显著优势。党组织通过这一平台实现了对村民的精准教育，将“爱国、敬业、诚信、友善”等社会主义核心价值观融入日常生活场景中，加深了村民的理解和践行。例如，智慧党建平台还设置了“学习打卡”功能，村民在完成每次学习后可以打卡记录学习成果。这一方式不仅调动了村民的学习积极性，也让村党支部能够实时掌握村民的学习进度，进一步增强了教育的针对性和有效性。

3. 灵活个性化的学习方式

远程教育不仅打破了教育资源不平衡的问题，还赋予了学习更多的灵活性和个性化。村民可以根据农闲或日常生活安排，选择适合自己的学习时间和内容。村党支部根据不同人群的需求，定期推出政策解读、农业科技等专题课程，将社会主义核心价值观教育与农民实际需求紧密结合，使村民在学习政策和价值观念的同时，也获得了生产知识和实用技能。

此外，许多村党支部还根据时事热点和村民反馈定制内容，确保社会主义核心价值观教育始终保持时代性和针对性。例如，围绕乡村振兴、生态保护等主题开展讲座，使村民能够理解这些政策对自身生活的影响，增强对国家政策的认同感和参与乡村建设的积极性。通过个性化的学习方式，社会主义核心价值观逐渐深入村民心中，使村民在潜移默化中内化这些理念。

4. 在线教育的挑战与改进措施

尽管在线教育在农村推广效果显著，但仍面临一些挑战。部分偏远地区的网络基础设施较为薄弱，或存在老年人对电子设备的操作不熟悉等问题，这些因素限制了在线教育的全面覆盖。对此，村党支部和政府部门积极推进网络建设，并组织村干部和志愿者为村民提供操作指导，帮助他们熟悉智能设备的使用。湖南省在这一方面也做出了不少努力，通过提升网络覆盖率、提供免费培训班，显著提升了村民使用线上教育资源的便捷性。

此外，一些村党支部还提供线下补充学习的机会，为没有智能设备的村民提供便捷的学习场所和工具。例如，村党支部在村委会设立了“远程学习角”，配备平板电脑或投影设备，供村民集中学习使用，并安排志愿者或村干部提供技术支持。这种“线上+线下”的混合模式为村民的学习提供了更多选择，既保障了学习的灵活性，又提高了参与率。

5. 未来发展方向与创新

未来，远程教育在农村地区的推广将进一步朝着智能化、多元化的方向发展。党组织可以利用人工智能、大数据等技术手段，根据村民的学习记录和兴趣偏好推送个性化的学习内容。借助数据分析，村党支部能够更准确地掌握村民的学习需求和效果，对教育内容进行及时调整。通过更智能化的系统，村民在学习过程中可以更加高效地掌握知识，提高教育的实际效果。

比如，通过与专家资源的合作，村党支部可以在智慧党建平台上提供农技讲座、政策解读视频等资源，使村民在学习社会主义核心价值观的同时也能够获取实际的生产知识。此外，智慧党建平台可以提供交流互动模块。村民之间可以分享心得、提出问题，形成学习社区。这种互助型学习模式，不仅增强了村民之间的联系，还促进了村民相互学习和共同进步。

（三）大数据与精准宣传

大数据技术的广泛应用为农村宣传教育的精细化管理和高效配置提供了新的可能。通过大数据分析，村党支部能够更好地洞察村民的需求和偏好，从而实施精准化、定制化的宣传教育，使社会主义核心价值观教育更具吸引力和针对性。

1. 精准洞察需求，提高教育内容的贴近性

借助大数据，村党支部可以准确把握村民对不同主题的关注度、偏好时间段以及喜欢的传播形式。例如，通过对村民在线学习行为的数据分析，村委会能够了解到哪些社会主义核心价值观主题最受欢迎，哪些视频或图文的观看量最高。这些数据为村党支部提供了宝贵的参考，有助于其更好地安排宣传内容和时间，合理规划推送的频率，使教育内容符合村民的日常生活节奏。例如，村党支部可以在村民的休息时间段推送主题简短、内容易懂的视频或图文，避免在农忙时段干扰村民工作，从而有效提升宣传效果。

此外，大数据分析还能帮助村党支部识别不同年龄层、性别、职业的村民对社会主义核心价值观的需求差异。对于年轻村民，他们可能更偏好短视频或互动性较强的宣传形式，而中老年村民则更倾向于图文或语音讲解。通过深入的数据分析，村党支部能够根据不同人群的喜好定制宣传形式，使每一类村民都能方便快捷地接受社会主义核心价值观教育，从而进一步提升教育效果。

2. 动态调整教育内容，增强宣传效果

大数据为村党支部提供了动态调整宣传内容的基础。通过实时监测村民的反馈数据，村党支部可以根据实际需求随时更新和优化教育内容。例如，村民对诚信建设、邻里互助等主题表达了较高关注，村党支部可以快速响应，将这些内容加入教育体系，以确保宣传内容贴近村民生活实际。这样，社会主义核心价值观教育不再是单向灌输，而是能够实时适应村民的需求变化，实现教育内容的动态优化。

同时，大数据还能够记录和分析村民的互动记录。通过村民在学习平台上的评论、点赞和分享行为，村党支部可以深入了解村民的接受度和实际理解情况。例如，如果村民对某一主题的视频点赞多、评论积极，村党支部可以考虑进一步深化这一主题内容，或通过举办线上线下讨论会等方式，让村民更深入理解和接受该主题的价值观念。这样，宣传内容更加具备参与性和互动性，村民的教育效果也得以显著提升。

3. 优化资源配置，提升教育成效与针对性

大数据技术的应用还能够帮助政府部门和村党支部实现教育资源的精细化配置，避

免资源浪费，提升教育成效。通过大数据监测，可以准确了解哪些村民尚未参与社会主义核心价值观学习，哪些村民已经完成了在线课程，从而对未参与者进行有针对性的补充教育或跟踪。此外，通过大数据的成效监测，村党支部能够实时查看每个宣传项目的教育成效，及时发现并解决问题。例如，如果某一主题的宣传效果较差，村党支部可以深入分析原因并调整内容或传播渠道，使教育资源得以更加高效利用。

为了确保教育资源配置的合理性，一些地方的村党支部利用大数据对宣传效果进行实时反馈。例如，在乡村振兴宣传中，村党支部通过数据分析发现村民对现代农业和生态保护方面的关注度较高，于是优先将教育资源倾斜于这两方面的内容。这样，通过精准资源配置和内容优化，村党支部不仅有效推动了社会主义核心价值观的普及，也促进了村民参与乡村发展的积极性和主动性。

4. 识别教育短板，提升宣传针对性

通过大数据的分析，村党支部可以快速识别出社会主义核心价值观教育中的短板，针对性地制定补充方案。例如，通过监测村民的在线学习数据和反馈数据，发现村民对某些价值观主题如“友善”“公正”理解较弱，村党支部可以增设相关课程或专题宣传，以弥补教育内容的不足。在一些地方，村党支部通过数据分析村民的反馈，将诚信建设、邻里互助等更贴近村民生活的内容加入教育体系中，逐步缩小村民认知的差距，增强宣传教育的实际效果。

此外，大数据还可以协助村党支部监测宣传教育的长效性，即跟踪村民在接受教育后的行为变化。例如，通过数据分析，村党支部可以了解村民在参加社会主义核心价值观学习后是否展现出更多的友善行为，或是否遵循诚信原则。通过对长效数据的监测，村党支部能够了解哪些教育内容效果明显，进而优化后续的宣传策略，从而建立更具长效性的社会主义核心价值观教育体系。

（四）直播与短视频平台的创新传播

短视频平台的普及为农村地区的宣传教育注入了新的活力，通过直播和短视频等多元化传播方式，社会主义核心价值观的宣传更加生动、贴近村民的生活，提升了教育的实际效果。

1. 短视频：生动展现社会主义核心价值观实践

短视频因其制作简单、传播迅速且直观易懂的特点，成为农村宣传社会主义核心价值观的重要工具。村党支部可以利用短视频平台，将社会主义核心价值观的实践活动进行录制并发布，使村民更直观地看到社会主义核心价值观在实际生活中的体现。例如，村干部带头清扫村庄、开展垃圾分类、组织志愿活动等，都可以拍成短视频。村党支部通过这些真实的场景展示，引导村民感受到社会主义核心价值观的价值所在，从而激发他们参与集体活动的积极性。

特别是在环保方面，村党支部可以拍摄清理河道、植树造林等活动的视频，向村民展示保护生态环境的实际行动。通过视频中村干部的亲身示范，村民们能直观感受到环境保护的重要性，进而鼓励他们自觉参与到美丽乡村建设中。通过这样的方式，社会主义核心价值观从抽象的理念转化为看得见、摸得着的行动，村民更容易理解并认同这些价值观的实际意义。

2. 直播：拉近宣传教育与村民的距离

直播作为一种实时互动的宣传手段，不仅增强了教育的即时性，还极大地使村民与宣传者之间的距离进一步拉近。在直播过程中，村干部可以实时向村民阐释国家政策、社会主义核心价值观的内容和实际应用，通过通俗易懂的语言，让村民更好地理解和接受。例如，在直播中，村干部可以用接地气的语言解读国家对农业的最新扶持政策，以及社会主义核心价值观如何在日常生活中践行，使村民更容易产生共鸣。

此外，直播的互动性让村民能够实时参与，村干部可以在直播中回答村民的问题，解决他们在政策理解或社会主义核心价值观应用中的困惑。例如，在直播讲解环保政策时，村民可以提出如何进行垃圾分类的问题，村干部则可以现场解答，并提供实用的建议。通过这种互动方式，村民的疑虑和问题能够及时得到解答，进一步增强了他们对社会主义核心价值观的理解与认同感。

3. 偏远地区的政策解读和教育普及

对于交通不便的偏远农村地区，直播成了村民接触到政策解读和社会主义核心价值观教育的重要途径。村干部通过直播平台开展远程教育，让偏远地区的村民也能了解到党和政府的政策动向，帮助他们更好地理解和践行社会主义核心价值观。例如，在直播中，村干部可以解读国家关于乡村振兴的相关政策，并结合实际案例讲解政策在当地的落地情况。这种方式不仅能够提高村民的政策知晓率，也使得村民在理解政策的过程中，更加认同社会主义核心价值观。

在特殊时期，例如疫情防控期间，直播更是发挥了重要作用。村干部可以通过直播向村民讲解防疫政策和防护措施，传播“友善互助”和“敬业奉献”的社会主义核心价值观，号召村民相互支持、共同防疫。这种远程教育方式解决了偏远地区宣传渠道匮乏的问题，使每一位村民都能及时接收到最新的政策信息，提升了村民的公共卫生意识和社会责任感。

4. 短视频和直播的教育潜力

短视频和直播不仅是信息传播的工具，更是教育与引导的有效载体。村党支部可以通过设计具有故事性的短视频，展现村内模范人物或家庭在爱国、敬业、诚信、友善等方面的实际行动，让村民在潜移默化中受到感染，激发他们践行社会主义核心价值观的积极性。例如，拍摄敬业农民在田间辛勤劳作的短片，或记录一户家庭成员彼此支持、相互友爱的温馨日常，使村民在观影中感受到社会主义核心价值观的美好。

在直播过程中，村党支部还可以设置“村民故事分享”环节，邀请村民通过直播分享自身的经历，讲述他们在日常生活中如何践行社会主义核心价值观。这种方式促进了村民之间得以互相学习，形成了良好的氛围，并且通过平台的传播放大效应，将优秀事迹传播至更广的社区，甚至更大的范围。这种形式的教育比传统的讲座更有亲和力，也更容易获得村民的认同与效仿。

（五）政策扶持推动技术赋能农村宣传

在乡村振兴战略和数字中国建设的背景下，政府正通过多项政策扶持，推动数字技术与农村宣传教育的深度融合，以增强农村教育的现代化水平，提升村民的文化素养和价值观认同感。

1. 加强农村信息基础设施建设

近年来，政府大力推进农村信息基础设施的建设，实施“智慧农村”工程，不断完善农村的网络覆盖。例如，通过农村光纤宽带的普及和5G基站的建设，偏远村庄逐步接入高速网络。这一举措为互联网教育的普及奠定了坚实基础，使农村居民可以通过网络更便捷地获取知识资源和政策信息。依托完善的网络条件，村民们可以利用手机、电脑等设备随时随地进行在线学习，极大地提升了教育的覆盖面和便利性。

信息基础设施的建设不仅缩小了城乡之间的“数字鸿沟”，也为政府实施农村宣传教育提供了有力支持。例如，在一些边远村庄，村党支部通过网络平台发布社会主义核心价值观的教育视频、政策解读等内容，村民可以通过微信、抖音等平台获取最新的学习资料。这种通过数字网络传播的方式，使宣传教育突破了时间和空间的限制，让更多农村居民能够享受到现代化教育的便利。

2. 激发返乡青年的教育创新力量

“乡村复兴青年计划”作为吸引年轻人回乡的重要政策之一，通过将创新型人才引入农村，激发了农村教育的活力。这些返乡青年不仅带来了新思想和新技术，还推动了农村宣传形式的创新。年轻人更加熟悉数字化工具和社交媒体的应用，通过视频、直播等新兴方式，将社会主义核心价值观融入生动的宣传内容中，使得教育内容更加丰富且有趣。

在返乡青年的推动下，农村宣传活动的策划更加多元化。例如，一些返乡青年通过制作短视频、开展直播课程，将社会主义核心价值观融入村民日常关心的话题中，如农技培训、环境保护、卫生健康等。通过这种实用且贴近生活的宣传方式，村民们能够在潜移默化中接受社会主义核心价值观的熏陶，并且对教育内容产生更深的共鸣和兴趣。

3. 促进“智慧农村”与宣传教育的深度融合

在“智慧农村”建设的推动下，农村宣传教育开始注重数字技术的实际应用。例如，一些农村地区将村务管理、政策宣传、社会主义核心价值观教育等融入“智慧农村”平台中，村民可以通过手机App查看村内的政策公告、村务进展，甚至参与线上投票。这种集信息发布、互动反馈、教育宣传于一体的数字平台，为农村宣传教育提供了一个综合性工具，显著提升了村民的参与感和体验感。

此外，“智慧农村”平台通过数据记录和分析，使得宣传教育的管理更加精细化。村党支部可以借助数据平台，深入了解村民的学习习惯、关注热点，以便更好地制定宣传计划。例如，某些平台会统计村民观看教育视频的时长、点赞等数据，村党支部据此可以调整视频的内容和形式，进一步提升宣传效果。数据的反馈机制不仅有助于优化教育内容，还能够精准识别宣传的薄弱环节，从而加强针对性教育。

4. 政府政策的持续扶持与创新应用

在政策层面，政府通过实施“数字中国”建设方针，持续加大对农村教育技术的扶持力度。例如，政府在信息化建设方面推出了多项补贴政策，支持各地在农村区域布设5G基站、升级通信网络等；并鼓励各地创新宣传教育形式，使社会主义核心价值观在农村的传播更加有效。通过政策激励，一些地区推出了本地化的宣传教育平台，利用智能化手段提升教育的质量和效率。

政府还积极推动了“乡村振兴学院”等培训机构的建设，通过这些平台提供农业技术、现代治理等课程，帮助返乡青年掌握更多实用技能，使他们在开展教育创新和社会服务时更加专业。通过这些技术赋能，村党支部和返乡青年可以为村民提供更多适应时代发展的教育资源，推动农村社区的全面进步。

（六）农村教育宣传技术化发展的影响与展望

随着技术的持续进步，农村教育宣传的效果显著提升，为社会主义核心价值观的推广奠定了坚实的基础。

1. 移动互联网的广泛覆盖

移动互联网的普及使得社会主义核心价值观教育在农村实现了“随时随地”的普及。通过智能手机，村民能够随时访问社会主义核心价值观相关的学习资源。村党支部和村委会通过微信公众号、抖音等平台，发布通俗易懂、简短精悍的教育视频或图文内容，使社会主义核心价值观教育更贴近生活。对于一些年长村民，子女可以在家中帮助他们一起学习，进一步拓宽了教育的覆盖面。这种便捷的学习方式使村民能够在闲暇时间轻松获取教育内容，实现了宣传教育的日常化。

2. 远程教育提升学习的自主性

远程教育为村民提供了灵活多样的学习方式，打破了传统课堂教育的时空局限。村民可以根据自身的实际情况选择学习的内容和时间，从而极大地提升学习的积极性和参与感。村党支部联合教育平台，通过直播、在线讲座等方式，定期邀请专家讲解社会主义核心价值观内容。例如，借助直播课程，村民无需外出即可参与政策解读、实用技能培训等课程。这种远程教育模式不仅赋予了村民灵活安排学习时间的权利，还增强了学习的个性化，有效解决了偏远地区教育资源匮乏的问题。

3. 大数据助力教育的精准化管理

大数据技术为农村教育提供了精细化、精准化的管理手段，促进了教育资源的合理分配。通过村民的学习记录、互动反馈等数据，村委会能够精准识别受欢迎的学习内容和适合村民的教学方式，进而优化宣传内容。例如，某些村党支部通过数据分析，了解到村民在晚间的学习参与度最高，于是便集中在这一时间段推送学习内容。这种基于数据的管理不仅提高了村民的学习体验，还确保了宣传教育资源的高效利用。

此外，大数据还能够监测教育成效，教育管理部门可以通过数据分析，可以清晰掌握哪些村民完成了学习任务、哪些人需要额外辅导，从而更有针对性地安排后续教育。通过收集反馈数据，村委会能够及时调整和补充宣传教育内容，使得社会主义核心价值观的教育形式和内容更加贴近村民的实际需求。

4. 未来的智能化教育展望

展望未来，5G、人工智能、虚拟现实等新兴技术的不断进步，将为农村教育宣传注入新的活力。5G 技术提供的高速网络和低延迟，使得更多大容量的实时交互应用成为可能。例如，村委会和村党支部可以利用 5G 网络实现远程实时互动教学，满足村民的即时学习需求。虚拟现实技术则可以将社会主义核心价值观的内容变得更加生动有趣，村民能够通过沉浸式体验学习爱国、敬业、诚信等核心理念。

智能语音助手也将为农村宣传教育提供新的途径。通过智能语音助手，村民可以通过语音指令随时获得所需的教育内容和信息。这种人性化的互动方式可以更方便地解答村民的疑问，提升学习过程中的体验感和参与度。结合大数据的应用，教育管理部门能够更好地跟踪村民的学习进展，及时调整和优化教育策略，使社会主义核心价值观的宣传更具针对性。

5. 数字化赋能下的宣传新模式

在数字化赋能的推动下，农村教育的形式和内容得到了前所未有的丰富和拓展。通过信息化手段，村党支部和政府部门能够提供更多元化的教育资源，显著提升了宣传教育的广度和深度。例如，智慧农村平台和村级数字社区的发展，使村民能够通过在线方式获取村内的政策信息和活动通知。这种基于社区的数字化管理系统不仅使社会主义核心价值观教育更加高效便捷，还能提高村务管理的透明度，使村民在参与村务的过程中逐步认同和践行社会主义核心价值观。

二、宣传教育对农民思想转变的推动作用

通过在农村大力开展社会主义核心价值观宣传教育，农民的思想观念逐步发生深刻变化，从公共意识到社会责任感、从传统思维到现代化观念，均得到显著提升。这些转变不仅有利于农村地区的经济和社会发展，也为国家的乡村振兴战略提供了思想支持。以下具体阐述农村宣传教育如何在各个方面促进农民思想的进步，并融入新时代的时政背景与发展需求。

（一）提升村民的公共意识与社会责任感

农村宣传教育的深入推进，逐步增强了农民的公共意识与责任感。习近平总书记曾指出："要把爱国主义教育贯穿国民教育和精神文明建设全过程。"这一要求在农村宣传教育中得到了切实贯彻。通过多层次、多形式的宣传活动，村民逐步认识到，他们的日常劳动不仅是为了个人生活，更是对社会和国家的贡献。

1. 爱国与敬业的教育：激发村民的责任感

在"爱国、敬业"主题宣传的引导下，村民逐步意识到自身的耕作和生产劳动同样是报效国家、服务社会的行为。通过村党支部和政府部门的宣传活动，许多村民理解到自己的劳动成果不仅为家庭带来收益，也为国家的农业生产、粮食安全作出了贡献。党员干部通过讲述村民中的优秀榜样，帮助村民树立爱国、敬业的情感认同。例如，党员干部分享身边模范农民的事迹，展示如何通过踏实劳动为社区带来积极改变，从而增强村民的自豪感和责任感。

在一些村庄，"爱国、敬业"教育还通过实际行动得到了体现。例如，村委会定期组织村民参与公共事务，如环境整治、扶贫帮困、乡村公益建设等。通过这些活动，村民不仅在劳动中感受到成就感，也意识到自身作为社会一员的角色和责任。参与公共事务让村民更加注重集体利益，逐渐养成尊重社会规则、自觉参与社区事务的习惯。

2. 诚信与友善的倡导：提升村庄的社会氛围

宣传教育还着力于诚信和友善的社会主义核心价值观，让村民逐步理解并践行尊重

他人、服务社区的精神。村党支部通过道德讲堂、村规村约等方式，向村民普及诚信的重要性，使他们认识到诚信不仅是对自我的道德约束，更是对社区和他人的责任。例如，一些村庄开展诚信典范评选，对诚信经营、友善待人的家庭进行表彰，以此带动其他村民在生产经营和人际交往中更加注重诚实守信。

此外，“友善”这一社会主义核心价值观也在村庄的集体活动中得到了实践。村党支部通过举办“邻里和谐日”“互助交流会”等活动，鼓励村民在邻里间互相帮助。在志愿服务和环境卫生整治活动中，村民们不仅增进了相互理解，也逐渐形成了尊重他人、团结合作的集体意识。这种氛围使得村民在公共事务中更愿意出力，逐渐养成维护村庄和谐、促进社区团结的习惯。

3. 公共服务和集体活动：推动责任意识的养成

随着乡村振兴战略的实施，农村地区的公共事务日益增多。村党支部和村委会借此机会，组织各种集体活动，帮助村民在实际行动中培养责任意识。通过参与垃圾分类、村庄清洁等卫生整治活动，村民认识到保护村庄环境是每个人的责任。志愿活动不仅改善了村庄环境，也提升了村民的公共意识，增强了社区凝聚力。

在一些地区，村党支部还特别关注老弱病残群体，组织村民志愿者定期上门帮助这些村民。这类活动不仅让参与者逐渐理解到社会责任的内涵，还将责任意识内化为他们的自我行为准则。村民在活动中体验到助人带来的成就感，从而逐步增强了对村庄的归属感和对社区的责任感。

4. 法治观念的普及：从“情理”走向“法治”

在农村宣传教育的推动下，法治观念逐渐深入人心。过去，许多村民在处理纠纷时依赖“人情关系”，但通过宣传法治观念，村民逐渐认识到依法行事的重要性。村党支部组织的法治讲座、普法教育，不仅使村民了解到土地、婚姻等方面的法律常识，还鼓励村民在面对纠纷时通过法律途径维护权益，避免依赖传统的情理解决。

一些村委会还会邀请法律顾问为村民提供咨询服务，帮助他们在土地流转、继承等事务中依法办事。这一系列普法教育逐步改变了村民的行为习惯，使他们在生活中更加自觉地遵循法律，形成了依法行事的观念。法治教育使得村庄的秩序得到改善，社会公正得到维护，村民之间的信任感也不断提升。

5. 环保理念的推广：构建生态友好的农村社区

在环境保护和生态文明建设的主题宣传中，村民逐步认识到生态环境对生活质量和农业生产的影响。过去，许多村民习惯于依赖化肥、农药增加产量，忽视了对土地的长远保护。在村党支部的引导下，村民逐渐理解环保理念的重要性，转向绿色、环保的生产方式，推动了生态文明的落实。

例如，村党支部通过“绿色农业培训班”，向村民普及有机肥、农作物轮作等绿色种植技术，倡导“绿水青山就是金山银山”的理念。许多村庄开展“美丽乡村”建设，组织村民定期清理河道、植树造林，使村民在实际行动中体会到环保的重要性。这种活动让村民逐步形成环境保护的意识，并理解环保不仅关系到个人生活质量，更关乎村庄的长远发展。

（二）改变传统观念，培养现代化思维

农村宣传教育在推动农民摆脱传统观念、接纳现代化思维方面发挥了重要作用。通过系统的法治教育、科学技术推广和现代化理念的灌输，村民逐渐认识到法律、环保和科学技术的价值，逐步打破了长期以来的传统思维束缚，拥抱现代社会发展的新观念。

1. 法治观念的普及：从人情走向法治

过去，许多农村地区在处理家庭、邻里等纠纷时，往往依赖“人情”、“家族关系”或“乡土习俗”。但随着法治宣传教育的不断深入，村民的法治意识逐步增强。村委会和村党支部积极组织法律知识普及活动，定期邀请法律工作者为村民提供法律咨询。例如，一些村庄设立了“法律宣传角”，并开展法治讲座，向村民普及土地纠纷、婚姻家庭等常见的法律问题，帮助村民掌握基本的法律常识。这些活动引导村民从“人情关系”转向“依法维权”，从“私了”到“法治化”，推动了农村法治水平的提高。

此外，针对婚姻、继承、土地承包等常见的法律问题，村党支部还会在春节、农忙时节等重要节点组织“普法宣传周”活动，通过发放法律手册、现场解答等方式，让村民了解如何通过合法途径解决生活中的问题。这些措施逐渐打破了传统观念中的“私下调解优先”思想，使村民在处理纠纷时更倾向于依靠法律解决，形成了尊重和遵循法律的良好风气。

2. 环保理念的推广：从产量至上到绿色发展

环境保护和生态可持续发展是现代化农村建设的重要内容。过去，部分农村地区一味追求农业产量，使用大量化肥、农药，忽视了环境保护。但在乡村振兴和生态文明建设政策的推动下，村委会和村党支部积极推动绿色环保观念，帮助村民认识到减少农药和化肥使用的重要性，并将其纳入农业生产实践。

例如，村党支部通过组织“绿色农业培训班”、生态环保主题宣传日等活动，向村民普及绿色种植技术，鼓励他们采用有机肥、种植生态防护林等方法减少对环境的破坏。部分村庄还通过实施“示范田项目”，展示环保种植的实际效果，鼓励村民参观学习。通过这种身边的示范，许多农民逐渐意识到环保生产不仅有利于生态，也能提高农产品的质量和市场竞争力，逐步摆脱了传统的“高产优先”观念，开始接受绿色、可持续的农业模式。

3. 科学技术推广：从经验种植到科学管理

科学技术是实现农业现代化的关键。过去，农村生产多依赖传统经验和手工劳动，信息闭塞，技术水平低下，导致生产效率低。然而，随着科学技术的推广，村民的生产方式也逐渐发生了根本性的转变。村委会和村党支部联合农业技术推广部门，积极向农民普及现代农业科技知识，如滴灌技术、测土配方施肥、病虫害生物防治等，帮助他们实现科学管理和精准种植。

例如，一些村党支部邀请农业专家现场授课，讲解科学种植技术，还通过视频直播、实地演示等方式，展示新技术的实际效果。此外，各地还通过政府的农业技术支持项目，为村民提供新品种种苗、生态肥料等，帮助他们尝试和推广新技术。村民在逐步应用这些科学技术后，发现不仅可以节约劳动力、降低成本，还可以提高生产效率和收

益，从而增强了对科学管理的信心，逐渐告别传统的经验种植，迈向现代化农业管理。

4. 现代化思维的渗透：从个体经济到集体合作

在传统观念中，农村的经济活动多以个体为主，缺乏合作意识。但随着社会主义核心价值观宣传和现代化思维的推广，越来越多的村民认识到集体合作的优势。村委会积极引导村民参与合作社等集体经济组织，帮助他们实现资源整合、互利共赢。通过集体经济模式，村民在农业生产中可以分工协作，降低成本，同时在市场中也拥有了更强的议价能力。

例如，村党支部和合作社通过"联合购销"模式，帮助农户实现农产品的统一销售，并在集体协作中鼓励"互助互信"的现代化经营理念。这种集体经济模式有效增强了村民的合作意识，使其在市场竞争中更具竞争力，也在农村营造了互帮互助的和谐氛围，为进一步实现乡村振兴奠定了经济基础。

5. 思想观念的现代化：从传统家庭观念到现代社会责任感

现代化思维的推广不仅改变了村民的生产方式，也在一定程度上改变了他们的家庭观念和社会责任感。过去，农村家庭观念较为封闭，更多关注家庭的经济利益和内部事务，而忽视了社会的整体利益和责任。通过宣传教育的引导，村民逐步认识到自己不仅是家庭的一员，也是社区的一部分，从而提升了他们的公共意识和责任感。

在村党支部的推动下，许多村民开始主动参与公共事务，如环境保护、社区志愿服务等，并在这些活动中逐渐增强了对社区的归属感和责任心。例如，村党支部每年组织村民参与村庄的卫生清洁、环境整治、道路修建等活动，许多村民也开始在这些公共事务中主动担当，树立了良好的社区责任感。这种新的社会责任观念，逐步取代了传统的家庭观念，使村民在为家庭创造经济利益的同时，也逐渐关注社区的整体发展与和谐。

（三）增强村民的集体荣誉感与凝聚力

农村宣传教育通过培养集体荣誉感和增强凝聚力，逐渐使"共同富裕"理念深入人心，推动了村庄的团结与发展。随着各类宣传活动的持续开展，村民逐步认识到团结协作对于个人和集体发展的重要性。通过集体活动和榜样激励，村民在日常生活和生产中更加注重集体利益，并在共同劳动中收获了对家乡的热爱和自豪感。

1. 榜样激励和荣誉表彰

村党支部通过定期表彰优秀村民和模范家庭，利用"身边的榜样"激励村民参与集体事务，为村庄和谐与团结奠定了基础。例如，每年评选"模范家庭""最美村民"等荣誉称号，让村民在榜样的激励下更加注重邻里互助、诚实守信和文明礼让。这些表彰活动不仅为村民提供了向善向上的动力，也在村庄内营造了争先创优的良好氛围，村民之间逐渐形成了一种健康的比学赶超的态势。

在日常的公共事务中，村党支部通过宣传集体劳动的重要性，鼓励村民积极参与村庄环境整治、道路修建等活动。例如，村党支部每月组织"卫生整治日"活动，村民们在村干部的带领下清扫街道、修整公共设施。在这种集体劳动中，村民不仅增强了参与感，还逐渐培养了对家乡的归属感和集体荣誉感。村委会还通过授予"村庄环境卫士""优秀志愿者"等称号，对积极参与集体活动的村民进行表彰，激励更多人主动参与到村庄建设中来。

2. 集体劳动增强村民对家乡的热爱

集体劳动不仅是宣传社会主义核心价值观的有效手段，更是增强村民对家乡热爱和自豪感的重要方式。在村党支部的带领下，村民们积极参与到环境美化、基础设施建设等村庄事务中。例如，在进行河道整治、植树造林等活动时，村民们齐心协力，为家乡的面貌改善而努力。通过这些活动，村民体会到了集体劳动的成就感，并逐渐意识到个人对村庄发展的重要作用。集体劳动不仅增强了村民之间的信任，也进一步推动了村庄内部的团结与和谐。

集体荣誉感也在经济活动中得到了强化。例如，在农忙季节，一些村庄通过组建互助小组，帮助农户收割庄稼、运输物资。在这些活动中，村民不仅获得了劳动的帮助，也收获了互助合作的快乐。在参与集体劳动的过程中，村民逐渐内化了社会主义核心价值观中的友善、互助精神，这种集体荣誉感进一步深化了他们对村庄和社区的认同，激发了村民对家乡的热爱和自豪感。

3. 合作社的管理和经济活动中的凝聚力

集体荣誉感在农村经济合作中也发挥了重要作用，特别是在合作社的管理和运作中，村民的凝聚力使得经济活动更加顺畅。例如，在合作社的种植、生产、销售等环节，村民自觉遵守合作社的管理制度，并积极配合集体决策，确保合作社能够高效运营。集体荣誉感使村民在集体利益与个人利益之间找到了平衡点，通过共同劳动实现了合作共赢。

宣传教育在合作社中的作用尤为明显。通过组织学习合作社相关管理制度和规则，村党支部帮助村民了解集体经济的运作模式。大家逐渐意识到，只有在团结协作的基础上，合作社才能实现持续发展。通过这种集体合作，村民不仅获得了经济效益，也在合作过程中进一步增强了凝聚力，为村庄的经济和社会发展注入了活力。

4. 共同富裕理念的深入人心

宣传教育帮助村民逐渐理解“共同富裕”理念，认识到团结协作对于实现个人与集体双赢的重要性。在村党支部的推动下，村民逐渐从原来的“单打独斗”转向合作共赢，形成了共同发展的意识。例如，一些村庄通过成立种植、养殖合作社，鼓励村民进行资源共享和技术互助，共同提高生产效率。这种合作模式不仅提高了村民的收入，还帮助村民之间构建了稳定的互助关系，使大家逐渐认识到共同富裕的价值。

在集体荣誉感的推动下，许多村民逐步摆脱了“小农意识”，认识到个人利益与集体利益相辅相成。通过宣传教育，村民理解并认识到实现共同富裕需要大家齐心协力，通过集体劳动和相互支持，共同推动村庄的发展与繁荣。为了实现共同富裕的目标，村民们更加积极地参与到集体事务中，为村庄的和谐和进步贡献自己的力量。

5. 展望未来：提升农村社区的凝聚力和集体荣誉感

未来，随着乡村振兴战略的深入推进，集体荣誉感和凝聚力在农村发展中的作用将更加突出。村党支部和政府可以通过更多的活动和政策支持，进一步增强村民的集体荣誉感。例如，通过扩大表彰范围，设立更加多样化的奖项，鼓励村民在村庄建设、经济合作、环境保护等方面做出更多贡献。此外，政府可以加强对农村合作社的支持，帮助合作社完善管理制度，推动合作社经济的健康发展，使更多村民在集体经济中受益。

随着科技的发展，宣传教育还可以通过现代技术手段进一步增强村民的参与感。例如，通过微信群、短视频平台等线上工具，村党支部可以随时分享村庄活动的成果和集体荣誉，激励村民不断参与和支持村庄建设。现代技术手段的应用还可以使村民更直观地感受到集体劳动带来的变化和成效，进一步提升他们的自豪感和归属感。

集体荣誉感和凝聚力不仅是农村宣传教育的成果，更是实现乡村振兴和共同富裕的关键动力。通过集体劳动和榜样激励，村民逐步将“共同富裕”的理念转化为日常行动，主动参与村庄建设和社会事务。未来，随着农村宣传教育的不断深化，村民的集体荣誉感和凝聚力将为乡村发展提供更加坚实的支持，使农村社区在共同富裕的道路上越走越远。

（四）促进农民对社会主义核心价值观的认同感

宣传教育为社会主义核心价值观在农村的推广和落实打下了坚实的思想基础，使得社会主义核心价值观的理念逐渐融入村民的日常生活。通过村党支部和政府的持续引导，村民对社会主义核心价值观的认同感不断增强，从理论到实践逐步内化为自我行为准则，成为村民共同的价值信仰。

1. 多样化的活动推动社会主义核心价值观认同

村党支部利用道德讲堂、志愿服务等活动平台，向村民深入讲解社会主义核心价值观的内涵与现实意义，特别是诚信、友善等与日常生活紧密相关的价值观。这些活动不仅停留在理论宣讲层面，更紧密结合实际生活，让村民在生活实践中感受到社会主义核心价值观的价值。例如，村党支部组织志愿者服务，鼓励村民参与公益活动，如帮助贫困户、照顾孤寡老人等，使他们在服务过程中体验到付出的满足和帮助他人的快乐，从而逐步将诚信、友善内化为自身的行为习惯。

这种从理论到实践的过程，使村民对社会主义核心价值观的理解更为深刻。不再仅仅是口头认同，而是逐渐在行动中融入，成为生活的一部分。通过公益活动的实际参与，村民不仅学会了诚信待人和团结互助的意义，也增强了对村庄的归属感和责任感。这种内化的过程，使社会主义核心价值观在村民心中生根发芽，逐步形成自发的道德规范。

2. 榜样引领作用：模范带动的力量

在宣传社会主义核心价值观的过程中，村党支部通过评选“模范村民”“文明家庭”等方式，以榜样的力量引领村民积极践行社会主义核心价值观。通过表彰仪式、宣传栏展示等多种方式，展示这些模范的事迹，激发了村民学习榜样的热情。榜样的力量让村民看到了社会主义核心价值观在日常生活中的可操作性和实际效果，从而受到感染与启发，更加主动地将社会主义核心价值观融入自己的生活方式。

例如，一些获得表彰的村民在生活中秉持诚信原则，时常帮助邻里，并在生产经营中以诚信经营、规范交易为准则，成为村民学习的榜样。在村党支部的引导下，模范村民带动了整个村庄的氛围，使得村民之间的互信、互助、和谐关系逐步形成。通过榜样的引导，村民逐渐将社会主义核心价值观视为个人生活的指导原则，成为日常生活和人际交往中的道德准则。

3. 长期宣传教育的渗透作用

通过持续不断的宣传教育，社会主义核心价值观逐渐深入人心，村民的思想观念发生了显著转变。以前，部分村民可能对诚信、友善等理念理解浅显，而在一系列宣传教育活动后，村民逐渐认识到这些价值观的重要性，并将其作为人际交往、日常行为的基本准则。这种潜移默化的渗透，使得社会主义核心价值观不再仅仅是书本上的条文或宣传口号，而是真正落实到生活中的行为指导。

在一些村庄，村党支部通过宣传栏、村务公开栏和广播播报等多种方式，反复宣传社会主义核心价值观的内容，使村民在潜移默化中逐渐接受这些价值观。每次活动、每次宣传都是对村民思想的再次强化，逐渐使社会主义核心价值观在村民的意识中形成系统化的价值观念。通过不断的渗透和强化，村民在长期的教育中逐步将这些价值观纳入日常生活之中。

4. 社会主义核心价值观的社会效应

随着社会主义核心价值观的不断渗透，村庄的整体氛围也发生了变化。村民在邻里关系中更讲诚信，互相帮助；在公共事务中更有责任感，愿意参与村庄建设和管理。村民们不仅在个人生活中践行社会主义核心价值观，还自觉将其延伸到集体事务中，形成了良好的村风和家风，促进了村庄的和谐发展。

在一些村庄，社会主义核心价值观的实践已经成为村民的集体意识。例如，一些村民自发组织环境保护小组，积极参与村庄的环境整治，这体现了“和谐”的价值观；同时，其他村民也在村党支部的号召下，加入公共事务的管理中，以实际行动支持村庄发展。通过这种人人参与的方式，社会主义核心价值观逐渐成为村庄生活的风尚，村民的集体意识和责任感也在这一过程中得到了不断提升。

（五）提升农民的文化自信与家国情怀

在新时代背景下，农村宣传教育通过增强农民的文化自信和家国情怀，为他们提供了更加深刻的民族认同感和社会责任感。通过一系列活动，村民对中华文化和国家发展成就的认同逐渐加深，并在日常生活中将这种家国情怀转化为实际行动。这不仅增强了个人的民族自豪感，也推动了农村整体文化素质的提升。

1. 文化自信的提升

文化自信是民族自信的根基。在宣传教育活动的推广过程中，农村把增强文化自信作为核心内容之一。习近平总书记在十九大报告中指出，“要坚定文化自信，推动社会主义文化繁荣兴盛。”这一方针在农村宣传中得到积极落实。村党支部通过开展“传统文化宣讲会”“历史文化展览”等活动，让村民更好地理解中华优秀传统文化的内涵，增强对自身文化的认同感。例如，村党支部通过组织“农耕文化节”“中秋故事会”等活动，让村民在参与中感受中华文化的深厚底蕴。

通过宣讲国家历史、改革开放成果以及乡村振兴的成就，村民逐步认识到中华文化的独特魅力，并体会到在国家发展和民族复兴中的个人价值。村民在了解自己传统文化的过程中，逐步建立起对民族的自信心。这种文化自信不仅体现在个人认知中，还在集体生活中得以实践。例如，一些村民自发组成传统技艺传承小组，积极学习、传承当地的手工艺、民俗歌舞等，推动了村庄文化的繁荣。

2. 家国情怀的培养

宣传教育通过开展爱国主义教育，帮助村民加深对国家的认同感和情感连接，逐步建立起深厚的家国情怀。村党支部在组织“爱国主题教育”活动中，通过播放爱国影片、邀请老党员讲述奋斗故事、举办主题演讲等多种形式，让村民更为直观地感受到国家发展的成就和民族团结的重要性。例如，一些村党支部在重要节日如国庆节、建党日举办升旗仪式，并通过讲述国家成就、播放爱国歌曲等形式，增强村民的国家认同感。

这种家国情怀逐渐转化为村民的实际行动，使他们在生活中更加关注家乡的建设，愿意为国家和家乡的发展贡献力量。例如，许多村民在村党支部的倡导下，积极参与村庄的环保工作、扶贫项目以及其他社会公益活动，以实际行动表达对国家和社区的热爱。一些村党支部还鼓励村民家庭共同参与这些活动，家长们在带领孩子参与村庄劳动的过程中，向他们传递爱国意识，使家国情怀在代际之间得到延续。

3. 宣传教育的多样化促进了家国情怀的深化

通过爱国主义教育活动、传统文化宣讲等丰富多样的宣传教育形式，村民逐渐将家国情怀内化于心，外化于行，将其融入日常生活。村党支部在组织活动时，还紧密结合农村实际生活，让村民认识到自己的日常劳动也是对国家的一种贡献。例如，在农忙季节，村党支部宣传爱国精神时强调，农业劳动不仅是个人生计的来源，更是国家粮食安全的重要基石。通过这样的教育引导，村民更深刻地体会到自己在国家发展中的角色，从而增强了对家国情怀的理解和践行。

在这一背景下，家国情怀不仅在个人层面得到体现，还在家庭中得到延续。例如，村党支部通过家庭座谈会、家庭荣誉墙等形式，将“爱国、敬业”的社会主义核心价值观渗透到家庭教育中。许多家庭在家训中加入了对国家的热爱、对社会的责任的教导，父母向子女传递这些观念，逐步形成了代代相传的家国情怀，使家族中的年轻一代在未来生活中也能保持对国家的深厚感情和积极奉献的精神。

4. 家国情怀促进了村庄的团结与发展

通过宣传教育，家国情怀逐渐成为村民生活中的道德准则，有力地促进了村庄内部的团结和发展。在村党支部的引导下，村民在参与村务管理、集体活动时，更加注重集体利益和社会和谐。例如，一些村党支部在村庄治理中，将爱国和奉献精神融入村规民约中，使村民在公共事务中自觉践行社会主义核心价值观。在村庄的发展过程中，村民们在环境保护、公共卫生等方面投入更多精力，积极为村庄营造宜居宜业生活环境。

这种家国情怀还使村民在面临自然灾害等突发事件时，表现出强烈的团结意识和互助精神。例如，在一些地区，村民在遭遇洪水等自然灾害时，迅速联合起来，帮助受灾家庭修复家园。这种团结精神不仅有助于村庄的恢复，也进一步强化了村民之间的信任与责任感，使家国情怀在实际生活中得以升华。

5. 未来展望

在新时代背景下，随着乡村振兴和农村文化建设的深入推进，家国情怀和文化自信将在农村地区发挥更加显著的作用。未来，农村宣传教育将继续丰富和完善教育内容和形式，使村民对中华文化和国家成就的认同得到进一步加深。村党支部和政府部门可以借助现代技术手段，如短视频平台、直播讲座等，将宣传教育拓展至更广泛的农村群体。

通过家庭、学校、社区的多层次联合教育，家国情怀将逐步成为农村居民的普遍共识。家长在家庭教育中注重向子女传递对国家的热爱和责任感，而学校和村党支部通过教育活动进一步巩固和深化这一情感，使家国情怀在农村家庭中世代相传。随着农村经济的发展和生活质量的提升，文化自信和家国情怀也将进一步激发村民对家乡建设的参与热情，推动农村社区的繁荣和进步。

综上所述，通过爱国主义教育、传统文化宣讲和多样化的教育活动，农村宣传教育逐步增强了村民的文化自信和家国情怀。村民在内心深处建立起对国家的认同，将这种情感体现在对村庄的热爱和公共事务的投入中。家国情怀的培养不仅是个人层面的道德提升，更为农村的和谐稳定、团结发展提供了重要的精神支撑。随着农村宣传教育的深入推进，家国情怀和文化自信将在农村地区不断弘扬，为实现乡村振兴和共同富裕提供持续的精神动力。

第十一章　新时代农民弘扬时代精神，厚植价值根基

第一节　强化“四史”宣传教育，筑牢思想根基

一、深刻认识学习党史、新中国史、改革开放史、社会主义发展史的重大意义

习近平总书记指出，历史是最好的教科书。深入学习党史、新中国史、改革开放史、社会主义发展史，深刻领会蕴含其中的马克思主义立场观点方法和中国特色社会主义理论渊源、发展脉络、实践逻辑，是推进思想建党和理论强党、永葆党的先进性的重要举措，是坚持和发展中国特色社会主义、把党和国家各项事业继续推向前进的必修之课，是促进广大党员干部不忘初心、牢记使命的重要途径。全国上下要站在战略和全局的高度，充分认识学习党史、新中国史、改革开放史、社会主义发展史的特殊重要意义，认真学习党创立以来、新中国成立以来、改革开放以来的重大事件、重要会议、重要文件和重要人物，学习党领导人民进行艰苦卓绝的革命奋斗史、理论创新史和自身建设史，学习党的光荣传统、宝贵经验和伟大成就，增强历史思维和辩证思维能力，深刻认识红色政权来之不易、新中国来之不易、中国特色社会主义来之不易，深刻认识我们党先进的政治属性、崇高的政治理想、高尚的政治追求、纯洁的政治品质，进一步在思想上弄清楚理解透中国共产党为什么能、马克思主义为什么行、中国特色社会主义为什么好，进一步把思想认识和行动高度统一到以习近平同志为核心的党中央决策部署上来，切实增强树牢“四个意识”、坚定“四个自信”、坚决做到“两个维护”的思想自觉、政治自觉、行动自觉。

全乡村上下要站在战略高度，全面认识学习党史、新中国史、改革开放史、社会主义发展史的特殊意义，学习党领导人民进行艰苦卓绝的革命斗争史、改革创新史及党的伟大成就，帮助广大农村党员和群众树立正确的历史观和价值观。通过“四史”学习，增强历史思维和辩证思维能力，让每一位农村党员和群众深刻理解我们党和中国特色社会主义道路、理论和制度的伟大意义，推动农村建设与党的决策部署紧密结合。

二、充分汲取党史、新中国史、改革开放史、社会主义发展史的精神力量

（一）坚定理想信念，助力乡村振兴

学习党史、新中国史、改革开放史、社会主义发展史，不仅可以增强农村党员对党

的历史认同，还能坚定他们的理想信念。农村党员要通过学习，进一步增强对共产党执政规律、社会主义建设规律的认识，树立信心、补足精神之钙，为新时代乡村振兴提供强大的思想动力。在推进农村经济、文化、生态建设的过程中，深刻理解中国特色社会主义的发展历程，坚定走中国特色社会主义道路的决心，助力实现农业强、农村美、农民富的目标。

（二）胸怀“国之大者”，推动乡村全面发展

学习党史、新中国史、改革开放史、社会主义发展史，就是要加强农村党员干部的政治素养，增强政治敏锐性。农村党组织要深刻理解党中央的决策部署，结合乡村振兴战略，推动农村各项事业发展。每一位农村党员干部都应强化大局意识，关注党和国家的战略目标，时刻紧跟党中央的部署，推动乡村经济、文化、社会的全面进步，确保党在农村的方针政策落实到位。

（三）树牢为民宗旨，推动农村民生改善

党史学习教育不仅要让农村党员了解党的历史，还要使其明确为民服务的根本宗旨。通过“四史”教育，农村党员干部要牢记服务群众是党组织的根本职责，将群众利益放在首位。在农村建设中，坚持一切依靠群众的理念，落实到提升农村教育、医疗、基础设施等各项民生工程上，助力实现农村“美好生活”的目标。

（四）强化担当意识，推动乡村振兴任务落实

通过学习党史、新中国史、改革开放史、社会主义发展史，农村党员干部要增强担当精神。要深刻认识到中国共产党人的伟大担当精神，并将其落实到乡村振兴的具体实践中，坚定不移地推动农村经济建设、环境治理和社会发展等任务落地生根。农村党组织要紧密结合实际，扎实推动党的路线方针政策在乡村的落实，不断提高农村治理的质量和水平。

三、全力做好党史、新中国史、改革开放史、社会主义发展史学习教育各项工作

（一）加强组织领导，确保学习教育落实到农村

为了确保党史、新中国史、改革开放史、社会主义发展史的学习教育在农村的全面落实，各级党委（党组）要明确责任，发挥党组织在乡村振兴中的引领作用，将“四史”学习教育纳入乡村振兴战略的重要组成部分，紧密结合农村实际，确保每一个农村党组织都严格落实学习教育任务。

具体来说，各级党组织应制定具体的工作方案，明确学习教育的具体目标和任务，结合乡村振兴的要求，设定阶段性目标，确保学习教育与农村经济发展、文化建设、社会治理等方面的工作相辅相成。同时，乡村党组织要发挥党建引领作用，积极组织和指导基层党组织、党员干部深入学习“四史”，确保每一位党员都能够掌握党和国家的历史脉络，树立正确的历史观和价值观，在推进乡村振兴的过程中，坚定走中国特色社会

主义道路的信心和决心。

乡村党组织要特别注重解决农村党员中存在的学习不足、认识不到位的问题。通过组织党员干部集中学习、座谈研讨、专题讲座等形式，进一步加强“四史”学习，使每一位党员都能从历史中汲取智慧和力量，促进其在日常工作中发扬党组织的先锋模范作用，为乡村振兴提供坚强的理论支撑。

（二）加强分众化、精准化学习教育，推动学习教育进乡村

考虑到农村的地域广阔和文化多样性，乡村的学习教育需要更具针对性和灵活性。党史、新中国史、改革开放史、社会主义发展史的学习，不能一刀切，而是要根据农村的实际情况、农民的文化程度和接受能力，采取灵活多样的学习方式。

农村党组织可以通过基层党组织、农村大讲堂、农民学校等形式，开展具有地方特色的学习活动。例如，在农民学校开设党史、新中国史、改革开放史、社会主义发展史的系列讲座，并通过生动的案例、贴近农村生活的内容，使学习变得既有趣又有实效。同时，组织农民代表参与乡村振兴战略的研讨和决策，借此加强他们的历史认知和责任意识。

现代信息技术手段的运用也能极大地提高学习的覆盖面和效率。通过“学习强国”平台、各类农村信息服务平台等手段，农村党员和群众可以随时随地进行学习。对于相对偏远的地区，还可以通过广播、村村通等方式，利用音频视频资料进行宣讲和学习，确保信息传递不受空间限制，全面提高农村地区的学习效果。

此外，乡村党组织应当在学习过程中加强互动，激励党员群众提出疑问和心得体会，通过交流和讨论增强学习的深度和广度，让农村的每一位党员、干部、群众都能在日常生活和工作中受益，真正将学习教育内化为提升工作能力和推动乡村振兴的动力。

（三）加强宣传引导，提升乡村的历史文化自信

党史、新中国史、改革开放史、社会主义发展史的宣传教育是推动乡村振兴的重要途径。为了增强农村群众的历史文化自信，党史学习教育不仅要通过理论学习的方式进行，更要通过多种形式的宣传和活动，增强历史意识和文化认同感。

农村党组织应当充分利用传统媒体和新兴媒体平台的优势，结合农村群众的需求，推出丰富多样、通俗易懂的宣传内容。例如，在乡村广播、电视、微信公众号、微信群等平台上定期发布党史、革命历史故事、改革成就等内容，结合乡村特色，讲述党领导下农村经济社会发展的巨大变化，尤其是脱贫攻坚、乡村振兴的成功经验和典型案例，让农村群众在看得懂、听得进的宣传中增强历史自信。

此外，要积极利用红色教育资源，例如革命历史遗址、纪念馆、红色旅游线路等，将“活教材”融入学习教育当中。通过组织党员和群众参观红色教育基地、开展专题党史讲座等活动，激发群众对革命历史的敬仰之情，增强他们的历史使命感和责任感。

乡村振兴不仅是经济建设，更是文化自信的建设。通过乡村文艺演出、民间故事讲述、乡村文化节等活动，弘扬革命精神和优秀传统文化，让乡村群众在文艺活动中感受到中国特色社会主义道路的成就和历史的伟大，从而坚定文化自信，推动社会主义核心

价值观在农村的落地生根。

(四) 加强督查指导，确保学习教育成果转化为实际效果

要确保党史、新中国史、改革开放史、社会主义发展史学习教育在农村的落实，离不开对各项工作的严格督查指导。乡村党组织应定期开展走访调研、明察暗访等方式，检查学习教育的开展情况，确保每一项措施都能够落到实处。

通过督查，不仅要关注学习教育的进度，还要关注学习效果。是否真正激发了党员和群众的历史自觉？是否有助于提升乡村党员干部的政治素质、工作能力和服务意识？是否推动了乡村振兴中的重点任务落实？在督查过程中，乡村党组织要广泛听取党员和群众的意见，发现问题、总结经验，调整策略，确保教育的实际效果。

乡村振兴不仅需要经济发展和社会治理的推进，更需要思想引领和文化建设。党史、新中国史、改革开放史、社会主义发展史的学习教育，应当与推动农村经济发展、社会管理、文化传承等工作紧密结合，通过学习提升农村党员干部的历史认知、政治觉悟，促进乡村社会全面进步。

将学习教育的成果与乡村振兴的各项任务挂钩，注重学习与工作实践的结合，推动历史教育转化为促进农村发展的实际行动，真正使“四史”学习教育为乡村振兴注入思想动力和行动指南，确保乡村振兴战略得以顺利推进。

第二节　开展“感党恩、听党话、跟党走”宣传教育

一、感党恩，推动农民素质提升

“感党恩”是我们每一位农民不忘党恩的表现，怀着一颗感恩的心回报社会、回报国家、回报党。对于广大农村群众而言，感党恩意味着在享受各项惠民政策、改善生活条件的同时，要时刻牢记党的关怀，继续努力提升自己、贡献社会。

通过党和政府的努力，农村发生了翻天覆地的变化：改革开放以来，农村的基础设施不断改善，农民的收入水平不断提高，农业生产方式不断现代化，广大农民过上了更加幸福的生活。尤其是党的十八大以来，精准扶贫和乡村振兴战略的实施，使得农村的绝对贫困问题得到了历史性解决，广大农民迎来了更加美好的生活。

作为新时代的农民，感党恩就是要用实际行动回报社会，回报党。在提高农民素质的过程中，农村各族群众要更加关注文化教育，提升自己的技能素养，增强自己参与现代化建设的能力。通过学习党史、新中国史、改革开放史、社会主义发展史，激励自己为推动农村的可持续发展贡献力量。

二、听党话，统一思想，推动乡村振兴

“听党话”要求广大农村党员干部统一思想，坚决听从党的指挥，贯彻落实党的各项政策和战略部署。当前，党在推动乡村振兴、推进农业现代化、改善农民生活等方面提出了具体任务和目标。农村党员干部要把习近平新时代中国特色社会主义思想作为行动指南，始终坚持党的领导，以党为核心来推动农村发展。

在实际工作中，广大农村党员干部应结合自己的岗位，深入农田、深入基层，关注农村群众的实际需求，切实为他们解决生产生活中遇到的困难。特别是在推进农业科技、农村基础设施建设、农民收入增长等方面，党和政府提供了多项支持政策，党员干部应当不折不扣地贯彻落实，确保这些政策在农村地区落地生根，切实惠及广大农民。

通过听党话，农村群众能够统一思想，在中国特色社会主义道路上不断前行，推动“四个创建”“四个走在前列”的任务落实，为农村的稳定、发展、生态建设和边疆强大贡献力量。

三、跟党走，推动农村现代化

“跟党走”不仅仅是一句口号，而是要落实到我们每个人的实际行动中，尤其是在农村建设中。农村党组织要充分发挥战斗堡垒作用，带领广大农民同党和政府保持高度一致，在推动乡村振兴的过程中发挥主力作用。

跟党走，要求农民在思想、政治、行动上始终与党中央保持一致，在大是大非面前旗帜鲜明，在关键时刻站出来、冲出来、豁出来，为乡村振兴贡献力量。在农业生产中，农民要跟党走，不断探索现代农业、绿色农业、智能农业等先进生产方式，提升农业产业的整体竞争力。

在实现中国式现代化的进程中，西藏等地区的经验对农村建设具有重要借鉴意义。农村群众要从中汲取力量，积极参与国家发展大局，建设生态宜居的乡村，推动乡村的绿色发展，保护和传承优秀的乡村文化，推动全社会的共同富裕。

四、通过“感党恩、听党话、跟党走”推动乡村振兴与农民素质全面提高

在新时代的乡村振兴大潮中，“感党恩、听党话、跟党走”不仅是党组织建设和政治思想教育的核心，更是推动农村经济、文化、生态、社会全面进步的重要力量。通过“三个务必”精神的指导，农村党员干部要强化担当，践行“为民服务”的宗旨，以实际行动带动农民走向更加光明的未来。

在具体实践中，党组织要注重培养农村党员的政治觉悟，教育他们始终保持对党的忠诚，始终与党保持高度一致。同时，广泛开展农村文化和历史教育，帮助农民群众树立正确的价值观、世界观和人生观，进一步增强农村社会的凝聚力和向心力。

要加强农民的技能培训，提高他们的现代化生产能力。通过农技培训、电子商务发展、现代农业技术应用等，推动农民从传统农业生产方式转型为高效、绿色的现代农业。同时，提升农民的文化素质和文明程度，促进农村文化的繁荣发展。

农村群众要在“感党恩”的过程中增强自信心，在实现乡村振兴的过程中，继续向党和国家贡献力量，做新时代的“神圣国土守护者、幸福家园建设者”。

第三节　加强民族团结进步教育，铸牢中华民族共同体意识

一、民族团结进步教育的重要性

民族团结进步教育是推动社会和谐、促进各民族共同繁荣的重要手段。中华民族各

个民族都有着深厚的文化底蕴，悠久的历史和多元的传统，是中华民族在漫长的历史进程中共同创造的财富。增强民族团结，不仅是为了促进各民族之间的相互理解与尊重，更是为了为全体中华儿女打造一个共同的文化认同和情感纽带。增强中华民族共同体意识，意味着要以中华民族共同体为核心，在经济、文化、社会等各个层面实现各民族的平等、和谐与进步。

（一）促进社会和谐稳定

民族团结进步教育有助于增进各民族之间的感情认同与文化交融，减少偏见与隔阂，避免民族之间的对立与冲突。中华民族的多样性和包容性是国家长期繁荣的根基，而这种多样性只有在团结、尊重与理解的基础上，才能真正发挥其积极作用。

（二）推进民族共同富裕

民族团结进步是实现共同富裕的前提。只有各民族之间形成了强大的共同体意识，资源才能有效共享，发展机会才能公平分配。通过加强民族团结进步教育，可以激发各民族共同发展的动力，促进区域经济协作和均衡发展，进一步缩小区域、民族间的差距，实现真正的共同富裕。

（三）增强国家凝聚力

强烈的民族共同体意识是增强国家凝聚力和民族自信心的重要基础。特别是在全球化、信息化迅速发展的背景下，国际竞争与合作日益加剧，民族团结进步教育有助于增强国家的凝聚力和竞争力，推动我国在国际社会中实现更加积极的角色定位。

二、当前民族团结进步面临的挑战与问题

尽管我国在民族团结进步方面取得了显著成效，但仍然面临一些挑战和问题，这些问题在一定程度上影响了民族团结进步教育的效果。

（一）民族地区经济社会发展不平衡

在一些民族地区，经济社会发展依然滞后，基础设施薄弱，教育水平较低，人民群众的收入水平相对较低。这些地区面临的贫困和发展问题，容易导致民族之间的误解与矛盾，影响团结进步的氛围。因此，解决这些地区的经济、教育、就业等问题是推进民族团结的基础。

（二）民族文化的认同与传承困境

虽然我国各民族都有着丰富的文化传统，但由于受现代化进程、全球化影响，某些民族的传统文化面临着传承困难和价值认同的挑战。不同文化背景的碰撞和交融可能导致一些民族对自己的文化产生认同危机，进而影响民族团结的稳定性。

（三）少数民族地区与主流社会的融合问题

随着移民流动和城市化进程的加快，部分少数民族地区的人口不断向大城市流动，

导致不同民族间的接触增多。由于文化差异和生活方式的差异，容易产生隔阂和冲突，影响了民族间的融合与和谐。

三、政策措施与实施路径

加强民族团结进步教育，铸牢中华民族共同体意识，是我国社会稳定和发展的基础，尤其在农村建设中，民族团结和农民教育的有机结合，成为推动乡村振兴、促进农民素质提升的关键要素。通过政策支持、教育资源均衡发展、文化交流与融合、经济社会融合以及社会治理创新，能够实现更为和谐稳定的农村社会，推动中华民族共同体意识的深刻铸牢。

（一）加强民族团结进步教育的政策支持

在农村建设中，政府应当通过政策引导，强化对民族团结进步教育的制度保障。在国家层面，需要通过制定和完善相关法律法规，推动民族团结进步的政策落实，使其成为农村发展中的基础性制度保障。

特别是在民族聚集的农村地区，应通过政策普及民族团结的基本理论，增强农民对法治的认识，树立正确的民族观念，推动各民族在生活、工作、生产等方面平等协作、共同发展。例如，可以通过乡村干部培训、农民法律知识宣传等形式，帮助农民树立尊重各民族文化、共同建设的理念，确保所有政策能够促进民族团结，进一步缩小城乡之间的差距。

具体实施路径：加强乡村党组织对民族团结进步教育的组织领导，确保党和政府的政策在基层落实。各级政府要通过制定地方性法规，确保民族团结进步教育成为地方农村建设和社会管理的重要组成部分。

（二）推动教育资源的均衡发展

农村地区，尤其是民族地区，教育资源相对匮乏，导致当地农民的素质提升与现代化进程脱节。要推动民族地区教育事业的长远发展，首先需要加大教育投入，特别是基础教育和职业教育的资源分配，确保所有农村孩子都能接受公平、优质的教育。通过政策引导，国家应鼓励更多的教育资金流入民族地区，特别是基础教育、教师培训以及职业技能教育等领域，以缩小城乡、区域之间的教育差距。同时，通过“教育扶贫”等专项政策，让贫困家庭子女得到更多的教育机会，帮助他们在现代化进程中获得更多的社会流动机会，进一步增强民族地区年轻一代的文化认同感和集体主义精神。

具体实施路径：国家和地方政府可以通过设立教育专项资金，推动农村学校基础设施建设、教育设备配备和教师培训等工作。各级政府要整合各类社会资源，吸引社会力量参与民族地区教育资源建设，包括慈善捐赠、社会企业捐资等途径。大力发展职业教育，特别是在农业、乡村旅游、手工业等领域，培养本土人才，为农村经济转型提供人才支撑。

（三）加强文化交流与互鉴

文化是民族团结进步的纽带。尤其是在农村建设过程中，民族文化的传承与交流尤为重要。农村地区应该加强民族文化的交流与互鉴，尊重各民族的文化传统，弘扬民族特色文化，并通过共同文化的建设增强民族认同感。通过开展民族文化节庆活动、非物质文化遗产保护等文化活动，可以让不同民族的农民在交流和互动中增进了解，促进文化的共同繁荣。同时，要注重推广中华民族共同文化，如中华优秀传统文化、革命文化、社会主义核心价值观等，增强全体农民对中华文化的认同感。这种文化的认同感和归属感，是农村建设中强化民族团结、铸牢中华民族共同体意识的重要基础。

具体实施路径：乡村政府可以通过组织地方文化节、文艺演出等形式，推动各民族文化的交流，增进农民之间的文化互通。在农村学校开设民族文化课程，强化农民特别是年轻一代的文化认同教育，培养他们的集体主义精神和民族自豪感。

（四）增强各民族经济社会的融合

促进民族地区的经济融合是民族团结进步的关键之一。民族地区要通过加强基础设施建设、加大扶贫力度，推动与主流社会的融合。特别是在农村地区，要通过发展现代农业、乡村产业和提升农民就业机会，缩小城乡、民族之间的经济差距，推进民族地区的共同富裕。政府可以加大对民族地区基础设施的投资，改善交通、通信、能源等设施，推动民族地区与外界的连接，确保各民族在经济活动中平等参与，增强他们的生活质量。同时，应加强扶贫和就业培训，让农民通过自身努力走出贫困，实现经济上的自我可持续发展。

具体实施路径：推动民族地区的基础设施建设，改善交通、教育、医疗等社会服务设施，增强农民的生活质量和生产能力。通过发展特色产业，如乡村旅游、生态农业等，增加农民收入，创造更多的就业机会，帮助民族地区的农民脱贫致富。加大对农民的职业培训，尤其是新兴产业的技能培训，增强农民在现代社会经济中的竞争力。

（五）加强社会治理，构建和谐社区

社会治理创新是推进民族团结的另一个重要途径。在民族聚集的农村地区，通过发展社区治理、邻里关系等途径，促进民族之间的互动与融合。通过“共治共享”的理念，推动各民族共同建设和谐社区，使农村成为多民族共存、互助、和谐的理想家园。在乡村建设过程中，地方政府应注重推动社区治理的创新，通过完善公共服务设施、增强社区居民的凝聚力，促进邻里之间的合作，建立社会信任。这一过程中，要充分利用本土社会组织的力量，发挥乡村社区成员的积极性，增强社会治理的灵活性和有效性。

具体实施路径：乡村政府要根据民族和地区的特点，制定社区治理模式，推动邻里和睦、互帮互助的社会风气。强化农村居民自治，推动建立民族团结、共同发展的村规民约，促进社区各民族和睦相处。启动“共建共享”项目，加强民族地区社区服务平台的建设，促进农村民众之间的交流与合作。

第四节　强化普法与科普宣传，抵制封建迷信

农村建设是国家发展战略中的重要组成部分，农村不仅是农业生产的主战场，也是中国社会文化的根基所在。然而，在现代化进程中，农村仍面临许多挑战，其中包括法

治观念淡薄、科学文化水平不高以及封建迷信的存在。为了有效推动农村的可持续发展，必须加强普法和科普教育，并积极抵制封建迷信，提升农民的法治意识、科学素养以及现代文明水平。通过普法与科普宣传，帮助农民形成正确的价值观和世界观，提升整体素质，才能为农村的社会、经济和文化振兴提供强大的动力。

一、农村普法与科普宣传的现状

（一）普法教育的挑战与现状

法治是社会发展的重要基础。在很多农村地区，由于传统观念根深蒂固，法治意识相对薄弱，农民在日常生活中缺乏法律常识，往往在面临法律问题时，难以有效地利用法律手段保护自己的权益。尤其在土地承包、农民工权益、环境保护等方面，农民往往处于弱势地位。很多农村居民在面对外部侵害时，由于缺乏法律知识，容易成为不法分子的牺牲品。

此外，部分农民对法律的认识仍停留在一些表面，很多人对于法律的具体内容了解不多，普法教育的普及程度较低。在此背景下，推动法治教育进入农村，增强农民的法治意识与依法维权能力，显得尤为重要。

（二）科普宣传的挑战与现状

科学是推动社会进步的力量，然而，部分农村地区由于资源匮乏、教育滞后等问题，农民的科学文化水平较低。农村地区的农民普遍依赖传统的农业生产方式，很多农民对于现代农业技术、环保理念以及健康知识了解不够。在农业科技的推广上，许多创新的种植技术、动物饲养方法以及疾病防控措施未能有效普及。

此外，农村的科普设施不完善，缺乏足够的科普渠道和平台，农民在日常生活中很难接触到系统、专业的科学知识。农村科普教育的开展依然面临着巨大的难题，急需政府、社会组织和科研机构的协作，开展形式多样的科普活动。

（三）封建迷信的挑战

封建迷信在部分农村地区仍然存在，虽然随着社会发展和思想观念的进步，迷信活动有所减少，但依然在一些农村地域表现得较为严重。部分农民由于缺乏科学知识，容易相信一些迷信思想，过度依赖巫术、占卜、风水等不科学的活动来解决生活中的问题。封建迷信不仅浪费农民的时间和金钱，还导致许多人陷入无谓的恐慌和迷茫，严重影响了农村社会的和谐与稳定。因此，遏制封建迷信，推广科学理性思维，已经成为当今农村建设中的一项紧迫任务。

二、强化普法与科普宣传的政策与措施

在农村建设与乡村振兴的过程中，普法与科普宣传的作用至关重要。它不仅帮助农民树立法治观念和科学思维，还通过增强法治意识、推广现代农业技术、抵制封建迷信等方式，促进农村社会的文明进步与经济发展。为了有效推动这一进程，必须从多方面入手，采取切实可行的政策措施，通过普法和科普教育的深入实施，提高农民的法律维

权能力和科学素养，从而为农村建设提供强有力的支撑。

（一）强化农村普法宣传，增强法治意识

1. 普法宣传的路径与形式

普法教育是农村建设中一项基础性且长期性的工作。为了提高农民的法治意识，必须采取多样化、针对性强的普法形式，让法律知识真正进入农民的日常生活，提升其法治思维。

（1）建立普法教育基地

乡村普法教育基地可以成为农民法律知识普及的主阵地。乡村普法教育基地的设立，可以帮助农民深入了解日常生活中与自己息息相关的法律知识。通过开展专题讲座、法律知识竞赛、法律咨询等活动，让农民在轻松愉快的氛围中掌握法律基础知识。政府可通过财政扶持、地方合作等方式，鼓励和支持普法教育基地的建设，发挥其教育、宣传与培训功能。

（2）农村法治文化活动

通过法治文化活动，如农民法律知识竞赛、法治讲座、法治宣传栏等形式，可以将法律知识普及到农村的每一个角落。通过这些形式，增强农民对法律的理解，使他们在生活中遇到问题时能够从法律角度进行思考，并采取合理的方式解决问题。此外，可以通过模拟法庭、情景剧等活动，使农民在互动中增强法律意识。

（3）利用现代传媒技术

随着信息技术的飞速发展，现代传媒技术为普法教育提供了便捷的途径。政府应利用广播、电视、互联网等媒介，推出普法专栏或法律短视频节目，广泛宣传法律知识。特别是在偏远的农村地区，通过广播和网络，农民可以随时随地接受法律教育和培训。特别是短视频平台，能够以生动有趣的方式将复杂的法律知识传递给农民，提高他们的法律意识。

（4）乡村干部的示范作用

乡村干部是普法宣传的重要力量。乡村干部要首先通过学习法律知识来提升自身的法律素养，并通过示范带动农民学习法律。干部们不仅要在实际工作中用法律武器为农民解决问题，还应通过开展法治教育活动，帮助农民理解法律的重要性和作用。例如，乡村干部可以在集体会议上进行普法讲解，或者带领农民参观法治文化场所，增强法治意识。

（5）法律援助与服务

建立健全农村法律服务体系，使农民在面临法律问题时能够及时获得专业的法律帮助。尤其是在农村，很多农民面临土地纠纷、婚姻家庭问题、劳动合同问题等，往往由于缺乏法律知识而无法有效维权。政府可以设立村级法律服务点，提供免费的法律咨询和帮助，为农民提供具体的法律援助服务，解决农民在实际生活中的法律需求。

2. 强化农民的法律维权能力

普法教育不仅要帮助农民了解法律的基础知识，还要通过多种方式强化其法律维权能力。加强农民的维权教育，特别是在土地承包、劳动保护、环境保护等方面，帮助农民掌握法律武器，维护自身合法权益。

在农村，土地是农民最为重要的生产资料。土地纠纷在许多地方较为普遍，农民因为法律意识不足，常常无法有效地维护自己的土地使用权。加强农民的土地法律知识教育，帮助他们理解土地承包、使用和转让等相关法律，确保他们在土地流转、征地拆迁等过程中能够依法维权。

此外，随着农民工数量的增加，农村劳动力的权益保护也逐渐成为社会关注的焦点。农村劳动力流动性大、工作条件差、合同不规范等问题普遍存在，农民的劳动权利容易受到侵犯。因此，农民应当学习劳动法律，增强维权意识，保障自己的合法权益。

（二）加强科普宣传，提高农民科学素养

1. 农村科普教育的内容与形式

科普教育对于提高农民的科学素养和推动农村社会的现代化至关重要。为了让农民更好地接受科学知识，提升他们的生产生活水平，科普宣传应当围绕农业科技、健康知识、环保意识等方面展开。

（1）农业科技培训与推广

现代农业技术的推广，是提升农村经济水平和农民收入的有效途径。农村科普教育应通过农业科技培训，帮助农民掌握先进的种植技术、病虫害防治方法、农业机械的使用等。通过农业专家的现场讲解、示范教学和操作演示，农民可以直观地了解新技术，提高其农业生产效率。同时，可以依托农业合作社、农技推广站等机构，组织农民参加培训课程，促进新技术在农村的应用。

（2）开展健康科普教育

随着农村社会的发展，农民的生活水平有所提高，但健康问题仍然是影响农民生活质量的一个重要因素。健康科普教育应当成为农民科普教育的重点之一。可以通过卫生部门和乡村医疗机构，开展健康生活方式、疾病预防、卫生常识等方面的科普活动。例如，可以开展“健康知识进村”活动，讲解如何防控常见疾病、改善生活环境、提升生活质量等。通过科普教育，提高农民的健康意识，帮助他们形成科学的健康观念。

（3）互联网+科普模式

随着互联网的普及，农村地区可以利用互联网资源传播科学知识。通过开发适合农民的科普 App 或在线讲座，农民可以在任何地方、任何时间获取农业科技、健康保健、环境保护等方面的知识。此外，通过社交媒体平台，农民可以参与到线上互动中，向专家请教问题，从而增强科学思维和实践能力。

（4）农村科普设施建设

科普设施是推动农村科普教育的硬件保障。政府可以在农村建设科普文化广场、农村科技展览馆等，供农民参观和学习。这些科普设施不仅可以展示农业科技创新成果，还可以普及科学健康知识。通过设置图书馆、科普展板等，农民可以随时随地获取科学信息，增强科学文化氛围。

2. 增强青少年的科学素质

青少年是农村未来的建设者和发展者，提高青少年的科学素质，能够为农村的发展注入源源不断的创新动力。在农村学校中，开设科学课程并加强实践教育，培养学生的科学思维，激发他们的创新意识。同时，青少年的科学素质提高，也会带动家庭成员的

科学意识，通过家庭的影响力，进一步促进农村社会的现代化和文明进步。

（三）抵制封建迷信，推广科学理性思维

1. 加强思想教育与宣传

封建迷信往往根植于农村的传统观念中，并与农民的生活习惯密切相关。为了推动农村的现代化进程，必须加大对封建迷信的抵制力度，推广科学理性思维。政府可以通过多种形式开展反迷信宣传活动，强调封建迷信对农民生活的危害，让农民认识到迷信与科学之间的差距。

（1）开展反对封建迷信的宣传活动

通过广播、电视、网络等平台，政府可以发布科学知识、真实案例，揭示封建迷信的危害性，激励农民摒弃迷信，树立科学理性思维。通过讲解科学原理与封建迷信的区别，帮助农民理解科学思维在生活中的重要性。

（2）组织传统文化与科学文化的融合活动

在尊重和保护传统文化的同时，推动传统文化与科学文化的融合。通过举办文化节、传统手工艺展示等活动，让农民看到科学与文化的结合，了解现代文明和传统文化可以并行不悖，共同促进社会发展。

2. 政府与社会组织的合作

为了有效抵制封建迷信，政府应当与社会组织和宗教团体进行合作。政府可以联合宗教团体，在宗教场所进行科学与理性教育，传达现代文明理念。通过宗教团体的参与，能够更好地接触到部分受封建迷信影响较深的农民群体，帮助他们树立科学的世界观和人生观。

第五节　开展诚信宣传教育，健全社会信用体系

在新时代乡村振兴战略中，诚信不仅是经济社会发展的基石，也是构建和谐社会的重要保障。诚信教育与社会信用体系的健全，对于农村建设和农民素质提升具有深远的意义。诚信是社会公正与文明的基础，是个人与社会共同进步的重要力量。在农村，农民的诚信意识不仅关乎个人和家庭的利益，更直接影响着整个社会的秩序、经济发展及社会和谐。近年来，随着国家对乡村振兴战略的推进，农村社会的经济活力、文化氛围及治理体系不断改善。但与此同时，农村仍然面临诚信缺失等问题，尤其在电信诈骗、土地交易、农产品质量等方面，诚信问题仍时有发生，给农村社会发展带来负面影响。因此，加强诚信宣传教育，健全社会信用体系，成为推动农村建设与农民教育的重要内容。

一、构建全社会诚信教育体系

诚信教育是建立和谐社会、推动乡村振兴的重要一环。农村社会中，诚信教育的实施不仅关系到农民个人的道德修养，还直接影响到乡村的经济发展和社会稳定。因此，构建全社会诚信教育体系，尤其是将诚信教育纳入农村的教育体系中，对提高农民的诚信意识至关重要。

（一）将诚信教育纳入国民教育体系和职业道德培训中

诚信教育应当从基础教育抓起，将诚信教育纳入农村学校的课程体系中，向青少年普及诚实守信的社会主义核心价值观。在农村学校，诚信教育不仅仅是课堂知识的灌输，更是通过各种形式的活动，使学生能够在互动和实践中深刻理解诚信的意义和重要性。学校可以通过举办诚信主题班会、案例分析、角色扮演、模拟法庭等活动，让学生了解诚信在社会生活中的重要性，培养他们的道德责任感。

对于农村的成人群体，尤其是从事农业、农村商业和公共服务的人员，诚信教育应当通过职业道德培训纳入农村职工的继续教育中。许多农村居民在日常工作中可能忽视诚信的重要性，特别是在从事农村商业活动、农产品交易时，存在虚假宣传、合同违约等问题。通过开展诚信教育和职业道德培训，帮助农民树立诚信的职业操守，确保他们在日常经营和工作中能够严格遵守法律规定和道德规范，推动农村社会信用体系的建设。

通过强化职业道德教育，不仅能够提高农民的职业素养，还能够提升他们对诚信的认识，帮助农民树立长期经营的理念，提升农村经济发展质量。

（二）推出“诚信教育课”进课堂、进机关、进社区活动

为了让诚信教育更加深入人心，可以通过将“诚信教育课”进课堂、进机关、进社区等多形式、多渠道的方式，广泛普及诚信知识和意识。

1. 进课堂

在农村学校中，不仅要教授学科知识，还要特别开设诚信教育课程。通过组织诚信主题班会、观看诚信教育影片、讨论诚信案例等方式，帮助学生明白诚信在社会生活中的重要性，并从小树立诚实守信的价值观。学校可以与当地政府或企业合作，组织讲座和实践活动，让学生接触更多关于诚信的实际案例。

2. 进机关

乡村政府、公共服务机构要通过开展诚信教育，提高干部的诚信意识，推动诚信文化在农村的治理和管理中落实。政府机关可以通过举办讲座、研讨会等形式，强化党员干部的诚信观念，使他们在日常工作和农村建设中起到示范作用。政府通过自身的诚信行为来树立公信力，推动社会各界树立诚信的标杆。

3. 进社区

社区是农村社会治理的重要载体，因此，诚信教育应当渗透到每一个乡村家庭。通过广场文化活动、乡村集市、乡村文化节等方式，推动诚信教育进家庭、进社区，宣传诚信对家庭、邻里关系、村庄发展的重要性。例如，在乡村集市上，开展诚信商户活动，鼓励商户展示诚信经营的承诺，并通过居民监督建立诚信评价机制，让村民参与诚信活动的评价，逐步形成良好的诚信氛围。

二、完善社会信用建设制度

社会信用体系的建设是推动农村经济健康发展的关键。在推进乡村振兴的过程中，

农村的社会信用建设同样至关重要。通过建立完善的社会信用制度，可以让诚信的价值在社会各个层面得到体现，促进农村社会公平正义和长期稳定。

（一）推动“信用中国”“诚信红黑榜”体系常态运行

“信用中国”是国家信用信息平台的核心组成部分，农村地区应积极与“信用中国”平台对接，推动信用信息的归集与共享。通过对接“信用中国”，农民可以查询、了解自己和他人的信用信息，提升对社会信用体系的重视。

在农村，地方政府可以根据实际情况设置“诚信红黑榜”制度，评选出诚信模范家庭、诚信农户、诚信企业等，树立典型，鼓励更多农民加入诚信建设。诚信红榜可以奖励那些长期诚信经营的农户和企业，给予他们市场准入、政策扶持等优待；而诚信黑榜则公示那些失信的农户或企业，并要求其改正失信行为，依法追责。通过“红黑榜”制度的实施，可以在农村形成强大的舆论压力，推动农民自觉提升信用水平。

（二）建立跨部门联合惩戒与激励机制

为了让社会信用体系在农村地区更加有效落实，必须建立跨部门联合惩戒与激励机制。政府各部门应加强信息共享，确保失信行为能够得到及时追溯和处理。例如，金融、土地、税务等部门应当将失信行为及时共享，形成合力，对失信者实施联合惩戒，限制其在各个领域的活动，从而防止失信行为蔓延。

在奖励诚信方面，政府可以通过优惠政策、金融扶持、农业项目支持等方式，给予长期诚信经营、守法纳税的农民和企业奖励。例如，对长期诚信的农户和农民合作社提供财政补贴、项目支持等，激励他们保持良好的信用记录。这种“奖惩分明”的机制不仅有助于农民树立诚信意识，也能够为社会信用体系的完善提供保障。

三、深化重点领域专项治理

在农村建设过程中，涉及的各个领域，特别是敏感领域，诚信问题的影响尤为深远。土地交易、农产品质量、农村金融、工程建设等领域，直接关系到农民的经济利益与社会稳定。而在这些领域中，诚信问题的普遍存在不仅损害了农民的合法权益，也影响了农村社会的正常运作，阻碍了农村经济的可持续发展。为了推动农村社会的长期稳定和发展，政府必须加大对这些重点领域的专项治理，确保农村诚信建设顺利进行，形成社会的诚信氛围。

（一）聚焦电信诈骗、金融欺诈、工程违约等重点问题

1. 电信诈骗和金融欺诈问题

电信诈骗和金融欺诈是近年来在农村普遍存在的社会问题。许多农村居民由于缺乏基本的法律意识和金融常识，成为不法分子的受害者。随着信息技术的发展，诈骗手段日益翻新，农村地区尤其容易成为目标。例如，部分农村居民收到虚假贷款、投资或中奖通知，并且由于信息闭塞和缺乏辨识能力，往往会相信并付出财务代价，结果陷入诈骗陷阱。加之农村社会对金融知识的了解较少，许多农民不懂得如何识别合法的金融产品与骗局，从而导致大量财产损失。

为了减少农村地区的电信诈骗和金融欺诈行为，政府应当加强对农民的金融知识普及，尤其是关于识别诈骗行为、提高防范意识方面的教育。可以通过举办金融知识讲座、发放宣传资料、开展反诈骗培训等方式，增强农民的金融意识，让他们掌握基本的金融常识，学会识别各种常见的金融诈骗手段。

此外，政府要加强对金融机构和电信运营商的监管，确保他们为农村地区提供正规、合法的金融服务。在金融机构的审批过程中，相关监管部门要严格把关，防止不法机构通过欺诈手段扰乱市场。同时，电信运营商也需要加强对诈骗电话、短信等信息的拦截与管理，防止恶意诈骗信息进入农村市场。

2. 工程建设领域中的失信问题

在农村基础设施建设中，工程违约、偷工减料、工程质量不过关等问题，时有发生，严重影响了农村公共设施的质量和农民的利益。很多工程项目承包商为降低成本、提高自身利润，采取不正当手段，偷工减料、虚报工程量，导致工程质量低劣，甚至引发安全隐患。例如，许多农村基础设施建设项目如道路建设、住房、桥梁等，因未严格履行承诺，导致建成后的基础设施质量低，甚至发生结构性故障，造成极大的财产损失。

政府应加强对工程建设的监管，特别是对农村基础设施建设项目的审批与实施过程进行严格监督。建立健全的诚信承诺机制，要求所有参与农村建设的企业和个人都签署诚信承诺书，明确各方责任。政府要在项目招投标过程中落实诚信审核机制，特别是要审查项目承包商的历史信誉、过往履约情况，确保其具备诚信经营和履约能力。同时，要设置有效的监管机制，建立质量检查制度，确保工程建设过程中每一个环节都符合标准。

对于出现失信行为的企业或个人，政府要依法追责，及时进行公示，并采取限制其参与公共项目的措施，以示警诫。通过落实诚信建设与激励机制，强化失信惩戒，将“失信必被惩罚”的理念深入人心，有助于提高整个行业的诚信水平。

（二）开展诚信建设典型案例宣传，营造守信光荣氛围

诚信的核心价值是公正与公平，而诚信建设的推进则需要全社会的共同努力。为了进一步推动农村社会诚信建设，政府应通过总结和宣传诚信建设中的成功典型案例，广泛传播诚信的价值，激励更多农民参与其中，营造出诚信的良好社会氛围。

1. 树立诚信典型，宣传成功案例

通过对诚信农户、诚信商户、诚信企业等典型案例的宣传，政府可以帮助农民更直观地了解诚信所带来的实际利益。例如，展示一些诚信经营的农民或企业如何通过诚信赢得客户信任，扩大市场，提升产品销量。通过对这些成功案例的宣传，农民能够更加清楚地认识到，诚信不仅仅是一种道德要求，更是一种社会资本，是提高生活水平和经济效益的重要手段。

政府可以通过电视、广播、报纸、网络等媒体广泛宣传这些诚信模范事迹，讲述他们如何在诚信经营中取得成功的故事。通过这些正面典型的展示，能够帮助农民树立正确的价值观，激发他们参与诚信建设的积极性，逐渐让“诚信”成为社会的主流价值观。

2. 诚信带来的实际好处

除了宣传诚信典型案例外，政府还应通过展示诚信所带来的实际好处，进一步鼓励农民践行诚信行为。例如，诚信农户在贷款方面往往能够获得更好的贷款条件，低利率甚至是无担保贷款；诚信经营的商户可以享受到更多的客户和长期合作伙伴，提升其市场竞争力；遵守诚信的农民在土地交易、政策支持等方面往往能获得政府的优先支持和补助。

政府还可以通过设立奖励机制，对诚信模范家庭、诚信农户、诚信企业进行表彰，给予他们资金奖励、政策优惠等实质性支持。这种激励机制不仅可以推动诚信行为的普及，还可以提升农民的参与感和获得感。

3. 通过社会各界的广泛支持，营造诚信氛围

诚信建设不仅仅是政府的责任，社会各界的共同努力是推动农村诚信建设的必要条件。政府应当调动社会组织、商业机构、媒体等各方力量，参与到诚信建设的活动中来。例如，媒体可以发挥其舆论引导作用，通过报道诚信农户的事迹，增强农民对诚信的认同感。商业机构则可以通过自己的经营行为，树立诚信经营的榜样，推动全社会共同促进诚信建设。

同时，社会应建立起对失信行为的社会约束力。在农村，邻里关系和社区的互动关系非常紧密，农民的诚信行为对社区的发展有着深远的影响。通过居民监督、村规民约等形式，加强对失信行为的社会压力，营造“守信光荣、失信可耻”的良好氛围，形成从政府到社会各层面的全方位诚信建设体系。

参考文献

陈晋，2014. 从家风看社会主义核心价值观的培育［J］. 思想政治工作研究（04）：6-7.

陈静宜，黄小彤，2024. 新时代农村精神文明建设走好“群众路线”的三重解读［J］. 广西农学报，39（01）：41-46.

邓小平，1994. 邓小平文选（第二卷）［M］. 北京：人民出版社.

段凡编，2019. 乡村振兴战略与农业法治农村法律问题与案例解析［M］. 北京：中国法制出版社.

范益民，2023. 新媒体时代大学生思政教育实效性研究基于社会主义核心价值观视角［M］. 北京：中国经济出版社.

高敏，陈若松，2023. 新时代背景下以基层党建推进乡村振兴的逻辑理路及实践策略［J］. 国家林业和草原局管理干部学院学报，22（03）：66-70.

杭静，2023. 推动农民农村共同富裕［M］. 北京：研究出版社.

胡春阳，2015. 转型时期社会主义核心价值观认同建构［J］. 中国特色社会主义研究（1）：6.

胡锦涛，2012. 坚定不移沿着中国特色社会主义道路前进，为全面建成小康社会而奋斗——在中国共产党第十八次全国代表大会上的报告［M］. 北京：人民出版社.

胡永万，胡越，王泰群，2024. 构建新时代农民教育培训高质量发展体制机制与政策体系研究［J］. 中国农业教育，25（01）：19-25.

贾伟，郭伶俐，2024. 新时代实现农民精神生活共同富裕路径探析［J］. 菏泽学院学报，46（01）：15-19.

李丽华，2021. 美善让生命更丰盈美善文化的探索与实践［M］. 北京：北京首都师范大学出版社.

李淑英，2024. 新时代社会主义核心价值体系研究丛书植根人民中国共产党人的初心使命与社会主义核心价值观［M］. 北京：中国人民大学出版社.

李小梅，王兆云，2021. 新时代农民道德观培育研究［M］. 秦皇岛：燕山大学出版社.

列宁，1990. 列宁全集（第55卷）［M］. 北京：人民出版社.

刘珺，彭艳娟，张立军，2022. 社会主义核心价值观与高校思政教育工作理论创新研究［M］. 北京：新华出版社.

刘儒，2023. 人民至上［M］. 北京：商务印书馆.

刘云山，2009. 推动农村精神文明建设再上新台阶［J］. 求是（20）：3-8.

马建宇，2023. 农业农村现代化建设与创新发展实务［M］. 第3册. 北京：光明日报出版社.

马京，2022. 兴国之魂践行社会主义核心价值观与弘扬中华优秀传统文化研究［M］. 昆明：云南大学出版社.

马克思，恩格斯，1995. 马克思恩格斯选集（第一卷，第二卷）［M］. 北京：人民出版社.

逄红梅，姜雨晴，2024. 乡村振兴背景下培育新型职业农民的三重逻辑［J］. 安徽农业科学，52（02）：237-240.

秦辉，2023. 对新时代乡村文化振兴路径建构的探析［J］. 中国农业文摘-农业工程，35（05）：82-85.

阮兢青，洪涛，2023. 民营企业高质量发展路径［M］. 杭州：浙江工商大学出版社.

上海市团校，2022. 团务通——基层团务实用手册［M］. 3 版．上海：上海交通大学出版社.

孙其昂，王莹，张建晓，2021. 高校立德树人根本任务实现研究社会主义核心价值观教育的社会思维［M］. 南京：江苏人民出版社.

汪泽根，阮硕群，郑冰情，2023. 新时代高素质农民培育工作途径和方法［J］. 基层农技推广，11（09）：131-133.

习近平，2013. 之江新语［M］. 杭州：浙江出版联合集团，浙江人民出版社.

习近平. 坚定文化自信，推动社会主义文化繁荣兴盛［EB/OL］.（2017-10-18）［2024-7-20］. https：//m. thepaper. cn/uc. jsp？ contid＝1829233.

习近平，2014. 习近平谈治国理政［M］. 北京：外文出版社.

习近平，2017. 习近平谈治国理政（第二卷）［M］. 北京：外文出版社.

许维勤，2020. 乡村治理与乡村振兴［M］. 厦门：鹭江出版社.

杨起月，2023. 新时代促进农民观念现代化的策略研究［J］. 经济研究导刊（19）：10-12.

余国瑞，2019. 中国文化历程［M］. 2 版．南京：东南大学出版社.

张韶斌，李洁，王彩文，2020. 当代农民的责任担当［M］. 济南：济南出版社.

赵艾，2024. 党的十八大以来全面深化改革的实践与进展［M］. 北京：人民出版社.

赵壮道，侯胜利，关珊珊，2023. 社会主义核心价值观的文化精神传承［M］. 武汉：武汉理工大学出版社.

郑有贵，2023. 新时代“三农”发展的全面转型［M］. 北京：东方出版社；人民东方出版传媒.

中共中央文献研究室，2009. 十七大以来重要文献选编（上）［M］. 北京：人民出版社.

中共中央文献研究室，2011. 十六大以来重要文献选编（下）［M］. 北京：人民出版社.

周占杰，2010. 新农村建设中农民素质问题研究［D］. 北京：中央民族大学.